Befreiung

D1668991

Geistwesen André Luiz

Francisco Cândido Xavier

Das Leben in der Spirituellen Welt

BEFREIUNG

BÜCHER VON ANDRÉ LUIZ

Sammlung

Das Leben in der Spirituellen Welt

Bisher auf Deutsch erschienen:

- Unser Heim

- Die Boten

- Missionare des Lichts

- Arbeiter des Ewigen Lebens

- In der Größeren Welt

- Befreiung

Francisco Cândido Xavier

BEFREIUNG

DIKTIERT DURCH DAS GEISTWESEN

ANDRÉ LUIZ

INTERNATIONALE SPIRITISTISCHE KONFÖDERATION

ISBN 978-3-905966-37-4

Auflage 1 04-15

Umschlaggestaltung: Alessandro Figueredo

Titel der portugiesischsprachigen Originalausgabe:
LIBERTAÇÃO
(Brasilien, 1949)

Aus dem Portugiesischen von Karen Dittrich

Textrevision: Hannelore Parteli Ribeiro

Herausgeber:

EDICEI Europe
Industriestraße 8
8404 – Winterthur
Schweiz
www.edicei.eu

Ausgabe durch den Spiritistischen Verband Brasiliens
(Federação Espírita Brasileira – FEB) genehmigt.

Befreiung/ Psychographie: Francisco Cândido Xavier, diktiert
durch das Geistwesen André Luiz – Winterthur, Schweiz:
Internationale Spiritistische Konföderation, 2014

ISBN 978-3-905966-37-4

1. Spiritismus. 2. Psychographie (mediales Schreiben) I. Xavier,
Francisco Cândido, 1910 – 2002. II. Internationale Spiritistische
Konföderation (CEI). III Titel. IV. Sammlung

CDD: 133.93
CDU: 133.7

7

INHALTSVERZEICHNIS

An der Schwelle der geöffneten Tore

An der Schwelle der geöffneten Tore, die den Zugang zu der christlichen Arbeit sowie zu dem heilsamen Wissensschatz erschließen, der von André Luiz enthüllt wird, rufen wir liebevoll die alte ägyptische Legende des roten Fischleins in Erinnerung:

In der Mitte eines prächtigen Gartens gab es einen großen Teich, der mit türkisblauen Kacheln verziert war.

Gespeist durch einen winzigen Kanal aus Stein, leitete er sein Wasser auf der anderen Seite durch ein sehr enges Gitter ab.

In diesem idyllischen Fleckchen Erde lebte eine ganze Gemeinschaft von Fischen, die sich satt und zufrieden in verwinkelten Höhlen räkelten, wo es frisch und schattig war. Sie wählten einen der flossentragenden Mitbürger für die Aufgabe des Königs aus und lebten dort, sorglos und unbekümmert, zwischen Gefräßigkeit und Faulheit.

Unter ihnen gab es jedoch ein rotes Fischlein, das von allen gering geschätzt wurde.

Es war weder imstande, auch nur die kleinste Larve zu fangen, noch die behaglichen Lehmnischen aufzusuchen.

Die anderen Fische, gierig und beleibt, erhaschten sämtliche Larvenformen für sich und beschlagnahmten rücksichtslos alle Orte, die zum Ausruhen dienten.

Sollte das rote Fischlein schwimmen und leiden! Deshalb sah man es in ständiger Hast herumhuschen, von der Hitze geplagt oder von Hunger gequält.

Da es in seinem riesigen Zuhause keinen Platz zum Ausruhen fand, verfügte das arme Tierlein kaum über Zeit zur

Erholung und begann mit großem Interesse sein Umfeld zu durchforschen und sein Lernpotential zu entfalten.

Es inventarisierte alle Kacheln, die die Ränder des Teiches verzierten, listete alle in ihm befindlichen Löcher auf und wusste exakt, wo sich bei Starkregen die größte Menge Schlamm ansammelte.

Es verging viel Zeit, bis es durch langwierige, detaillierte Recherchen das Abflussgitter fand.

Angesichts der unverhofften Gelegenheit eines lohnenden Abenteuers überlegte es:

„Wäre es nicht besser, das Leben zu erforschen und andere Wege kennenzulernen?"

Es entschied sich für die Veränderung.

Obgleich es durch die völlige Entbehrung jeglichen Komforts sehr dünn war, verlor es beim Durchqueren der sehr engen Passage unter großem Leiden mehrere Schuppen.

Es raunte sich aufmunternde Worte zu und schwamm optimistisch durch den dünnen Wasserlauf voran, bezaubert von den neuen Landschaftsbildern, die sich im Licht der Sonne und in reicher Blumenpracht vor ihm ausbreiteten und setzte seinen Weg von Hoffnung trunken fort...

In kurzer Zeit erreichte es einen großen Fluss, wo es unzählige neue Erfahrungen machte.

Es traf Fische aus vielen unterschiedlichen Familien, die ihn ihre Zuneigung spüren ließen, es auf die Gefahren der Wanderung aufmerksam machten und ihm eine einfachere Route aufzeigten.

Verzückt betrachtete es an den Ufern Menschen und Tiere, Boote und Brücken, Paläste und Fahrzeuge, Hütten und Wälder.

Da es daran gewöhnt war, wenig zu haben, lebte es weiterhin in extremer Einfachheit und verlor dabei nie die natürliche Leichtigkeit und Wendigkeit.

Auf diese Weise gelang es ihm den Ozean zu erreichen, wie immer lernbegierig und hungrig auf neue Erfahrungen.

Zu Beginn jedoch, fasziniert durch seine Leidenschaft alles zu beobachten, näherte es sich einem Wal, für den das gesamte Wasser des Teiches, in dem das Fischlein gelebt hatte, nicht mehr als ein winziger Schluck gewesen wäre; tief beeindruckt von diesem spektakulären Anblick, schwamm es näher an den Wal heran als es sollte und wurde mit den Substanzen eingesogen, die dessen erste Mahlzeit des Tages darstellten.

In seiner Not betete das verzweifelte Fischlein zum Gott der Fische und flehte um Schutz im Bauch des Monsters, und trotz der Finsternis, in der es um Rettung bat, wurde sein Gebet erhört, denn der gewaltige Meeressäuger bekam einen Schluckauf und musste sich übergeben, wodurch das Fischlein den Meeresströmungen zurückgegeben wurde.

Dankbar und glücklich suchte sich der kleine Reisende Begleiter, die ihm wohlgesinnt waren, und lernte, Gefahren und Versuchungen zu meiden.

Mit einer vollkommen veränderten Weltanschauung begann er, die unendlichen Reichtümer des Lebens wahrzunehmen. Im Schoß des Wassers entdeckte er leuchtende Pflanzen, seltsame Tiere, bewegliche Sterne und exotische Blumen. Vor allem bemerkte er, dass viele Fischlein existierten, die genauso lernbegierig und schlank waren wie er und in deren Gegenwart er sich wundervoll glücklich fühlte.

Er lebte nun lächelnd und ruhig im Korallenpalast, den er mit Hunderten von Freunden als seinen paradiesischen Wohnsitz gewählt hatte. Als er ihnen von seinem mühsamen Anfang berichtete, erfuhr er, dass die Geschöpfe des

Wassers nur im Meer eine sicherere Perspektive hätten, da selbst bei zunehmender Hitze und Trockenheit die Gewässer aus höhergelegenen Gebieten weiterhin zum Ozean flössen.

Das Fischlein überlegte und überlegte… und da es ein immenses Mitgefühl gegenüber jenen Fischen empfand, mit denen es seine Kindheit verbracht hatte, beschloss es, sich ihrem Fortschritt und ihrer Rettung zu widmen.

Wäre es nicht gerecht, zurückzukehren und ihnen die Wahrheit zu verkünden? Wäre es nicht eine edle Tat, ihnen zur Seite zu stehen und ihnen rechtzeitig wertvolle Informationen zu bieten?

Es zögerte nicht.

Gestärkt durch die Großzügigkeit gutherziger Brüder und Schwestern, die mit ihm im Korallenpalast lebten, unternahm es eine lange Rückreise.

Es kehrte zum Fluss zurück, vom Fluss aus begab es sich zu den Bächen und von den Bächen aus tauchte es in die kleinen Kanäle, die es zum ursprünglichen Zuhause führten.

Schlank und zufrieden wie eh und je, da es ein Leben des Lernens und Dienens gewählt hatte, durchquerte es das Gitter und suchte besorgt nach seinen alten Kameraden.

Ermuntert durch seine von der Liebe inspirierte erfolgreiche Heldentat, nahm es an, dass seine Rückkehr allgemeine Überraschung und Enthusiasmus hervorrufen würde. Sicher würde die ganze Gemeinschaft sein Unterfangen feiern, jedoch musste es bald feststellen, dass sich niemand bewegte.

Alle Fische waren weiterhin schwer und faul und lagen sattgefressen in denselben schlammigen, durch Lotusblumen geschützten Schlupfwinkeln, die sie nur verließen, um Larven, Fliegen und mickrige Regenwürmer zu fangen.

Es rief, dass es zurück nach Hause gekommen sei, aber es gab niemanden, der es beachtet hätte, denn nicht ein Einziger von seinen Mitbewohnern hatte seine Abwesenheit bemerkt.

Verstört durch diese Verhaltensweise suchte es den König mit den riesigen Kiemen auf und berichtete ihm von seinem lehrreichen Abenteuer.

Der Herrscher, betört von seinem Größenwahn, versammelte das Volk und gestattete, dass der Botschafter sich erklärte.

Der verachtete Wohltäter nutzte die Gelegenheit und verkündete mit Nachdruck, dass es eine andere flüssige Welt gab, herrlich und endlos. Der Teich, in dem sie lebten, war unbedeutend und konnte von einem Moment auf den anderen verschwinden. Jenseits des nahen Abflusses entfalteten sich ein anderes Leben und andere Erfahrungen. Dort draußen flossen von Blumen gesäumte Bäche, tiefe Ströme voller ungewöhnlicher Lebewesen und schließlich das Meer, wo das Leben zusehends reicher und überraschender erscheint. Er beschrieb die Arbeit der Meeräschen und Lachse, der Forellen und Haifische. Er sprach über den Mondfisch, den Kaninchenfisch und den Meereshahn. Er erzählte, dass er den Himmel voller erhabener Gestirne gesehen und riesige Bäume, gewaltige Boote, Küstenstädte, angsteinflößende Monster, Unterwassergärten und Seesterne entdeckt habe und bot sich an, sie zum Korallenpalast zu führen, wo alle glücklich und friedlich leben würden. Schließlich teilte er ihnen mit, dass ein solches Glück auch seinen Preis hatte. Alle müssten geziemend abnehmen, aufhören so viele Larven und Würmer in den dunklen Höhlen zu verschlingen und lernen, so viel zu arbeiten und zu lernen, wie es für die kühne Reise erforderlich war.

Kaum hatte er geendet, krönte schallendes Gelächter seinen Vortrag.

Niemand glaubte ihm.

Einige Redner ergriffen das Wort und erklärten feierlich, dass das rote Fischlein fantasiere, dass ein anderes Leben jenseits des Teiches fürwahr unmöglich sei, dass diese Geschichte von Bächen, Flüssen und Ozeanen reine Illusion eines dementen Gehirns sei, und einige gingen so weit zu behaupten, dass sie im Namen des Gottes der Fische sprächen, der seine Augen ausschließlich auf sie gerichtet habe.

Um das rote Fischlein noch mehr zu verspotten, begab sich der Herrscher der Gemeinschaft in seiner Begleitung zum Abflussgitter, und indem er von weitem versuchte dieses zu durchqueren, rief er prustend aus:

„Siehst Du nicht, dass hier nicht einmal eine einzige meiner Flossen durchkommt? Großer Dummkopf! Verschwinde von hier! Störe unser Wohlbefinden nicht... Unser Teich ist das Zentrum des Universums... Niemand hat ein Leben, das mit unserem vergleichbar ist...!"

Vertrieben unter sarkastischen Schmähungen, trat das rote Fischlein die Rückreise an und richtete sich endgültig im Korallenpalast ein, wo es die Zeit auf sich zukommen ließ.

Nach ein paar Jahren breitete sich eine entsetzliche und zerstörerische Dürre aus.

Die Gewässer wurden flach und flacher. Und der Teich, in dem die trägen und eitlen Fische lebten, trocknete aus, wodurch die gesamte Gemeinschaft ins Verderben stürzte und im restlichen Schlamm versank...

Die Mühen, die André Luiz auf sich nimmt, um in der Finsternis Licht anzuzünden, ähneln der Mission des roten Fischleins.

Begeistert von den Entdeckungen, die er nach vielen Leidenskonflikten auf seinem unendlich langen Weg gemacht hat, kehrt er zu den Winkeln der Erdkruste zurück und verkündet den früheren Weggefährten, dass jenseits der kleinen Kammern, in denen sie sich bewegen, ein anderes

Leben erstrahlt, intensiver und schöner, welches jedoch eine sorgfältige persönliche Vervollkommnung erfordert, um den engen Pfad, der zum Licht der Sublimierung führt, durchschreiten zu können.

André Luiz erzählt, unterrichtet, schult, erläutert.

Es gibt jedoch viele menschliche Fische, die lachend, spottend oder gleichgültig auf der Suche nach vergänglichen Höhlen oder auf der Jagd nach kurzlebigen Larven vorüberziehen.

Sie erwarten nach dem Tod des Körpers ein geschenktes Paradies mit wunderbaren Faszinationen.

Unabhängig von André Luiz und uns jedoch, bescheidenen Dienern mit gutem Willen, verkündete der Göttliche Hirte allen Wanderern des menschlichen Lebens die unvergänglichen Worte: - „Jedem wird gemäß seinen Werken gegeben werden."

EMMANUEL

Pedro Leopoldo, 22. Februar 1949

1

ERLÄUTERUNGEN

Im großen Saal unserer Bildungsstätte lud uns Minister Flácus, den von liebevollem Magnetismus geprägten Blick auf uns gerichtet, zu lehrreichen Meditationen ein.

Wir versammelten uns dort mit lediglich einigen Dutzend Gefährten, um seinen erbaulichen Ausführungen zu folgen. Und zweifelsohne weckte der Vortrag großes Interesse.

Wir konnten innerhalb des Themas nach Belieben Fragen stellen und nahmen all die Informationen auf, die wir für unsere neue Arbeit benötigen würden.

Ich hatte bereits Kommentare über Siedlungen der Läuterung und Buße gehört, welche für die Arbeit der Sühne bestimmt und hierfür perfekt organisiert sind und die tausende im Bösen verwurzelte Geschöpfe vereinen; jetzt jedoch erteilte uns Lehrmeister Gúbio, der still neben uns verweilte, die Erlaubnis, ihn zu einem riesigen Zentrum dieser Art zu begleiten.

Mit Interesse für die flüssigen und brillanten Worte des Redners und dem begründeten Wissensdurst eines Schülers, der kein einziges Komma der Lektion verpassen möchte, folgten wir dem Verlauf der Ausführungen und beobachteten, dass die Gesichter aller Lernenden Ruhe und Aufmerksamkeit ausstrahlten. Man bedenke, dass wir Anwesenden alle Anwärter für den Hilfsdienst an den unwissenden Brüdern und Schwestern waren, die in der Schattenregion gepeinigt wurden…

Den Geist jedes Einzelnen in seinen Bann ziehend, fuhr der Minister zufrieden fort:

„Die Wesen höherer Ebenen, die sich bereit erklären, durch beständige und aufbauende Tätigkeit zum Nutzen der Bewohner niedrigerer Regionen zu arbeiten, dürfen nicht von den Waffen letzterer Gebrauch machen, da sie sonst auf deren niedriges Niveau hinabsinken. Die Strenge gehört zu demjenigen, der lehrt, die Liebe jedoch ist die Begleiterin desjenigen, der dient.

Wir wissen, dass der Weg der Erziehung in den meisten Fällen von außen ins Innere führt; die Erneuerung hingegen, die zu wirklicher Vervollkommnung führt, bewegt sich in umgekehrter Richtung. Beide Impulse werden allerdings durch die fast unbekannte Macht des Gehirns genährt und kontrolliert.

Der menschliche Geist steuert die mentale Kraft ebenso, wie er die Elektrizität handhabt, allerdings mit dem Unterschied, dass er im unaufhörlichen Entwicklungsprozess der Erde bereits lernte, letztere zu verausgaben, während die erstgenannte, die all unsere Lebensvorgänge bestimmt, noch kaum bekannt ist.

Genau betrachtet haben wir also keine infernalen Kreise im Sinne der Bildzeichnungen der alten Theologie, auf denen unaufhörlich teuflische Wesen aller Epochen gezeigt werden, sondern dunkle Sphären, in denen sich Geister vereinen, deren Bewusstsein im Nebel der Unwissenheit gefangen ist, die im bedauerlichen Müßiggang erstarrt oder die sich in der vorübergehenden Finsternis des Verstandes verirrt haben. Verzweifelt und renitent erschaffen sie Zonen des sühnenden Leidens. Solche Geschöpfe werden jedoch nicht durch die Kraft der Worte regeneriert. Sie benötigen effiziente Unterstützung, die ihre Schwingungsfrequenz verändert und ihre Art zu fühlen und zu denken erhebt.

Berühmte Gelehrte der Welt erstellen Anleitungen für die Rettung der Seelen; mir scheint jedoch, dass wir in allen Bereichen des irdischen Wissens eine ausreichende Anzahl von Konzepten in diesem Sinne haben. Gegenwärtig werden Helfer benötigt, die den Menschen inspirieren, seine Gedanken nach oben zu richten. Wenn man versuchen würde, lediglich die kulturellen Werte zu fördern, würde man die Technokratie anbeten, die das Leben mit jeglichen Mechanismen zu vereinfachen sucht und dadurch die Eignung zur Improvisierung sowie die glorreichen Samen des Unendlichen und der Ewigkeit zerstört.

An großen Politikern und ehrwürdigen Führungspersönlichkeiten hat es auf der Welt nie gemangelt.

Sie gehen durch die Menge und rütteln sie auf oder gliedern sie in Gruppen. Es ist jedoch unbestrittene Tatsache, dass die menschliche Organisation allein nicht den Ansprüchen des unvergänglichen Wesens genügt.

Perikles, der Staatsmann, der einem ganzen Zeitalter seinen Namen verliehen hat, leistet bei den Griechen erbauliche Bildungsarbeit; hingegen dämpft er weder ihre Kriegslust noch ihren Drang nach Hegemonie, da er der allgegenwärtigen extremen Unzufriedenheit zum Opfer fällt.

Alexander, der Eroberer, organisiert ein weitreichendes Imperium und baut eine respektable Zivilisation auf; aber er kann es nicht verhindern, dass seine Generäle weiterhin blutige Konflikte führen, mit denen sie Raub und Mord verbreiten.

Augustus, der Erhabene, vereint das Römische Reich auf soliden Fundamenten und führt ein fortschrittliches politisches Programm zum Wohle aller Völker ein, jedoch gelingt es ihm nicht, den Wahn der Vorherrschaft um jeden Preis aus Rom zu verbannen.

Konstantin der Große, Anwalt der wehrlosen Christen, bietet dem Planeten einen neuen Lebensstandard; trotzdem ändert er die schändliche Gesinnung all derer nicht, die im Namen Gottes Krieg führten.

Napoleon, der Diktator, setzt auf der ganzen Erde neue Methoden des materiellen Fortschritts durch; er selbst entzieht sich aber nicht den Fängen der Tyrannei - schlicht um Besitz anzuhäufen.

Pasteur, der Wissenschaftler, setzt sich für die Gesundheit des menschlichen Körpers ein, indem er sich mit Hingabe dem stillen Kampf gegen den Dschungel der Mikroorganismen widmet; jedoch kann er nicht vermeiden, dass seine Zeitgenossen sich gegenseitig in unverständlichen und grausamen Auseinandersetzungen zerstören.

Wir sehen uns einer an der Oberfläche zivilisierten Welt gegenüber, die nicht nur die Anwesenheit derer erfordert, die das Gute lehren, sondern vor allem derer, die es in die Praxis umsetzen.

Es ist unabdingbar, dass sich Regenströme des Mitgefühls aus dem Himmel auf die Quellen der Kultur in den Tälern der Erde ergießen – über die Berge der Liebe und der Entsagung.

Christus leuchtet nicht nur durch die erhabene Lehre. Er strahlt durch das praktische Beispiel. In seiner Gegenwart ist es unerlässlich, dass wir den Mut bewahren zu helfen und zu retten, indem wir in die Tiefen des Abgrundes hinabsteigen.

Nicht weit von unserer Stätte des relativen Friedens entfernt, vermengen sich Millionen von Wesen in dunklen Kreisen der Enttäuschung und Verzweiflung und rufen nach Erbarmen... Warum sollten wir in der Nacht, in die sie orientierungslos eingetaucht sind, kein barmherziges Licht anzünden? Warum sollten wir in die Herzen, die dem Glauben an sich selbst entsagt haben, keine Samen der Hoffnung legen?

Im Angesicht riesiger Gemeinschaften, die voller Schmerzen um Regeneration flehen, ist somit die Hilfe zur Heilung unaufschiebbar.

Wir sind als unendlich einfache und unvollkommene Wesen noch weit davon entfernt, uns auf eine Stufe mit den Engeln stellen zu können.

Verglichen mit der für uns unerreichbaren Größe von Millionen Sonnen, die mitten im Universum den erhabenen und göttlichen Gesetzen folgen, kann unsere Erde mit all den Sphären ultraphysischer Substanz, die sie umgeben, wie eine winzige Orange gegenüber dem Himalaya betrachtet werden; und wir alle hier sind gegenüber der Majestät der Höheren Geistwesen, die an Weisheit und Heiligkeit nicht zu übertreffen sind, einstweilen nicht mehr als Bakterien, die durch den Impuls des Hungers und den Magnetismus der Liebe kontrolliert werden. Gleichwohl sind wir dank der bescheidenen Durchbrüche unserer Intelligenz mit Mikroben vergleichbar, die vom eigenen Wachstum für die Ewigkeit träumen.

Während der Mensch, unser Bruder, überwältigt die Zerlegung der Atome verwirklicht, erforschen wir anderen, die wir vom dichten Körper getrennt sind, dieselbe

Energie über Perspektiven, die sich die irdische Wissenschaft zum jetzigen Stand kaum vorstellen könnte. Als Wanderer auf dem Weg des unendlichen Fortschritts jedoch fangen wir ebenso wie die Menschen gerade erst an, die mentale Kraft zu ergründen, die uns Manifestationen auf den verschiedensten Ebenen der Natur erschließt.

Noch immer im Gesetz der Wiederkehr gefangen, haben wir uralte Wiederholungsmuster über Tausende von Jahren durchlaufen.

Hinsichtlich der Allgemeinheit wissen wir heute, dass der menschliche Geist seit genau vierzigtausend Jahren mit der Vernunft ausgestattet ist... Mit demselben wütenden Impuls jedoch, der den Neandertaler antrieb, seine Mitmenschen mit Feuersteinen zu erschlagen, vernichtet der Mensch der Gegenwart, die als glorreiche Ära herausragender Leistungen bezeichnet wird, seinen eigenen Bruder durch Gewehrschüsse.

Unter der meist oberflächlichen Beeinflussung von religiösen Prinzipien identifizieren die Erforscher der Vernunft in dieser obskuren Anomalie lediglich die Renitenz der Unvollkommenheit und der Schwäche des Fleisches, als ob das Fleisch eine permanente diabolische Individuation wäre. Dabei vergessen sie, dass die dichtere Materie nichts anderes ist als die Gesamtheit der unzähligen niederen Leben im Prozess der Vervollkommnung, des Wachstums und der Befreiung.

Im Bereich der Erdkruste erstarrt die Intelligenz, als wäre sie durch gefährliche Betäubungsmittel der Illusion anästhesiert; wir wollen ihr helfen zu fühlen und zu erkennen, dass der Geist in allen Winkeln der Existenz weiterpulsiert.

23

Jede Spezies, vom Kristall bis zum Menschen und vom Menschen bis zum Engel, umfasst unzählige Familien von Geschöpfen, die in einer bestimmten Frequenz des Universums wirken. Und die göttliche Liebe erreicht uns alle, so wie die Sonne, die sowohl die Weisen als auch die Würmer umarmt.

Nichtsdestotrotz bleibt derjenige, der sich fortentwickelt, in Verbindung mit denen, die sich in der benachbarten Sphäre befinden.

Die Pflanzenwelt greift auf das Reich der Mineralien zurück, um sich zu ernähren und sich fortzuentwickeln. Die Tiere nutzen die Pflanzen bei ihrer Arbeit der Vervollkommnung. Die Menschen bedienen sich sowohl der einen als auch der anderen um geistig zu wachsen und voranzukommen...

Die Reiche des Lebens, die auf der Erde bekannt sind, stehen miteinander in Konflikt.

Sie misshandeln und verschlingen einander in groben Verfahren, damit die spirituellen Werte sich entwickeln und erstrahlen und dadurch das göttliche Licht reflektieren...".

An dieser Stelle machte der gelehrte Minister eine lange Pause, schaute uns gütig an und fuhr fort:

„Jedoch... jenseits des Fürstentums der Menschen, außerhalb der sensorischen Grenzen, die die inkarnierte Seele sorgsam behüten und sie mit einer begrenzten Sichtweise und hilfreichem Vergessen beschützen, beginnt ein ausgedehntes spirituelles Reich in unmittelbarer Nachbarschaft zu den Menschen. Dort irren Millionen unvollkommener Geister umher, die die Lebensbedingungen der Erdkruste mit den irdischen Geschöpfen teilen. Als menschliche Wesen, die sich auf einer anderen Schwingungsebene befinden, stützen sie sich durch unzählige Verbindungsmechanismen auf den inkorporierten Geist und sind dabei genauso halbbewusst in ihrer Verantwortung und ebenso unvollkommen in ihren Tugenden wie die Menschen selbst.

Die Materie, die Millionen embryonaler Leben vereinigt, ist gleichzeitig die Kondensation der Energie und erfüllt dadurch die Anforderungen des ,Ichs', das ihre Zweckbestimmung definiert.

Vom Wasserstoff bis zu den komplexesten Atomen ist die Kraft des ewigen Geistes das Steuerrad der Protonen, Neutronen und Elektronen auf der unendlichen Straße des Lebens. Die in der menschlichen Sphäre inkorporierte Intelligenz verweilt in einer vergänglichen Region, die auf die Bedingungen für ihren Fortschritt und ihre Vervollkommnung eingestimmt ist und in der ihr das Protoplasma die Werkzeuge für Arbeit, Wachstum und Ausdehnung zur Verfügung stellt. Da sich die Materie in demselben Raum bis zum Erreichen neuer Zustände ausdehnt, lässt sich der desinkarnierte, unvollkommene Geist auf seiner Reise zu den Quellen von Wissen und Tugend auf der physischen Ebene nieder. Er versucht diese zu dominieren und zu beanspruchen und verursacht einen gigantischen Kampf der Gedanken, der das Vorstellungsvermögen des durchschnittlichen Menschen übersteigt.

Erfolglos in ihren Bestrebungen nach eitler Vorherrschaft im himmlischen Domizil, stoßen Männer und Frauen aus allen Klimazonen und allen Zivilisationen nach dem Tod auf diese Region, in der sie die irdischen Aktivitäten fortsetzen. Der Drang, die Macht über die Erde auszuüben, wird zum einzigen glückverheißenden Ziel, das es zu erobern gilt. Als rebellierende Kinder der Vorsehung versuchen sie die Größe Gottes zu diskreditieren, indem sie die unumschränkte Macht einer trotzigen und hochmütigen Intelligenz stärken und versuchen, die unbegrenzte Ausweitung des Hasses und des Aufruhrs, der Eitelkeit und der Kriminalität in den irdischen Kreisen zu fördern. So verhalten sie sich, als ob der Planet in seinem niederen Ausdruck ihr einziges Paradies wäre, das im Hinblick auf die ständigen Zwistigkeiten in ihren eigenen Reihen noch nicht vollständig ihren Launen unterworfen ist. Da sie in der klobigen Wiege des Unwissens eingepfercht sind, wo sie in Angst und Bosheit mit gegenseitigen Verwirrungen und Verfolgungen ihre Kräfte verausgaben und ihre Zeit verschwenden, bemerken sie nicht, in welch schmerzhafter Lage sie sich befinden.

Außerhalb des Bandes der wahren Liebe ist jede Verbindung der Vergänglichkeit unterworfen und der Krieg wird immer der natürliche Zustand derjenigen sein, die sich die Disziplinlosigkeit zum Lebensstil erküren.

Ein geteiltes und gepeinigtes spirituelles Reich umgibt die menschliche Existenz zu allen Seiten mit dem Ziel, die andauernde Vorherrschaft der Tyrannei und der Gewalt auszuweiten.

Wir wissen, dass die Sonne mithilfe der Strahlung arbeitet und fürsorglich das Leben in Millionen Kilometern Entfernung nährt. Ohne uns auf die Bedingungen der Materie zu beziehen, in der wir uns bewegen, erinnern wir uns daran, dass die rudimentärsten Existenzen in unserem System, von den erleuchteten Gipfeln zu den Höhlen der Region der Finsternis, ihrem Einfluss unterworfen sind.

Ebenso wie es den riesigen Himmelskörpern ergeht, wandern auch wir anderen im spirituellen Bereich auf den Zenit der Evolution zu und spüren dabei gegenseitig unsere Strahlungen. In diesem vielschichtigen Prozess des Austauschs, der Anziehung, des Magnetisierens und des Zurückstoßens vervollkommnen sich Welten und Seelen in der universellen Gemeinschaft.

In einer solchen Realität entfaltet sich all unsere irdische Aktivität in einem Einflussbereich, den bisher nicht einmal wir selbst in unserer Eigenschaft als menschliche Lehrlinge in höheren Sphären bestimmen können.

Auf der anderen Seite organisieren sich die Söhne und Töchter der Verzweiflung in ausgedehnten Kolonien des Hasses und des moralischen Elends und streiten untereinander um die Vorherrschaft über die Erde. Sie sind nicht fähig, jenseits des Grabes in Richtung Himmel voranzuschreiten, zumal sie ihn nicht zu erobern wussten. Genau wie wir anderen bewahren sie ein umfangreiches und wertvolles intellektuelles Erbe und streben als gefallene Engel der Wissenschaft vor allem danach, die göttlichen Prozesse, die die Evolution des Planeten anleiten, zu pervertieren.

Den Geist im Widerstand versteinert, versuchen sie vergeblich, die Ewige Weisheit zu untergraben, indem sie – gestützt auf die dunklen Leidenschaften, die ihr Bewusstsein anfeuern - in der irdischen Organisation Zysten des niederen Lebens schaffen. Sie kennen unzählige Mittel, um Störung, Verletzung, Verwirrung und Vernichtung zu streuen. Sie versklaven den segensreichen Dienst der Reinkarnation in großen Regionen der Sühne und verfügen über Boten der Zwietracht gegenüber allen Ausdrücken der erhabenen Absichten, welche der Herr für unsere Handlungen vorgesehen hat.

Die irdischen Menschen, denen es im Zustand der teilweisen Loslösung vom Körper gelang, einen Einblick in diese Existenzen zu gewinnen, wichen furchtsam und erschreckt zurück und verbreiteten unter ihren Zeitgenossen die Vorstellung von einer strafenden und endlosen Hölle, die in düsteren Regionen jenseits des Todes angesiedelt sei.

Der infantile Geist der Erde, der über das Gefüge der herkömmlichen Theologie in die väterliche Zärtlichkeit der Vorsehung eingehüllt ist, vermochte die spirituelle Realität, die unser Schicksal regiert, nie vollständig zu begreifen.

Wenige verstehen den Tod als einfache Veränderung der Hülle und eine geringe Anzahl von Menschen, darunter selbst geistig fortgeschrittene Ordensleute, hat die Sorgfalt bewahrt, im physischen Körper gemäß den höheren Prinzipien zu leben, denen sie sich einst verpflichtet hatten. Wir sehen uns jetzt der Notwendigkeit gegenüber, den alten Ohren alte Wahrheiten zu verkünden und Neues in die neuen Ohren der jugendlichen Intelligenz zu inspirieren, die sich auf der Erde befindet.

Auf den meisten Strecken des langen Entwicklungsweges wird der Mensch, vorgesehener Erbe der Himmlischen Krone, vom Menschen selbst geleitet. Zwischen demjenigen, der sich bereits der Engelschaft annähert, und dem Wilden, der noch an den irrationalen Zustand grenzt, existieren tausende von Platzierungen, die durch die Vernunft und das Gefühl in den unterschiedlichsten Abstufungen eingenommen werden. Und so wie es eine strahlende und wundervolle Strömung von inkarnierten und desinkarnierten Geschöpfen gibt, die sich auf den Berg der Erhabenheit zubewegen, indem sie einen glorreichen Gesang der Arbeit, Unsterblichkeit, Schönheit und Hoffnung anstimmen und so das Leben lobpreisen, existiert eine andere, dunkle und unglückliche Strömung unter denselben Bedingungen mit dem Interesse, zu den Höhlen der Finsternis hinabzusteigen und Unruhe, Mutlosigkeit, Unordnung und Schatten zu verbreiten sowie den Tod zu verankern. Als unvollständige Geister, die wir noch immer sind, schließen wir uns ihren Bewegungen an und ernten entweder den Segen des Aufstiegs und des Sieges oder den Schaden durch den Abstieg und die Niederlage. Dabei werden wir durch die Intelligenzen beaufsichtigt, die stärker als unsere eigene sind, und die uns Seite an Seite in dem fortschrittlichen oder deprimierenden Gebiet, in das wir uns begeben wollen, begleiten.

Die Hölle ist genau deswegen ein Problem der spirituellen Leitung.

Satan ist die perverse Intelligenz.

Das Böse ist die Zeitverschwendung oder der Einsatz der Energie im gegensätzlichen Sinn zu den Absichten des Herrn.

Das Leiden dient als Wiedergutmachung oder als Lehre mit dem Ziel der Selbstreform.

Die gefallenen Seelen, welche es auch seien, stellen jedoch keine spirituelle Wesensart dar, die unwiderruflich zum Satanismus verurteilt ist. Sie sind lediglich Teil der Gemeinschaft desinkarnierter menschlicher Geschöpfe in einer Position der absoluten Unvernunft. Sie mischen sich unter die irdische Menschenmenge, üben auf unzählige Familien und Regierungen einen bemerkenswerten Einfluss aus und das grundlegende Interesse der mächtigsten Intelligenzen unter ihnen ist es, die Welt in ihrer Verblendung und Zerstreuung durch fortbestehendes Unwissen und verhärteten Egoismus zu erhalten. Dadurch bewirken sie, dass sich der Aufbau des Reiches Gottes unter den Menschen auf unbestimmte Zeit verzögert...

Seit Jahrtausenden erleidet die Region, in der sie atmen, extreme Veränderungen, so wie es auch dem Gebiet ergeht, das vorübergehend durch die auf der Erde bekann-

29

ten Völker eingenommen wird. Die Materie, aus der ihr Zuhause besteht, erfährt gewaltige Umwandlungen, und bei der natürlichen Transformation, entsprechend den Vorgaben des unendlich Guten, wird wertvolle selektive Arbeit geleistet. Trotz dichter Reihen, die unablässig ersetzt werden, bestehen die Leiden und Niederlagen gleichwohl über Jahrhunderte hinweg fort, begleiten den Weg der Zivilisationen und folgen ihrem Glanz und ihren Erfahrungen, ihrem Schmerz und ihren Niederlagen."

Während einer erneuten Pause des Ministers, welche mir passend und beabsichtigt erschien, schaltete sich ein Gefährte ein und fragte:

„Großer Wohltäter, wir erkennen die Wahrhaftigkeit Ihrer Erklärungen an; warum jedoch stellt der mitfühlende und weise Herr eine so entsetzliche Situation nicht ab?"

Der gelehrte Mentor antwortete mit einer verständnisvollen Geste:

„Wäre das nicht dasselbe, als würden wir die Verzögerung unseres eigenen Eintritts in das Reich Gottes in Frage stellen? Fühlt sich mein Freund erleuchtet genug, um die Schattenseite der eigenen Individualität zu verneinen? Hat er sich von allen Versuchungen befreit, die aus den mysteriösen Verstecken des inneren Kampfes strömen? Gesteht er nicht zu, dass der Planet seine Bereiche des Lichts und der Finsternis hat, wie es uns selbst im Innersten des Herzens ergeht? Und genau wie wir in unserem Inneren in heftigen Konflikten Duelle austragen, ist auch das planetare Leben gezwungen, bis in seinen entlegensten Winkeln zu kämpfen. Was das Eingreifen des Herrn betrifft, erinnern wir uns daran, dass sich die Lehren dieses Vortrags nicht auf die Aspekte des Mitgefühls richten, sondern auf die Probleme der Gerechtigkeit.

Wir anderen und die Menschheit, die im Fleische kämpft, stellen nicht mehr als einen winzigen Teil der universellen Familie dar, eingegliedert in die Schwingungsebene, die uns eigen ist.

Wir sind lediglich einige Milliarden Wesen im Angesicht der Ewigkeit. Und seien wir davon überzeugt, dass, wenn der Diamant durch den Diamanten geschliffen wird, das Böse nur durch das Böse korrigiert werden kann. Die Gerechtigkeit funktioniert durch die vermeintliche Ungerechtigkeit - bis die Liebe erwacht und diejenigen erlöst, die sich zu langen und schmerzvollen Strafen im Angesicht des Guten Gesetzes verurteilt haben.

Perverse, berechnende, verbrecherische und inkonsequente Menschen werden durch Charaktere derselben Natur überwacht, die im Einklang mit ihren Tendenzen stehen.

Am Schutz des Himmels gegen alle Arten von Drangsal, die von den hartherzigen und undankbaren Seelen auf der Erde gesät wurden, hat es wahrhaftig nie gemangelt und die Schutzengel lassen ihre Schützlinge nicht im Stich; indessen wäre es unlogisch und absurd, einen Engel mit der Aufsicht über Kriminelle zu betrauen.

Im Allgemeinen sind die inkarnierten Menschen von den dunklen und herabwürdigenden Ausstrahlungen der Wesen umgeben, die genauso unvollkommen und unentschlossen sind wie sie selbst; diese Geschöpfe sind unsichtbar für ihr Auge, jedoch teilen sie ihre Wohnung mit ihnen.

Aus diesem Grund ist der Planet vorläufig nicht mehr als eine große Prüfungsstätte zum Zwecke der Vervollkommnung, der nur diejenigen Individuen in Richtung der erhabenen Sphären entfliehen können, die sich durch ihre eigene Anstrengung außergewöhnlich weit entwickelt haben.

In Anbetracht einer derartigen Situation rief der göttliche Meister vor dem Richter in Jerusalem aus: „Vorerst ist mein Reich nicht von hier", und aus demselben Grund schreibt Paulus von Tarsus nach qualvollen Kämpfen an die Epheser, dass „wir nicht gegen Fleisch und Blut zu kämpfen haben, sondern gegen die Fürstentümer, gegen die Gewalten, gegen die Prinzen der Finsternis und gegen die Geisterscharen des Bösen in den himmlischen Regionen selbst."

Jenseits des menschlichen Reichs ist somit das riesige Imperium der desinkarnierten Intelligenzen kontinuierlich an der Urteilsfindung über die Menschheit beteiligt.

Und im Verständnis unserer Eigenschaft als unvollendete Arbeiter, die alte Schwierigkeiten und ungeheure Hemmnisse auf dem Gebiet der erleuchtenden Vervollkommnung mit sich tragen, ist es unsere Aufgabe, uns mit Hilfsmitteln auszurüsten und zu berücksichtigen, dass das Werk der Rettung Bildungsarbeit in ihrer höchsten Form ist.

Das Opfer des Meisters stellte den göttlichen Sauerteig dar, der das Aufgehen der gesamten Masse bewirkte. Daher besteht das Verdienst Jesu vor allem darin, dem unvergänglichen Leben Sublimation gegeben zu haben. Er sah davon ab, die Leidenschaften der Menge zu zügeln, da er erkannte, dass die wahre Arbeit der Erlösung im Herzen angesiedelt ist. Gleichwohl distanzierte er sich von den politischen Verordnungen, obgleich er sie mit unmissverständlichem Respekt gegenüber der bestehenden Autorität achtete, denn es war ihm bewusst, dass der Dienst des himmlischen Reichs nicht von äußeren Verpflichtungen abhängt, sondern von der Persönlichkeit, die sich dem guten Willen und dem Geist des Verzichts zugunsten der Mitmenschen verschrieben hat.

Ohne unseren persönlichen Einsatz für das Gute wird das Werk der Regeneration auf unbestimmte Zeit verschoben. Unsere brüderliche Mitwirkung ist wertvoll und unverzichtbar, damit unsere Brüder und Schwestern, die vorübergehend im Dickicht des Bösen verweilen, sich den göttlichen Zielen zuwenden, indem sie lernen die Macht des potentiellen Lichts zu nutzen, das sie in sich tragen. Nur die Liebe, die wir fühlen, die von uns ausgeht und die wir leben, wird den Ausbruch der Strahlen der Liebe in unseren Nächsten hervorrufen. Wenn wir die Energien der Seele nicht in die Richtung Gottes lenken und ihren Magnetismus nicht auf das Zentrum des Universums ausrichten, ist jedes Programm zur Rettung lediglich eine Kombination von Worten, die durch die flagrante Unwahrscheinlichkeit vorab zum Scheitern verurteilt ist."

Der Minister lächelte uns ausdrucksvoll an und schloss seine Rede:

„War ich wohl deutlich genug?"

Aus allen Gesichtern ließ sich der Wunsch ablesen, ihn noch länger zu hören; Flácus jedoch, von einem Lichtschein umgeben, stieg von der Tribüne herab und unterhielt sich informell mit uns.

Der Vortrag war beendet.

Die soeben gehörten Ausführungen weckten in mir größtes Interesse. Es war jedoch nötig, eine neue Gelegenheit zu umfassenderen Erklärungen abzuwarten.

33

2

DER VORTRAG DES LEHRMEISTERS

Als wir uns aus der Bildungsstätte zurückzogen, hob Lehrmeister Gúbio, die klaren Augen auf unserem Weggefährten Elói und mir ruhend, hervor:

„Für viele Geschöpfe ist es schwer, die intelligente Formation der perversen Geister zu verstehen. Indessen ist sie logisch und natürlich. Wenn wir trotz der höheren Absichten, die uns bereits anleiten, noch weit von der Heiligkeit entfernt sind, was sollen wir dann von den unglücklichen Brüdern und Schwestern sagen, die sich ohne Widerstand von den Netzen des Unwissens und der Boshaftigkeit fangen ließen? Sie kennen keine höhere Region als die fleischliche Ebene, an der sie sich noch immer durch starke Bande orientieren. Verflochten mit Kräften einer niedrigen Schwingungsebene, begreifen sie die Schönheit des höheren Lebens nicht, und während sich schwache und kranke Mentalitäten gedemütigt beugen, bürden ihnen die Charaktere der Herzlosigkeit Richtlinien auf, liefern sie in ausgedehnte Gemeinschaften ein und beherrschen sie auf dunklen Fundamenten entwürdigenden Hasses und stiller Verzweiflung. Auf diese Weise organisieren sie wahre Städte, in die sich dichte Legionen von Seelen flüchten, die in Scham vor sich selbst vor jeglicher Manifestation des göttlichen Lichts fliehen. Söhne und Töchter der Auflehnung und der Finsternis sammeln sich dort zu tausenden mit der Absicht sich zu retten und gegenseitig zu stützen…"

Der Lehrmeister sah uns unsere offenkundige Überraschung an und fuhr fort, indem er unsere inneren Argumentationen beantwortete:

„Solche Unruhe stiftenden Siedlungen haben vermutlich mit den ersten irdischen Intelligenzen begonnen, die in Disziplinlosigkeit und Ungehorsam die Beachtung der Gebote des Himmlischen Vaters verweigerten. Die Seele, die durch den Missbrauch der Freiheit, die ihr anvertraut worden war, in disharmonische Schwingungen abgerutscht ist, muss die Fäden ihrer Neuausrichtung selbst weben, und Millionen unserer Brüder und Schwestern verweigern sich faul und uneinsichtig einer solchen Anstrengung und weiten so das Labyrinth aus, in dem sie sich häufig jahrhundertelang verirren. Da sie aufgrund der zerstörerischen Leidenschaften, von denen sie magnetisiert werden, außerstande sind, die Reise in Richtung Himmel unmittelbar anzutreten, kommen sie entsprechend den niederen Tendenzen, mit denen sie in Einklang stehen, rings um die Erde herum zusammen und nähren sich weiterhin von deren Ausströmungen und niederen Leben, so wie es auch mit den inkarnierten Menschen selbst geschieht. Das wesentliche Ziel solcher Armeen der Finsternis ist es, die geistige Primitivität des menschlichen Geschöpfes zu bewahren, damit der Planet so weit wie möglich unter ihrem tyrannischen Joch verbleibt."

Gúbios Betrachtungen ließen meinen Kopf rauchen.

Auch ich bin nach dem Übergang aus der körperlichen Welt durch die niederen Gegenden des Lebens gegangen; jedoch habe ich die Existenz dieser organisierten Ballung von bösartigen Wesen der geistigen Ebene nicht bemerkt, obgleich ich bei vielen Gelegenheiten eindrucksvolle Kommentare über sie gehört habe.

In der Tat schaffte ich es nicht allein, alle Erinnerungen an die leidvolle Zeit, die sich mir nach der Tür des Grabes geboten hatte, zu Tage zu fördern.

Ich sah mich durch ausgedehnte Morastgebiete hindurch verfolgt... Ich irrte verzweifelt durch Tage und Nächte, die mir endlos erschienen, elend und voller Qualen; dennoch fiel es mir schwer zu glauben, dass das boshafte Tun über eine Führungsstruktur verfügte. Aus diesem Grunde wagte ich, den Geist nunmehr auf die Absichten des Guten konzentriert, eine Nachfrage:

„Mit welchem Ziel", fragte ich, "verbünden sich diese rückständigen Legionen jenseits des Todes, wenn sie, des groben fleischlichen Gewandes entledigt, mehr denn je wissen sollten, dass sie sich in unnütze Kämpfe verstricken? Fühlen sie sich denn im Hinblick auf die Position, die ihnen zukommt, nicht auf die Ebene der reinen Aufklärung versetzt? Umgeben sie sich denn gegenwärtig nicht mit den erhabensten Offenbarungen der Natur? Erscheinen ihnen die erbauliche Arbeit und das edle Studium in dem höheren Streben, auf dem Weg nach oben die erhebende Weisheit zu erlangen, nicht sinnvoller? Aus welchem Grund sammeln sie sich dann in unrühmlichen und diabolischen Gruppierungen? Es ist leicht, den Weg der Weiterentwicklung des Menschen jenseits des Grabes zu verstehen; die freiwillige Stagnation in der Grausamkeit und im Hass nach dem Tod hingegen kann den Geist eines jeden verwirren..."

Der Tutor lächelte freundlich und erörterte:

„Wir beziehen uns auf vollkommen menschliche Geister, auch wenn diese desinkarniert sind, und solche Fragen, André, könnten selbst auf der Erde gestellt werden. Aus welchem Grund haben wir uns selbst, bevor sich unser Bewusstsein der göttlichen Offenbarung geöffnet hat, jeden Tag auf die niederen Bahnen gestürzt und dabei unfassbar gegen das Gesetz verstoßen? Vor unseren Augen ergoss sich unablässig ein gesegneter Schwall von Sonnenlicht aus dem unendlichen Weltraum... wir wussten, dass die körperliche Existenz schnell vergehen würde, dass wir uns wie alle anderen dem Tod gegenüber sehen würden, dass wir die fleischliche Welt durch dieselbe geheimnisvolle Tür verlassen würden, durch die wir in sie eingetreten waren; wie oft jedoch haben wir die Höchste Weisheit mit einer Haltung krimineller Gleichgültigkeit verachtet? Erinnerst du dich angesichts der Empfehlungen der göttlichen Ebene, die jetzt deine Gedanken erfüllen, an eine frühere Zeit, in der du dich aufrichtig mit deiner eigenen Erhöhung beschäftigt hast? Wenn wir die Vergangenheit ausgraben, mein Lieber, werden wir auf bedauerliche Erinnerungen treffen... Wir dürfen nicht stehen bleiben oder den Mut verlieren. Nach dem Vorbild des zerbrechlichen Stamms ist es zwingend notwendig zu wachsen, sich emporzustrecken, um den oben befindlichen Sauerstoff zu erreichen, und obgleich wir an das, was wir waren, gekettet sind, ähnlich wie ein bescheidener Baum, der an die Überreste der komplexen Hülle gebunden ist, die seinen Samen enthalten hatte, verlangen wir nach Aufstieg, nach reiner Luft und weitem Raum, damit wir das Gute hervorbringen, das der Herr von uns erwartet."

Gúbios Argumentation war wunderschön und anregend; jedoch fiel es mir schwer, die Idee von regierten Fegefeuern und Höllen zu akzeptieren.

„Mit den Ausführungen bin ich einverstanden", sagte ich ehrfürchtig, „jedoch ist ein derartig großes Unwissen außerhalb des Körpers, der uns in Illusionen hüllt, beinahe unglaublich... die Grabstätte eröffnet uns allen einen neuen Weg. Es ist verständlich, dass der verwirrte Geist während der Neuausrichtung Verbitterungen erleidet, bis er sich wiederhergestellt hat; dass allerdings ein desinkarnierter Geist von bestimmten Abschnitten des Weges Besitz ergreift, als wäre er deren absoluter Herrscher, der seine Tyrannei erhalten möchte, ist eine Beobachtung, die mir entgangen war..."

„Ja", entgegnete der Tutor überzeugend, „für jemanden, der das Thema lange Zeit in einem zur Realität gegensätzlichen Sinn beleuchtet hat, ist diese Information recht überraschend; jedoch sehe ich nichts, was dem Verständnis dieser Lektion entgegenstünde. Gestehen wir beispielsweise ein, dass der durchschnittliche Mensch schon vor Jahrtausenden das Entwicklungsstadium passiert hat, in dem sich der Irrationale aufhält, und bei verschiedenen Gelegenheiten ein Verhalten an den Tag legt, das einem noch niedrigeren Niveau zuzuordnen ist."

Er gab seiner angenehmen und gütigen Stimme einen ernsten Tonfall und fügte hinzu:

„Machen wir uns die Tatsache bewusst, dass wir selbst, die Desinkarnierten, uns in einem Bereich der Materie bewegen, der durch eine spezifische Dichte gekennzeichnet ist, wenn auch sehr transparent im Vergleich zu den früheren physischen Formen, und dass unser Geist überall, auf der Erdkruste oder hier wo wir uns befinden, ein psychisches Zentrum der Anziehung und Abstoßung ist. Der inkarnierte Geist atmet in einer Sphäre langsamerer Schwingungen und ist von einem Vehikel aus Trillionen von Zellen umgeben, die jeweils weitere mikroskopische niedere Leben darstellen. Jedes Leben jedoch, so unbedeutend es auch sein mag, verfügt über einen besonderen magnetischen Ausdruck. Der Wille, obgleich er kosmischen und moralischen Gesetzen unterliegt, steuert die Gemeinschaft von lebenden Körperchen, die ihm für einen begrenzten Zeitraum zur Verfügung stehen, wie ein Elektriker, der das Potential des Kraftwerks für Tätigkeiten in einem Sumpf oder den Dienst auf einem Turm einsetzt. Da jeder von uns eine intelligente Kraft ist, die schöpferische Fähigkeiten besitzt und im Universum wirkt, erzeugen wir durch die geistige Energie immer psychologische Wirkstoffe, äußern einen Gedanken und improvisieren mit diesem positive Ursachen, deren Wirkungen nah oder weit entfernt vom Ausgangspunkt sein können. Wenn wir darauf verzichten den Willen zu mobilisieren, werden wir zu unbeweglichen Spielbällen der Umstände, die in unserer Umgebung vorherrschen; sobald wir uns jedoch dazu entscheiden ihn zu manövrieren, ist es unabdingbar, dass wir die Frage der Richtung klären, denn unser persönliches Befinden spiegelt unsere innere Entscheidung wider. Im winzigen Universum existieren genau wie im Makrokosmos Prinzipien, Kräfte und Gesetze. Sobald ein Mensch seinen Willen auf die Vorstellung einer Krankheit lenkt, beantworten die Beschwerden seinen Appell mit allen Merkmalen der Muster, die der krankhafte Gedanke angeordnet hat, denn die positive mentale Anregung legt die Frequenz und die Empfänglichkeit der organischen Region fest, die mit dem ausgesandten Impuls in Verbindung steht. Die mikrobiellen Wesen wiederum, die in der mentalen Region von Millionen Menschen leben, von denen sie unterhalten werden, eilen in Massen herbei, werden durch die Zellen infolge der fortwährend erhaltenen inneren Anordnungen angezogen und absorbiert und bilden alsdann im Körper die projizierte Krankheit. Natürlich stoßen wir in diesem Kapitel auf die Frage der notwendigen Prüfungen in den Fällen, in denen eine bestimmte Persönlichkeit wiedergeboren wird, um erforderliche Lektionen der Sühne zu durchlaufen, aber selbst dort ist das Problem der mentalen Verbindung unendlich wichtig, denn der Kranke, der sich darin gefällt, den eigenen Verfall zu akzeptieren und hervorzuheben, wird schließlich zu einem hervorragenden Inkubator für Bakterien und morbide Symptome; hingegen findet der im Prozess der Neuausrichtung befindliche Geist, wenn er wirksam gegen das Böse reagiert, selbst wenn dieses hilfreich und verdient ist, unschätzbare Mittel um sich auf das Gute zu konzentrieren und sich in den Strom des siegreichen Lebens zu integrieren."

Höchst erbaut nahm ich die Erklärungen auf und trotz der langen Pause, die sich spontan ergab, wagte ich es nicht, den Verlauf der Argumentation zu stören, um den Gedankenfluss nicht zu unterbrechen.

Zuvorkommend und würdig fuhr Gúbio fort:

„Unser Geist ist ein Wesen, das mit dem Ziel der Vervollkommnung zwischen niederen und höheren Kräften angeordnet wurde. Unser perispiritueller Organismus kann als erhabene Frucht der Evolution ebenso wie der physische Körper in der Atmosphäre der Erde mit den Polen eines elektromagnetischen Apparats verglichen werden. Der inkarnierte Geist erfährt durch die Bereiche, in denen sich die Geschlechtsorgane und der Magen befinden, niedere Einflüsse und nimmt erhabene Impulse, selbst wenn diese von unvollkommenen Seelen stammen, durch das Herz und das Gehirn auf. Wenn das Geschöpf danach strebt, seinen Willen selbst zu steuern, wählt es die Begleitung aus, die es bevorzugt und begibt sich auf den Weg, den es wünscht. Wenn auch die Millionen von primitiven Einflüssen nicht versiegen, die uns selbst außerhalb der irdischen Formen nötigen, Emotionen und Wünsche in niederen Kreisen zu unterhalten und zeitweilige Abstürze in Schluchten zerstörerischer Gefühle verursachen, durch die wir schon seit vielen Jahrhunderten pilgern, fehlt es uns doch nicht an Millionen von gesegneten Appellen, die uns zum Aufstieg in die glorreiche Unsterblichkeit einladen."

Der Lehrmeister heftete den scharfsinnigen und ruhigen Blick auf uns und sann nach:

„Versteht ihr jetzt, wie nachvollziehbar es ist, dass sich bestimmte Geister nach dem Grab für das dunkle Haus des Verbrechens entscheiden, ebenso wie es Millionen von inkarnierten Wesen ergeht, die in absoluter Harmonie mit der irdischen Natur Wert darauf legen, in einem Heim der Krankheit zu leben? Fest verwurzelte geistige Einstellungen ändern sich nicht leicht. Wenn der König,

40

der tausende regiert, die Führungspersönlichkeit, die sich daran gewöhnt hat harte Befehle zu erteilen, der Mensch der für gewöhnlich fremde Charaktere beugt, sich nicht von heiligenden Prinzipien im Bereich des Idealismus lenken lassen, die ihnen die Kraft für die Aufgabe einflößen, der sie sich widmen, verwandeln sie sich nicht von einem auf den anderen Moment in demütige Diener, nur weil sie sich der Last der materiellen Zellen entledigt haben. Wenn sie sich nicht dem Abgrund des Wahnsinns oder der völligen Verfinsterung des Verstandes angesichts ihrer Untaten in der Ausübung von Intelligenz und Macht für unbestimmte Zeit anempfehlen, werden sie wegen der bedeutenden und würdigen Qualitäten, die sie bereits erkämpft haben, auf dem Entwicklungsweg der Welt bewahrt und respektiert - trotz der heftigen Leidenschaften, die ihr Inneres beherrschen. Sie werden dann durch höhere Wesen zum Dienst an der Vervollkommnung des Planeten eingesetzt, bei dem sie die Schwächeren beaufsichtigen und neu orientieren und gleichzeitig durch die Stärkeren beaufsichtigt und neu orientiert werden, wodurch sie sich allmählich und unmerklich zum Höchsten Gut bekehren und den göttlichen Plan akzeptieren, an dessen Ausführung sie mit Treue und Nutzen mitzuwirken beginnen. In dieser Position helfen sie und erhalten Hilfe, geben sie und bekommen, regen sie den Fortschritt an und schreiten ihrerseits fort...".

Er hielt kurz in den Ausführungen inne und setzte diese anschließend in eine andere Richtung fort:

„Eine solche Realität zwingt uns dazu, über die Ausdehnung des spirituellen Dienstes in allen Winkeln der Evolution zu meditieren. Die Bildung für die Ewigkeit beschränkt sich nicht auf die oberflächliche Illustration, mit der ein durchschnittlicher Mensch sich ausrüstet, indem er ein paar Jahre an einer Universität die Bank drückt – es ist eine Arbeit der Geduld über Jahrhunderte hinweg. Wenn

Bäume im Rahmen der Ziele, für die sie bestimmt sind, durch eine Lebensdauer von hunderten von Jahren gekennzeichnet werden, was soll man dann zu den Jahrtausenden sagen, die eine Individualität im Kapitel der eigenen Sublimierung benötigt?

Wir dürfen somit die Liebe nicht vergessen, die wir den Unwissenden, den Schwachen, den Unglücklichen schulden. Es ist unabdingbar, in die Fußstapfen derer zu treten, die uns eines Tages ebenfalls erbarmungsvolle Hände gereicht haben."

Die Argumentation war zu erbaulich, als dass wir mit neuen Nachfragen unterbrochen hätten.

Der Lehrmeister nahm die Gelegenheit für weitere Aufklärung wahr und fuhr fort:

„Die Atome, aus denen die Hostie in einem Tempel besteht, sind im Grunde dieselben, die das ärmliche Brot in einer Haftanstalt bilden. Dies trifft auf die gesamte Materie zu. Mit ihrer passiven und plastischen Eigenschaft ist sie im Zustand der Kondensation, wie er auf der Erdkruste bekannt ist, und darüber hinaus gleichartig in den Händen weiser oder unwissender, liebevoller oder verrohter Wesen. Daher sind die vergänglichen Konstruktionen verständlich, die in unserer Sphäre durch Geschöpfe errichtet werden, die vom Guten abgekommen sind. Für denjenigen, der seine Fähigkeiten im flüchtigen Vergnügen betäubt hat, stellt die Trennung vom Fleisch im Allgemeinen den Zugang zu einem schmerzhaften Aufenthalt im Unverständnis dar. Und wenn man berücksichtigt, dass die Mehrheit der menschlichen Geschöpfe die Empfindungen des physischen Körpers verfolgt, als ob die sexuelle Anziehung und das widersinnige Anhaften an provisorischen Gütern der untersten Kreise sämtliches Glück der Welt umfassen würden, ist die Ernte der unausgeglichenen Persönlichkeiten immer beunruhigend, wodurch die dunklen Reihen der unvernünftigen Züchter egoistischer Befriedigung um jeden Preis fast konstant gehalten werden. Gefährliche Verrückte, die sich freiwillig durch überlegene, auf das Dominieren spezialisierte Intelligenzen lenken lassen, bilden schreckliche Horden, die gewissermaßen die Ausgänge der unteren Sphären zu allen Richtungen bewachen."

„Und warum gestattet Gott eine solche Unregelmäßigkeit?", fragte Elói mit sichtbarer Betroffenheit, „Würde eine leichte Anweisung des Ewigen nicht ausreichen, um die Disharmonie zu beheben?"

Die Antwort des zuvorkommenden Gúbio ließ nicht auf sich warten.

Mit einem offenen Lächeln führte er interessiert aus:

„Wäre das nicht dasselbe, als wenn wir fragen würden, warum der Herr bis gestern auf uns gewartet hat? Glauben wir an wundersame Paradiese? Wissen wir denn nicht, dass jeder Mensch auf dem Thron Platz nimmt, den er selbst erbaut hat oder sich in die Tiefe des Abgrundes stürzt, den er sich ausgewählt hat? Außerdem müssen wir erkennen, dass, wenn der Steinmetz den Stein mithilfe einer resistenten Feile verfeinert, der Herr des Universums die Charaktere der verirrten Söhne und Töchter seines Hauses veredelt, indem er verhärtete Herzen benutzt, die sich vorübergehend von seinem Werk entfernt haben. Nicht immer kann der beste Richter der sanfteste Mensch sein.

Moralische Qualitäten und hohe Tugenden sind keine bloßen Worthülsen. Es sind lebendige Kräfte, die für den Aufstieg des menschlichen Geistes unverzichtbar sind.

Durchschnittliche Persönlichkeiten klammern sich an den Rettungsring äußerer Eindrücke und konzentrieren die edelsten Gefühle darauf, wodurch sie unnützen Trugbildern anhaften... Ihr Geist hält sich damit selbst in Unsicherheit, Schwäche und Grauen gefangen. Der Schock des Todes graviert gewaltige Konflikte in ihren Perispirit ein, der die Komponente für ihre eigenen Manifestationen im neuen Bereich der andersartigen Materie darstellt, in den sie gerissen wurden, und nachdem sie auf dem didaktischen Feld der fleischlichen Sphäre, in bedauerlichen Konflikten verfangen, gesegnete Jahre verloren haben, irren sie verzweifelt, ohnmächtig und empört umher und schließen sich der erstbesten Gruppe von lasterhaften Wesen an, die ihnen die Fortsetzung ihrer Abenteuer in imaginären Vergnügen garantieren. Sie bilden riesige und kompakte Verbände, deren Grundlage die Ausströmungen der Erdkruste sind, wo ihnen Millionen von Männern und Frauen die niedrigsten Bedürfnisse nähren; sie schaffen ein vorübergehendes gemeinschaftliches Leben, indem sie die Energie der Wohnstätten der inkarnierten Brüder aufsaugen, als ob sie eine ausgedehnte Kolonie von Kriminellen seien, die auf Kosten einer großzügigen Rinderherde lebten. Es ist jedoch zu bedenken, dass der Mensch die Kuh ausnutzt, die weniger bewusst ist und nicht als mitschuldig verurteilt werden kann, während die Situation in der menschlichen Sphäre einen anderen Aspekt aufweist. Das vernunftbegabte Geschöpf kann sich nicht der Verantwortung entziehen. Während der für die irdischen Augen unsichtbare Verfolger Gruppen bildet, in denen die Renitenz und der Egoismus systematisch kultiviert werden sollen, leistet ihnen der inkarnierte Mensch, Eigentümer eines wertvollen Schatzes von heiligendem Wissen, Zuarbeit und Unterstützung in ihrem unheilvollen Werk durch seine beständige Flucht vor den himmlischen Verpflichtungen als Gehilfe Gottes auf der Ebene des Dienstes, in der er sich befindet und stärkt dadurch kontinuierlich eine verhängnisvolle Verbindung. Daher haben sowohl der eine als auch der andere an den

Ergebnissen der zerstörerischen Gleichgültigkeit oder der verwerflichen Handlung teil, sie geraten aneinander und verwirren sich gegenseitig, wie Raubtiere, die im Urwald des Lebens einander verschlingen. Sie besetzen einander, sowohl in den lehrreichen Hüllen des Fleisches oder außerhalb der irdischen Existenz. Auf diese Weise durchschreiten sie Jahrhunderte, aneinander gebunden, im Banne von bedauernswerten Illusionen und finsteren Absichten und mit extremem Beeinträchtigungen für sich selbst behaftet, da das Himmlische Erbe sich automatisch vor all jenen verschließt, die die in ihrem Inneren befindlichen göttlichen Samenkörner geringschätzen. Es existieren Millionen von menschlichen Seelen, die sich seit mehr als zehntausend Jahren noch nicht von der Erdkruste entfernt haben. Sie sterben im dichten Körper und werden in ihm wiedergeboren, so wie es mit den tief im Boden verwurzelten Bäumen geschieht, die immer wieder austreiben. Sie rekapitulieren einzeln oder kollektiv jahrtausendalte Lektionen, ohne die himmlischen Gaben zu finden, deren Erben sie sind; freiwillig vom Heiligtum ihrer selbst weit entfernt, verwickeln sie sich auf dem unsteten Gebiet der inkonsequenten Egomanie hin und wieder in niederschmetternde Kriege, die beide Ebenen in einem falsch gelenkten Impuls der Befreiung durch unaussprechliche Ausbrüche von Wut und Leiden verwickeln. Sie zerstören dann, was sie mühevoll erbaut haben und ändern Prozesse des äußeren Lebens, wodurch sie in eine andere Zivilisation wechseln."

Der Lehrmeister spürte die starke Aufmerksamkeit, mit der wir seinen Worten folgten, und hob nach einer kurzen Pause hervor:

„Im Laufe der zahlreichen Zeitalter jedoch kehren die Söhne und Töchter des Planeten, den göttlichen Bestimmungen ergeben und frei von der früheren Versklavung an das moralische Elend, in die dunkle Umgebung der Gefangenschaft, die sie bereits verlassen hatten, zurück, um unwissende und vom Weg abgekommene Brüder und Schwestern in einer erhabenen Arbeit des Mitgefühls zu Hilfe zu kommen. Sie bilden an den verschiedensten Stellen des Globus die Avantgarde Christi und wirken unter seiner Schirmherrschaft zu Millionen auf dem Gebiet der Liebe und der Entsagung, in dem sie sich, wenn auch mit Schwierigkeiten, durch die Menschheit vorarbeiten und den brandstiftenden und zerstörerischen Offensiven mit den Segnungen des Himmlischen Lichts begegnen..."

Der Vortrag hätte nicht klarer sein können. Elói jedoch beobachtete erschrocken:

„Wer würde auf der Erde, unserem alten Domizil, sagen, dass sich das unendliche Leben so seltsam und bedrohlich ausdehnte?"

„Ja", stimmte der Tutor zu, „jedoch ist die Orthodoxie in der Welt gewöhnlich der Leichnam der Offenbarung. In Bezug auf die göttlichen Realitäten verstopfen Jahrtausende währende theologische Argumente die Kanäle der menschlichen Intelligenz. Das Geschöpf wird jedoch in der Aufgabe der Selbstentdeckung voranschreiten. Die geistige Kraft bleibt im täglichen Kampf auf den engen Kreis der egoistischen Persönlichkeit beschränkt, wie ein Weichtier, das fest an seiner Schale haftet, und wir wissen, dass eine solche Energie als ewiges Erbe, mit dem wir uns erheben oder absinken, schöpferische Strahlen auf die passive Materie in unserem Umfeld aussendet, und es hängt von uns ab, welche Richtung sie nehmen wird. Wenn Millionen von glänzenden Strahlen einen leuchtenden Himmelskörper bilden, ist es natürlich, dass Millionen von kleinen Verzweiflungen zu einer vollkommenen Hölle werden. Als Erben der Schöpferischen Macht erschaffen wir Kräfte, die mit uns im Einklang stehen, wo immer wir uns befinden. Ist all dies nicht völlig verständlich? Aus diesem Grund ließ der Herr seinen himmlischen Hinweis in das Göttliche Buch aufnehmen: ‚Siehe, ich stehe vor der Tür und klopfe an'. Wenn jemand die lebendige Tür der Seele öffnet, wird es tatsächlich das erlösende Kolloquium zwischen Meister und Jünger geben. Das Herz ist ein Schrein und die Sublimierung des ihm innewohnenden Potentials ist der einzige Zugangsweg zu den höheren Sphären."

Mit einer Geste, die die angemessene Beendigung seiner Ausführungen ankündigte, lächelte der hingebungsvolle Lehrmeister gütig und fragte:

„Wer von uns würde den Unsinn begehen, einen gefangenen Ballon zum Fliegen aufzufordern? Das menschliche Hirn, das in den stärkeren Interessen der Erde verwurzelt ist, stellt kein anderes Symbol dar."

Wir schwiegen, unseren Hunger nach Erläuterungen gestillt. In dieser Unterhaltung von wenigen Minuten hatten wir unschätzbares Material zur Beobachtung für einen langen Zeitraum aufgenommen.

In völliger Stille begaben wir uns jetzt auf den Weg, ekstatisch im Angesicht der atemberaubenden Schönheit der Nacht voller wunderbarer Sternbilder.

Ein sanfter Wind flüsterte Lobgesänge ohne Worte in das leichte Laub und Gruppierungen von Freunden, die uns hin und wieder begegneten, trugen dasselbe süße Glück in ihren Augen, von dem auch das blühende Wäldchen erfüllt war.

Und von einer derart unvergesslichen Rührung ergriffen, brachen wir zu dem Sanktuarium auf, in dem wir Anleitungen für unseren bevorstehenden Dienst erhalten würden – durchtränkt von Vertrauen und Freude, in der

Position entzückter Arbeiter, die sich zufrieden zum Kampf aufmachen, als ob sie glücklich zu einem Fest des Lichts gingen.

3

VEREINBARUNGEN

Die am Himmelsdom funkelnden Sterne verbreiteten im lilienweißen Schein des Mondes ringsherum Schwingungen unbeschreiblicher Schönheit und säten Hoffnung, Freude und Trost.

Ich hatte bereits Kenntnis von den Aufgaben, die uns zur Erdkruste führen würden, mit einem Zwischenhalt in einer weit ausgedehnten Siedlung der Sühne, und nutzte den lieblichen Moment in Gesellschaft des Lehrmeisters, um ihn zu einem Gespräch zu bewegen, das stets wertvolle Lehren vermittelte.

„Es erscheint mir bewundernswert", wagte ich respektvoll zu bemerken, „dass sich in unserer Sphäre wahre Expeditionen bilden, um einen einfachen Fall von Besessenheit zu behandeln…"

„Die inkarnierten Menschen", entgegnete der Tutor mit einer gewissen Distanz im Blick, als ob seine Seele an flüchtigen Bildern aus der Vergangenheit heften würde, „haben keine Vorstellung vom Ausmaß der Fürsorge, die sie in unserer Ebene erwecken. Wir alle, sie und wir, sind Herzen, die in der Schmiede nachhaltiger Erfahrungen fest miteinander verbunden sind. Im Roman der Entwicklung und Rettung der Menschheit besitzt jeder Geist ein besonderes Kapitel. Zärtliche und grobe Bande der Liebe und des Hasses, der Sympathie und der Abneigung fesseln uns aneinander. Die auf der Erde inkorporierten Seelen befinden sich in einem vorübergehenden Schlaf, der das temporäre Vergessen in Bezug auf die früheren Handlungen zur

Folge hat. Sie baden im Fluss Styx der Antike, dessen Wasser ihnen eine bestimmte Zeit lang eine wertvolle Sicherheit für die Rückkehr zu Möglichkeiten der Erhebung bietet. Während sie jedoch in nutzbringendes Vergessen eintauchen, verhalten wir uns in ständiger Wachsamkeit. Die Gefahren, die unsere Lieben aus der heutigen Zeit oder aus längst vergangenen Epochen bedrohen, lassen uns nicht unbewegt. Die Menschen befinden sich nicht allein auf dem engen Pfad heilsamer Prüfungen, auf den sie beschränkt sind. Die Verantwortung für die Vervollkommnung der Welt obliegt uns allen."

Ich war bereits über die junge Dame, deren Rettung unsere Aufgabe sein würde, aufgeklärt worden und erwähnte respektvoll:

„Die Kranke, zu deren Hilfeleistung wir zugelassen wurden, ist zum Beispiel Teil Ihrer spirituellen Vergangenheit..."

„Ja", bestätigte Gúbio demütig, „aber ich wurde nicht nur dazu bestimmt, im Fall der erkrankten Margarida zu dienen, der uns zu der aktuellen kurzen Expedition veranlasst, weil diese in lange vergangenen Zeiten meine Tochter war. Bei jeder Frage der rettenden Hilfe ist es unerlässlich, die verschiedenen Seiten des Problems zu betrachten. Angesichts des Rätsels der Besessenheit, das wir zu lösen beabsichtigen, werden wir dazu gebracht, alle Persönlichkeiten ausfindig zu machen, die an dem Vorgang beteiligt sind. Verfolger und Verfolgte verbinden sich bei jedem Prozess der Hilfeleistung in großer Anzahl. Jeder Geist ist ein wichtiges Glied in einer breit gefächerten Region der menschlichen Kette. Je weiter wir in unserem Wissen und unseren Fähigkeiten, in unserer Liebe und unserer Autorität wachsen, desto größer ist der Umfang unserer Verbindungen in der allgemeinen Sphäre. Es gibt Seelen, auf die sich das Interesse von Millionen anderer Seelen erstreckt. Solange die Bewegungen des Lebens harmonisch unter dem Einfluss des Guten erfolgen, vermögen die Schwierigkeiten nicht in Erscheinung zu treten; wenn sich jedoch die Verwirrung Zugang verschafft, ist es nicht leicht, Hindernisse zu beseitigen, denn unter derartigen Umständen ist es erforderlich, dass wir absolut unparteiisch vorgehen und jedem das zugestehen, was ihm gebührt. Der irdische Mensch sieht insbesondere in leidvollen Zeiten meist nur ,seine Seite', jedoch arbeiten über der allgemeinen Justiz, unter Berücksichtigung des gebotenen Respekts, andere, höhere Gerichte... Aus diesem Grund setzen alle Fälle von spiritueller Disharmonie auf der Erde hier ein weites Netz von Dienern in Bewegung, die sie daraufhin behandeln – ohne persönliche Neigungen, ausschließlich auf der Grundlage der Liebe, die Jesus vorlebte. Bei diesen Gelegenheiten bereiten wir uns darauf vor, alle Anforderungen der Rettungsarbeit zu erfüllen, die uns die Sendung im Rahmen der Tätigkeiten, die mit ihr verbunden sind, auferlegt oder bietet."

An diesem Punkt der lehrreichen Unterhaltung gelangten wir zu einem anmutigen Tempel.

In diesem idyllischen Winkel, der der Materialisierung erhabener Wesen gewidmet war, schien es, als ob das sanfte Licht der ruhigen Nacht noch schöner würde.

Die beständigen Schwingungen der Gebete, die dort über mehrere Jahrhunderte ausgestrahlt wurden, hatten ein wunderbares Klima der Verzauberung um das Gebäude geschaffen.

Eine himmlische Melodie erklang sacht im Hintergrund und die zarten Blumen des Atriums schienen die kristallinen Töne zu erwidern, indem sie ihren Glanz und ihre Farbe fast unmerklich wandelten.

51

Mein Herz war bedrückt, als ob das Glück der letzten Stunden, in denen ich solch erhebende und gravierende Reflexionen bezüglich der Ausdehnung der Welt und des Lebens gehört hatte, meine persönliche Irrelevanz der göttlichen Größe näher bringen würde, und stille Tränen überschwemmten mein Gesicht.

Der Lehrmeister ging voraus und gemeinsam traten wir in den Garten, der das traute Sanktuarium umgab.

Einige Brüder und Schwestern kamen gastfreundlich auf uns zu.

Einer von ihnen, Lehrmeister Gama, der für die Dienste des Hauses verantwortlich war, umarmte uns und sagte gütig:

„Ihr kommt im passenden Moment. Die Spender der sublimierten Fluide befinden sich an ihren Plätzen und die andere Kommission ist bereits angekommen."

Wir traten ein ohne zu zögern.

Ich erfuhr sofort, dass eine andere Gruppe, die übrigens aus zwei Schwestern bestand, sich dort aufhielt, um Anweisungen für den Dienst in niedrigeren Sphären zu erhalten.

Ein liebliches, blaustrahlendes Licht erfüllte den weiten Raum, der mit schneeweißen Blumen verziert war, ähnlich den Lilien, die wir auf der Erde kennen.

Es gab keine Zeit für einleitende Gespräche.

Nach einer kurzen und herzlichen Begrüßung wurde die Gebetsgruppe zusammengestellt.

Zwanzig Medien für Materialisationen auf unserer Ebene waren dafür verantwortlich, strahlende Energie zu spenden und nahmen im nahen Umfeld Position.

Eine bewegende Partitur erklang zart und leicht in einem benachbarten Raum und stimmte uns auf die erhabene Meditation ein.

Und bald nach dem Gebet, das wunderschön und spontan durch den Verantwortlichen formuliert wurde, der in der Institution die höchste Position innehatte, erleuchtete sich die familiäre Bühne. Eine weißliche Wolke milchig-glänzender Substanz verdichtete sich vor unseren Augen, und nach und nach trat die anschauliche und respektable Figur einer ehrwürdigen Frau aus dieser kristallklaren Schneehülle hervor. Ein unbeschreiblicher Friede charakterisierte ihren sympathischen Blick sowie ihre Gestalt einer altertümlichen Madonna, die plötzlich vor uns erschien. Sie grüßte uns mit einer Segensgeste, als würde sie uns allen die Strahlen des smaragdenen Lichts, die ihren Kopf in Form eines Heiligenscheins umrandeten, aussenden.

Die beiden jungen Damen, die neben uns die andere Kommission zur Dienstleistung bildeten, gingen unter diskreten Tränen nach vorne und fielen auf die Knie.

„Liebe Mutter", rief eine von ihnen in einem Tonfall aus, der uns die innersten Fasern zerriss, „hilf mir, zu dir zu sprechen. Die lang unterdrückte Sehnsucht ist ein Feuer, das das Herz verzehrt. Steh mir bei! Lass mich diese süße und göttliche Minute nicht verlieren!"

Obwohl sie vor Rührung, die ihre Brust erfüllte, in Schluchzen ausbrach, fuhr sie fort:

„Segne uns für die große Reise…! Seit langer Zeit warten wir auf diese kurze Stunde des Wiedersehens mit dir... Verzeih uns, liebe Mama, wenn wir derart in unseren Bitten insistiert haben... Wie sollen wir jedoch die Strudel des Abgrunds ohne deinen liebevollen Schutz überwinden?"

Sie fügte, vielleicht mit dem Wunsch, sich vor den mütterlichen Augen zu rechtfertigen, unter Tränen hinzu:

„Deinen geliebten Empfehlungen Folge leistend, haben wir uns neben unseren üblichen Aufgaben auf dem Gebiet des Dienstes, in welchem deine Güte uns angesiedelt hat, um den Papa gesorgt, der in den Schatten eingetaucht ist; allerdings suchen wir ihn seit sechs Jahren vergeblich auf... Er entrinnt unserem erneuernden Einfluss und genießt die Gesellschaft von Wesen, die, wo immer sie sich aufhalten, die Geschöpfe wie ein Vampir aussaugen. Er empfängt unsere liebevollen Bemühungen lediglich in Form von vagen Gedanken, derer er sich mit Leichtigkeit entledigt, und wenn wir die Vorkehrungen zu seiner Rettung verstärken, benimmt er sich wie ein Verrückter... Cholerisch und verärgert gestikuliert er wild, flucht lautstark und verlangt nach der Anwesenheit von lasterhaften Wesen, mit deren dunkler Strahlung er sich verflicht und weist unsere Hinweise und unsere Gegenwart ab... Er zieht den Kontakt zu unwissenden und unglücklichen Wesen vor und hasst unsere Zärtlichkeit..."

An diesem Punkt hielt sie ein Anfall noch stärkerer Rührung davon ab fortzufahren.

Die edle Dame, die von der Tribüne herabstieg, richtete die Töchter auf und nahm sie in die Arme. Mit einem tröstenden Ton in der Stimme sprach sie trotz der sichtbaren Melancholie ohne Tränen:

„Geliebte Töchter, die Sonne bekämpft jeden Tag die Finsternis. Lasst uns unablässig gegen das Schlechte kämpfen, bis zum Sieg. Glaubt nicht, dass ihr in dem schmerzhaften Konflikt allein seid. Verzeihen wir dem Papa unaufhörlich und helfen wir dabei, ihn dem festen Terrain des Lichts wiederzugeben. Wenn Christus seit dem Beginn der Zeiten für uns arbeitet, ohne dass wir das Ausmaß seiner Opfer verstehen könnten, was sollen wir dann zu unseren Pflichten der gegenseitigen Unterstützung und Toleranz sagen? Wir schulden Cláudio für alle Zeiten unsere Wertschätzung und Dankbarkeit, ungeachtet des entsetzlichen, geheimen Verbrechens, welches ihn uns in die Tiefe entrissen hat... Er vergiftete einen Verwandten, um an den materiellen Reichtum zu gelangen, der uns in der fleischlichen Sphäre Bildung und Komfort bot. Aus extremer Hingabe zu uns dreien zögerte er angesichts der Versuchung nicht, die ihn zu einer infernalen Tat nötigte. Mit seiner unruhigen Zuneigung gelang es ihm nicht, den Segen der Zeit abzuwarten, und er ließ sich zu einem unaussprechlichen Vorgehen hinreißen, um uns in einer Oase illusorischer Überlegenheit unterzubringen... Um uns abgesichert und glücklich zu wissen, lebte er vierzig Jahre lang zwischen Reue und Leiden, psychisch verbunden mit boshaften und rachsüchtigen Geistern der Schattenregionen; in Wirklichkeit war es uns jedoch auf Kosten seines Leidens möglich, eine gesegnete Existenz des Fortschritts und des Komforts in einem wundervollen und reich ausgestatteten Haus zu durchschreiten, ohne zu wissen, dass in unseren spirituellen Fundamenten eine dunkle Tat des Mordes und der Gewalt lebte!"

An dieser Stelle weinte die materialisierte Wesenheit ergreifend.

Die drei umarmten sich stumm und bewegend, wodurch die Mama die nötige Fassung fand um fortzufahren:

„Lasst uns dennoch zum Feld des erneuernden und wohltuenden Kampfes zurückkehren… Was nützt uns die himmlische Landschaft ohne die Befreiung derjenigen, die wir lieben? Das von Liebe erfüllte, gequälte Herz wird auf den Zugang zu einem Stern verzichten, um an der Seite einer geliebten Seele im Duell mit den Schlangen des Sumpfes durchzuhalten. Könnten wir etwa den herrlichen Anblick der strahlenden Sphären genießen, ihrer unergründlichen Harmonie lauschen, wenn wir uns in einer bevorzugten Position befinden, die wir auf Kosten jener erreicht haben, die in der Finsternis stöhnen und zerbrechen? Denjenigen zurückzulassen, der uns als Stufe beim göttlichen Aufstieg diente, zählt zu den schrecklichsten Formen der Undankbarkeit. Der Herr kann kein Glück segnen, für das diejenigen, die es uns schenkten, mit Kummer zahlen. Ich bin davon überzeugt, dass der Engel, der in die Hölle hinabsteigt, um die verirrten und leidenden Söhne und Töchter Gottes zu retten, mehr Größe zeigt, als der spirituelle Bote, der sich beeilt, vor dem Thron des Ewigen zu erscheinen, um ihn zu preisen und der dabei die eigenen Wohltäter vergisst…"

Die ehrwürdige Matrone trocknete die vielen Tränen und fuhr fort:

„Vergessen wir also, meine lieben Töchter, was wir heute sind, um die zu retten, die mit der Absicht uns zu dienen, in einen finsteren und qualvollen Abgrund gerutscht sind. Begleichen wir unsere geheimen Schulden mit Selbstlosigkeit und Hingabe. Zu einem späteren Zeitpunkt werde ich Antônio, den vergifteten Neffen, in meinen mütterlichen Armen empfangen sowie ihn und Cláudio durch gemeinsam gelebte Herzlichkeit und Respekt einander wieder näher bringen. Ich werde ihn mit heiterer Zärtlichkeit lehren, den Namen Gottes auszusprechen und die schweren Wolken der Auflehnung, die sein inneres Leben zum Erliegen gebracht haben, aufzulösen. Um ihn wirksamer zu Verständnis und Erbarmen zu führen, habe ich mich verpflichtet, auch die sechs vom Guten abgekommenen Geschöpfe, an die er sich in den niederen Regionen verwirrt klammerte, im mütterlichen Schoß aufzunehmen - angesichts der Schuld, die wir demjenigen gegenüber haben, der uns ein fürsorglicher Freund war. Meine Zuneigung wird ein Heim voller Herzen, die mit meinem eigenen nicht im Gleichklang schwingen, nur schwerlich beherrschen, doch Jesus wird mich lehren, die süße Lektion der stillen Aufopferung glücklich zu entschlüsseln… Häufig werde ich mit Zwietracht und Versuchung konfrontiert werden; wir können indessen nicht an improvisiertes Glück glauben. Wir werden durch gesegnete Zusammenarbeit jenen Frieden erringen, den Cláudio für uns erträumt hatte und den er selbst nicht genießen konnte…

Damit ich jedoch in Richtung der Reinkarnation aufbreche, ist es erforderlich, dass der Papa zuerst wiedergeboren wird. Ohne diesen Auftakt kann ich die neue Phase unseres Prozesses der Rettung nicht in Angriff nehmen. Während ich versuche, Antônio umzuformen und die Kraft seiner Gefühle neu zu orientieren, bringt ihr beiden den väterlichen Geist der wiederaufbauenden Hoffnung und Meditation näher…"

Die jungen Damen begannen ergreifend zu weinen, worin sich Kummer und Freude miteinander vermischten, und die erleuchtete Matrone, deren Abschied erkennbar bevorstand, fügte hinzu:

„Verliert den Mut nicht. Die Zeit ist eine der wertvollsten Gaben des Herrn, und die Zeit wird uns helfen. Die Zukunft wird uns erneut in einem gesegneten irdischen Heim vereinen. Cláudio und ich werden, alsdann entsprechend erneuert, viele Kinder bekommen und ihr zwei werdet unter ihnen sein und unsere Herzen trösten. Auf der Brust werde ich einige Edelsteine tragen, die es durch die Anstrengung eines jeden Tages zu schleifen gilt, und in der Seele zwei Blumen, Euch beide, deren himmlisches Parfum meine Energie tragen wird, die für die Beharrlichkeit bis zum Ende erforderlich ist… Ihr beiden werdet mich für alle Mühen entschädigen… Durch die unvergängliche Liebe vereint, werden wir in unserer Arbeit durch die - zwar verschleierte - Erinnerung an das glorreiche spirituelle Leben getragen werden, das uns eines Tages glücklich und triumphierend aufnehmen wird. Denken wir an Jesus und schreiten wir voran…"

Die Gesandte verstummte und die Mädchen, wahrscheinlich wissend, dass die Zeit abgelaufen war, umarmten und drückten sie an ihr Herz, nach Zärtlichkeit dürstend. Die Mama küsste sie liebevoll, und nachdem sie uns herzlich gegrüßt hatte, kehrte sie auf die Tribüne zurück, auf der sie in einem sich verflüchtigenden Nebelschleier aus unserem Blick verschwand.

Wir sahen einander unter Tränen an, wie jemand, der die Erlaubnis hatte, den Geist in einer sanften Melodie auszuruhen.

Die Schwestern kehrten zu ihrem ursprünglichen Platz zurück und eine wohlklingende Musik ertönte, die unser Ambiente neu belebte und zweifellos die Absicht verfolgte, unser Schwingungsfeld zu verändern.

Während ich über die unermessliche Güte des Vaters nachsann, erinnerte ich mich der Bande der Zuneigung, die mich mit der Vergangenheit verknüpften und bemerkte ein weiteres Mal, dass alle Maßnahmen des Guten durch diejenigen, die in den Tugenden des Himmels zu Engeln werden, geplant und geduldig ausgeführt werden; innerlich bedauerte ich die Gelegenheiten, die ich zu früheren Zeiten verpasst hatte, in denen mein Geist vom wahren Verständnis des Lebens weit entfernt gewesen war.

Ich war von der heilsamen Besinnung noch nicht wieder zu mir selbst zurückgekehrt, als in der Höhe ein anderes Gewebe blütenweißer Substanz, durch Goldtöne gekrönt, sichtbar wurde. In wenigen Momenten erschien, von Licht umhüllt, eine neue Botin auf der Tribüne.

Aus ihren Augen strahlte ein süßer, segnender Magnetismus.

Sie trug einen Peplos[1] aus feiner, strahlend blauer Gaze und stieg aufrecht und würdevoll herab, ihren sanften Blick auf uns gerichtet, von einem bestimmten Interesse an der Suche nach jemandem bewegt.

Der Lehrmeister erhob sich ehrerbietig und ging auf sie zu, wie ein gehorsamer Schüler.

Die soeben Erschienene sprach ohne Geziertheit Worte des Friedens und richtete in einem Ton unendlicher Zärtlichkeit das Wort an ihn:

„Bruder Gúbio, ich danke dir für die hilfreiche Mitwirkung. Ich glaube, dass nun der Moment gekommen ist, deine brüderliche Hilfe zugunsten der Befreiung meines unglücklichen Gregório anzunehmen. Seit Jahrhunderten warte ich auf seine Regeneration und seine Reue. Beeindruckt von den ungeheuren Chancen der Macht, beging er in ferner Vergangenheit grausame Verbrechen der Intelligenz. Nach dem Tod wurde er in eine gefährliche Organisation moralisch Verirrter eingewiesen und spezialisierte sich darauf, Unwissende und Unglückliche zu unterdrücken. Durch seine Hartherzigkeit gewann er das Vertrauen grausamer Charaktere und übt derzeit die abscheuliche

---

[1] *Peplos: altgriechisches Obergewand, besonders für Frauen (Anm.*

Funktion eines Hohepriesters in dunklen Geheimkulten aus. Er steht einer verwerflichen Gruppierung hunderter anderer unglücklicher Geister vor, die im Bösen erstarrt sind und ihm mit bedauernswerter Blindheit und fast absoluter Treue gehorchen. Er vermehrte den Saldo seiner drastischen Schulden, die er aus dem irdischen Wahnsinn mitgebracht hatte und ist inzwischen ein unglückliches Instrument in der Hand mächtiger und undankbarer Feinde des Guten... Seit fünfzig Jahren schaffe ich es jedoch bereits, mich ihm geistig anzunähern. Während sich Gregório zu Beginn widerstrebend und hart zeigte, hat er jetzt Anflüge von Überdruss, was für die Herzen, die dem Herrn untreu sind, einen Segen bedeutet. In seinem Geist entdecke ich bereits Rudimente der notwendigen Transformation. Noch weint er nicht unter der Bürde der wohltuenden Reue und er scheint mir noch weit von rettenden Schuldgefühlen entfernt zu sein; jedoch zweifelt er bereits am Sieg des Bösen und in seinem boshaften Geist haben sich Fragen eingenistet. Er ist nicht so streng bei der Ausübung des Kommandos über die unglücklichen Geister, die seinen Bestimmungen folgen, und der Kollaps seines Widerstands erscheint mir nicht weit entfernt."

In diesem Augenblick bemerkte ich, dass die ehrwürdige Dame diskrete Tränen vergoss, die wie Samenkörner des Lichts über ihr Gesicht liefen.

Sie hielt, von den schmerzhaften Erinnerungen überwältigt, einige Momente lang inne und fuhr fort:

„Bruder Gúbio, verzeih mir die Tränen, die weder Groll noch Ermattung bedeuten... Am Maßstab des durchschnittlichen menschlichen Urteils mag mein spiritueller Sohn vielleicht ein Monster sein... Für mich ist er jedoch der brillante Schatz des unruhigen und einfühlsamen Herzens. Ich denke an ihn, als wäre die schönste Perle in einem Meer aus Schlamm verloren gegangen und ich zittere vor Freude, wenn ich darüber nachdenke, dass ich ihn wiedersehen werde. Es ist keine krankhafte Leidenschaft, die in meinen Worten mitschwingt. Es ist die Liebe, die der Herr von Beginn an in uns entfacht hat. Wir sind vor Gott miteinander verbunden, durch den göttlichen Magnetismus, genau wie die Sterne, die einander im universellen Reich anziehen. Ich werde den Himmel nicht finden, ohne dass sich Gregórios Gefühle ebenfalls der Ewigen Weisheit zuwenden. Wir ernähren uns in der Schöpfung von den Strahlen des unvergänglichen Lebens, die wir uns gegenseitig aussenden. Wie soll ich die vollkommene Glückseligkeit erreichen, wenn ich von meinem geliebten Sohn Strahlen der Kräfte erhalte, die dem Wahnsinn verfallen sind?"

Unser Tutor betrachtete sie mit feuchten Augen und flehte:

„Edle Matilde! Wir sind bereit. Erteile uns deine Anweisungen! Auch wenn wir noch so viel tun würden um dich zu erfreuen, wäre unsere Anstrengung ärmlich und klein gegenüber den Opfern, die du für uns alle erbringst."

Mit einem traurigen Lächeln fuhr die ehrbare Dame fort:

„In wenigen Jahren werde ich in die Wirbel der fleischlichen Konflikte hinabgehen, um Gregório in einer Existenz schwieriger und schmerzhafter Tilgung zu erwarten. Ich werde ihn gemäß den höheren Prinzipien erziehen, die das Leben lenken. Er wird unter meiner unmittelbaren Inspiration aufwachsen und die gefährliche und peinigende Prüfung des materiellen Reichtums erhalten. Unser Plan sieht vor, dass er im Laufe der Zeit durch beharrliche Arbeit die große Schar an lasterhaften Dienern aufnimmt, die ihm heute folgen und Gehorsam leisten, mit dem Ziel, sowohl die mutmaßlich Inkarnierten als auch die Desinkarnierten in den Weg der Vergeistigung mithilfe von heilsamer Disziplin und konstruktivem Schweiß einzuweisen. Er wird Verleumdungen und Verachtungen erleiden. Vor den Menschen wird er häufig gedemütigt werden. Im Bereich der vergänglichen Güter und heuchlerischen Ehren wird er triumphieren. Während sich die rettende Aufgabe entfaltet, wird er sich Versuchungen jeglicher Art gegenübersehen, die ihm aus der Kolonie des Unwissens, der Perversität und des Verbrechens präsentiert werden, der er momentan angehört. Er wird beängstigende Erfahrungen machen und zudem den Verlust falscher Freunde, die Verlassenheit, das Elend, die Krankheit, das Alter und die Einsamkeit kennenlernen. Er wird sich als Kind, als Jugendlicher und auch als Erwachsener fest an meine Zuneigung klammern; jedoch werde ich ihm zum Zeitpunkt der Ernte härterer Prüfungen bereits auf der Reise durch das Grab vorausgegangen sein... in dieser Zeit jedoch, die ich so weit entfernt vorausfühle, wird mein Mutterherz, obwohl es sich auf der spirituellen Ebene befinden wird, ihn Schritt für Schritt in Richtung des erhofften Triumphes ermutigen. In den Bitternissen und Desillusionen, die ihm helfen werden, die Kräfte des Geistes neu zu strukturieren und zu vervollkommnen, wird meine Stimme ewiger Liebe deutlicher durch ihn vernommen werden... Bis dahin jedoch, Gúbio, obliegt es mir, intensiv und ohne den Mut zu verlieren zu arbeiten sowie die Stunden unablässig zu nutzen. Ich werde die Saiten der erhabenen Fürsprache bewegen, meine Freunde mobilisieren, Jesus um Stärke und Gelassenheit anflehen. Wir werden die Befreiung mit deiner selbstlosen Unterstützung in der Region des Abgrunds beginnen."

Die ehrwürdige Botin machte eine kurze Pause und führte, den Blick auf unseren Lehrmeister konzentriert, mit einer neuen Stimmlage aus:

„Du wirst dich um Margarida kümmern, die deine innig geliebte Tochter war und die noch immer durch dunkle Geflechte der Vergangenheit an Gregório gefesselt ist, und du wirst mit meiner mütterlichen Hingabe kooperieren, damit sich in seiner Seele die Auflehnung in Demut und die Kälte in Wärme verwandeln. Wenn du ihn triffst, trage den Umhang des hilfsbereiten Dieners und sprich in meinem Namen zu ihm. Unter dem Eis, das seine Gefühle kristallisiert, schlummert unauslöschbar die Flamme der Liebe, die uns für immer vereint. Ich verfüge jetzt über die Erlaubnis, mich spürbar zu machen, und ich glaube, dass sich sein verhärteter Geist im Angesicht deiner liebevollen Aufgabe bewegen wird.

Ich weiß, was es dich kostet, in die Domänen des Schmerzes einzutauchen, denn nur derjenige, der zu lieben und zu ertragen vermag, schafft es bei den Geistern zu triumphieren, die im Bösen verrotten; jedoch fließen die göttlichen Gaben, mein Freund, als gerechte Antworten auf uns herab. Der Herr bereichert uns, damit wir andere bereichern; er beschenkt uns, damit wir uns im Verteilen der Wohltaten üben, die von Ihm kommen; er hilft uns, damit wir unsererseits die Bedürftigsten unterstützen. Derjenige, der mehr sät, erntet mehr…"

Im Angesicht jener göttlichen Augen, die jetzt von Tränen verschleiert waren, welche nicht hinausflossen, nutzte Gúbio die Unterbrechung und bemerkte ehrfürchtig:

„Großherzige Matilde, ich bin viel zu klein, um deiner Worte würdig zu sein. Wo es Freude gibt, verweilt das Leiden nicht. Du hast mich mit deiner Fürsprache gerettet und meine innige Fürsorge in Bezug auf die Bedürfnisse Margaridas unterstützt. Ein Vaterherz ist stets glücklich, wenn es sich für die geliebten Kinder erniedrigen kann. Ich stehe einfach in deiner Schuld, und wenn Gregório mich in den Kreisen, die er dominiert, geißelte, würde sich ein derartiges Leiden in meinem Inneren ebenfalls in große Freude verwandeln. In jedem Fall wird er mir deine Güte und deine Hingabe in Erinnerung rufen und so meine Absicht, hinabzusteigen um zu dienen, bestärken. Die Schmerzen, die er mir zufügen würde, wären gesegnete Dornen an den Rosen, die du mir schenktest. In deinem Namen werde ich meine Tochter retten, deren aktuelle Erfahrung im dichten Körper uns für die künftigen Reinkarnationen außerordentlich wichtig ist… Dankbar für die Gelegenheit, die du mir gabst, werde ich arbeiten sowie ermutigt und glücklich kämpfen…"

Mit einem Gesichtsausdruck großer Begeisterung und Hoffnung dankte die Dame für die großzügigen Worte und schloss:

„Wenn du die wesentliche Phase deiner Mission in den nächsten Tagen beendet hast, worüber ich durch unsere Boten benachrichtigt werde, werde ich dich auf den ‚Feldern des Ausgangs'[2] treffen. Also wer weiß? Es ist wahrscheinlich, dass das persönliche Treffen, dass ich seit langer Zeit ersehne, Wirklichkeit wird, da Gregório möglicherweise in deiner Gesellschaft bis zu einem Ort kommen wird, an dem die Manifestierung des Lichts in der Finsternis auf bestimmte Weise ermöglicht werden wird."

Die Gesandte verstärkte den strahlenden Gesichtsausdruck, womit sie die süße Erwartung ausdrückte, die ihrer Seele innewohnte, und betrachtete:

„Die Stunde ist gekommen… Der Herr wird mit uns sein. Es gibt eine Zeit des Pflanzens und eine Zeit des Erntens. Gregório und ich werden erneut aussäen. Wir werden ein weiteres Mal Mutter und Sohn sein!"

---

[2] *Die Bezeichnung „Felder des Ausgangs" definiert Grenzgebiete zwischen den niederen und höheren Sphären. (Anmerkung des spirituellen Autors)*

Sie wandte sich insbesondere unserem Lehrmeister zu und sprach verzückt:

„Mögen meine Tränen der Freude deinen beflissenen Geist benetzen. Ich werde dein Handeln verfolgen und mich im geeigneten Moment annähern. Ich glaube an den Sieg der Liebe, folglich wird der Augenblick des Wiedersehens erstrahlen. An diesem gesegneten Tag werden Gregório und die Gefährten, die am besten mit ihm harmonisieren, durch uns in heilende Gebiete gebracht werden, und aus diesen Sphären der Neuorientierung beabsichtige ich, Elemente im Hinblick auf die vielversprechende Zukunft umzustrukturieren und in seiner Gesellschaft die Verwirklichungen zu erträumen, die zu erreichen uns obliegt."

Gúbio formulierte einige Sätze brüderlicher Verpflichtung.

Wir würden arbeiten ohne auszuruhen.

Wir würden für die Ausführung der liebevollen Anordnungen sorgen.

Die einzigartige Unterredung endete mit Gebeten der Dankbarkeit gegenüber dem Ewigen Vater.

Als diese überwältigende Huldigung an die unsterbliche Liebe vorüber war, verabschiedeten wir uns von der christlichen Familie, die sich dort versammelt hatte.

Hier draußen zeigte sich die Nacht noch schöner.

Der Mond regierte auf einem Thron in zartem Blau, umrahmt von funkelnden Sternen.

Unzählige Blumen grüßten uns mit einem berauschenden Duft.

Ich blickte voller Fragen zum Lehrmeister auf, jedoch streichelte mir Gúbio über die Schultern und flüsterte sacht:

„Ruhe den Geist aus und frage jetzt nicht. Morgen brechen wir in Richtung der neuen Aufgabe auf, die uns viel Umsicht und brüderliches Verständnis abverlangen wird, und sei überzeugt, dass der Dienst uns mit seiner eigenen lebhaften Sprache aufklären wird."

4

IN EINER SELTSAMEN STADT

Weg. Am darauffolgenden Tag begaben wir uns auf den

Der Lehrmeister beantwortete unsere höflichen Fragen und teilte uns mit, dass wir lediglich ein paar Tage abwesend sein würden.

Neben den Diensten im Zusammenhang mit dem konkreten Auftrag, der uns mobilisierte, würden wir einige zusätzliche Hilfestellungen leisten. Als Spezialist für Missionen dieser Art erklärte er, dass er uns für eine Arbeit zuließ, die er allein entfalten könnte – dies nicht nur wegen des Vertrauens, das er in uns gesetzt hatte, sondern auch wegen der erforderlichen Ausbildung neuer Helfer, die sich auf die Arbeit der Hilfeleistung gegenüber der Finsternis spezialisieren sollten.

Nachdem wir auf dem abwärts führenden Weg verschiedene Regionen durchquert und Zwischenhalte an diversen Hilfsposten und –institutionen eingelegt hatten, drangen wir in ein ausgedehntes Schattengebiet ein.

Das Sonnenlicht wirkte düster und fremdartig.

Gräulicher Rauch bedeckte das ganze Firmament.

Das einfache Schweben wurde unmöglich.

Die Vegetation bot einen finsteren und beklemmenden Anblick. Die Bäume waren von schütterem Laub bedeckt, und die beinahe trockenen Äste erinnerten an Arme, die in schmerzhaftem Flehen erhoben wurden.

Große, furchteinflößende Vögel, deren Spezies den Rabenvögeln zugeordnet werden könnte, krächzten bedrohlich und sahen aus wie kleine geflügelte Monster, die nach versteckter Beute Ausschau halten.

Was jedoch am meisten bewegte, war nicht das trostlose Bild, das anderen ähnlich war, die ich bereits gesehen hatte, sondern die jämmerlichen Wehrufe, die aus den Sumpfgebieten kamen. Unverkennbar menschliche Schmerz- und Klagelaute wurden dort in allen Tönen ausgestoßen.

Ich glaube, wenn wir die Leidenden, die sich dort befanden, einzeln untersucht hätten, wären wir in einer längeren Beurteilung stecken geblieben; Gúbio hingegen hielt sich, wie andere Lehrmeister, nicht damit auf, die unnütze Neugier zu befriedigen.

Ich erinnerte mich an die "selva oscura", von der Alighieri in dem unsterblichen Gedicht berichtet, und mein Herz war erfüllt von beunruhigenden Fragen.

Waren jene seltsamen Bäume mit ihren vertrockneten, aber lebenden Astgabeln Seelen, die in stille Posten des Schmerzes umgeformt worden waren, wie die Frau des Lot, die symbolisch in eine Salzsäule verwandelt wurde? Und waren die großen, fremdartigen Eulen, deren Augen so unangenehm im Schatten glitzerten, womöglich desinkarnierte Menschen, die eine fürchterliche Strafe in dieser Form verbüßten? Wer weinte in den weiten Schlammtälern? Geschöpfe, die auf der Erde gewohnt hatten, an die wir uns erinnerten oder Fabelwesen, die uns nicht bekannt waren?

Von Zeit zu Zeit kamen uns feindselige Gruppen geistiger Wesenheiten, die offensichtlich aus dem Gleichgewicht geraten waren, entgegen; sie gingen gleichgültig an uns vorbei und waren nicht in der Lage, unsere Anwesenheit zu bemerken. Sie sprachen mit lauter Stimme, in derbem, aber verständlichem Portugiesisch und zeigten durch ihr Gelächter bedauernswerte Zustände der Ignoranz. Sie waren schlecht gekleidet und trugen allerlei Rüstzeug mit sich, das zum Kämpfen und Verletzen geeignet war.

Wir drangen tiefer vor, jedoch begann uns die Umgebung zu ersticken. Wir ruhten uns aus, auf gewisse Weise von eigenartiger Müdigkeit besiegt, und nach ein paar Momenten klärte Gúbio uns auf:

„Unsere perispirituellen Strukturen, die wie ein Taucheranzug beschaffen sind, der aus absorbierendem Material besteht, dürfen sich durch die freie Ausübung unseres Willens nicht den niedrigen Schwingungen dieser Ebene entgegenstellen. Wir sind mit Menschen vergleichbar, die aus Liebe in einen riesigen See aus Schlamm zur Dienstleistung hinabsteigen. Um denjenigen, die sich dort angesiedelt haben, wirksame Rettungsmaßnahmen zukommen zu lassen, sind sie gezwungen, sich mit den Substanzen des Morasts zu bedecken und die deprimierende Beeinflussung des Umfeldes mit Geduld und Mut zu ertragen. Wir haben wichtige Schwingungsgrenzen überquert und es obliegt uns nunmehr, unsere äußere Form der Umgebung, die uns aufnimmt, zu überantworten, damit wir jenen Wesenheiten, denen unsere Hilfe zugutekommen soll, wirklich nützlich sein können. Wenn unsere vorübergehende Verwandlung abgeschlossen ist, werden wir durch jeden Bewohner dieser mit weniger Glück beschiedenen Region gesehen werden. Ab jetzt sollte das Gebet unser einziger Kommunikationsdraht mit den höheren Bereichen sein, bis ich während des Aufenthalts auf der Erdkruste prüfen kann, welcher der geeignetste Moment unserer

Rückkehr zu den Gaben des Lichts ist. Wir befinden uns nicht in infernalischen Höhlen, sondern haben ein großes Imperium perverser und rückständiger Intelligenzen erreicht, das den Kreisen der Erdkruste angeschlossen ist, in denen die Menschen ihrem ständigen Einfluss unterliegen. Für uns ist der Moment einer kleinen Zeugnisablegung gekommen. Zur Erreichung unserer Ziele ist eine starke Fähigkeit zur Entsagung unerlässlich. Wir können aufgrund fehlender Geduld oder mangelnder Opferbereitschaft jederzeit auf der Strecke bleiben. Für die Schar von zurückgebliebenen Geschwistern, die uns umgeben wird, werden wir einfache Desinkarnierte sein, denen das eigene Schicksal unbekannt ist."

Wir begannen, die dichten Substanzen zu inhalieren, die um uns herum schwebten, als ob die Luft aus klebrigen Fluiden zusammengesetzt wäre.

Elói streckte sich keuchend aus, und obwohl ich für meinen Teil eine luftabschnürende Beklemmung empfand, versuchte ich mein Vorgehen an der Haltung des Lehrmeisters zu orientieren, der die Metamorphose still und sehr blass ertrug.

Ich bemerkte verwirrt, dass die freiwillige Anpassung an die niederen Elemente der Ebene uns gewaltig verformte. Allmählich bekamen wir eine Schwere zu verspüren und ich hatte den Eindruck, dass ich kurzerhand wieder mit dem fleischlichen Körper verbunden wurde, denn obwohl ich mich als Herr der eigenen Individualität fühlte, sah ich mich mit dichter Materie überzogen, als ob ich gezwungen wäre, eine unvermutete Rüstung zu tragen.

Nachdem lange Minuten verstrichen waren, ermahnte uns der Tutor fürsorglich:

„Gehen wir weiter! Von nun an werden wir anonyme Helfer sein. Im Moment ist es nicht angebracht, dass wir uns zu erkennen geben."

„Aber bedeutet das nicht zu lügen?", rief Elói, fast wieder bei Kräften, aus.

Gúbio teilte einen Blick voller Mitgefühl mit uns und erklärte gütig:

„ Erinnerst Du Dich nicht an den Text aus dem Evangelium, der empfiehlt, dass die linke Hand nicht wissen soll, was die rechte gibt? Dies ist der Moment, in welchem wir helfen, ohne jegliches Aufsehen zu erregen. Der Herr ist kein Lügner, wenn er uns unsichtbare Mittel zur Rettung entgegenstreckt, ohne dass wir seine Anwesenheit bemerken. In dieser düsteren Stadt arbeiten unzählige Gefährten des Guten in dem Zustand, in dem wir uns befinden. Würden wir auf diesen Feldern, auf denen sich fünfundneunzig Prozent der Intelligenzen mit dem Bösen und der Disharmonie verbündet haben, eine Flagge der Provokation hissen, wäre unser Programm in wenigen Momenten ruiniert. Hunderttausende Geschöpfe erleiden hier unter der Aufsicht grausamer Stämme, die aus egoistischen, neidischen und verrohten Geistern gebildet werden, einen bitteren Schock der Rückkehr zur Realität. Für die durchschnittlich entwickelte Sensibilität ist das Leiden hier unvorstellbar.

„Und gibt es in einem absonderlichen und finsteren Reich wie diesem eine feste Regierung?", fragte ich.

„Wie sollte es keine geben?", antwortete Gúbio verbindlich. „Wie auf der fleischlichen Ebene wird die Leitung in dieser Domäne als temporäre Konzession durch die höheren Mächte verliehen. Derzeit wird dieses große Emporium von regenerierenden Leidensdramen durch einen

71

Satrapen[3] von unfassbarer Herzlosigkeit geführt, der sich selbst den pompösen Titel des Großen Richters verliehen hat und durch politische sowie religiöse Berater unterstützt wird, die so kalt und pervers sind wie er selbst. Eine mächtige Aristokratie erbarmungsloser Charaktere hat sich hier eingenistet und regiert über tausende von trägen, verbrecherischen und kranken Seelen…"

„Und warum erlaubt Gott eine solche Absurdität?"

Diesmal war es mein Kollege, der wieder fragte, nunmehr halb entsetzt angesichts der Verpflichtungen, die wir eingegangen waren.

Weit davon entfernt, sich aus der Ruhe bringen zu lassen, erwiderte Gúbio:

„Aus denselben erzieherischen Gründen, aus denen Er eine menschliche Nation nicht vernichtet, wenn sie, verwirrt durch den Durst nach Macht, blutige und zerstörerische Kriege anzettelt. Er überlässt sie indessen der Sühne für die eigenen Verbrechen sowie ihrem selbst verursachten Verderben, damit sie lernt, sich in die ewige Ordnung einzufügen, die das universelle Leben steuert. Von Epoche zu Epoche, von denen jede einzelne mehrere Jahrhunderte umfasst, wird die Materie, die durch derartige Intelligenzen benutzt wird, umgewälzt und neu strukturiert, wie es in den irdischen Kreisen geschieht. Aber wenn der Herr die Menschen durch Menschen besucht, die sich zu Ihm erheben, korrigiert Er die Geschöpfe ebenso mithilfe stahlharter oder bestialisch gewordener Geschöpfe."

---

[3] *Satrap: im Persien der Antike Statthalter einer Provinz (Anm. d. Übers.)*

„Das bedeutet also, dass die verdammten Seelen, die Dämonen aller Zeitalter…", rief ich unvollendet aus.

„…wir selbst sind", vervollständigte der Lehrmeister geduldig, „wenn wir uns uneinsichtig vom Gesetz abwenden. Wir haben bereits diese düsteren und beunruhigenden Orte durchschweift, aber die biologischen Schockerlebnisse der mehr oder weniger kurz zurückliegenden Wiedergeburt und Desinkarnation erlauben weder dir noch Elói das Aufblühen vollständiger Erinnerungen an die Vergangenheit. Bei mir ist die Situation jedoch anders. Das Ausmaß meiner Zeit im freien Leben verleiht mir ein weitreichendes Erinnerungsspektrum und ich vermag Lektionen, die eine Neuigkeit darstellen, bereits im Vorhinein zu erkennen. Viele unserer Gefährten, die in die Höhen emporgestiegen sind, können diese Gebiete lediglich als Quellen der Erschöpfung, des Abscheus und des Schauders gewahren; hingegen ist es zwingend notwendig zu beachten, dass der Sumpf durchweg ein Naturgebiet ist, das um die Hilfe der stärkeren und großzügigeren Diener bittet."

Nicht weit entfernt erklang exotische Musik, und Gúbio bat uns, im Hinblick auf den Erfolg der bevorstehenden Arbeit, Vorsicht und Demut walten zu lassen.

Wir erhoben uns wieder und gingen voran.

Unsere Schritte wurden zögerlich und unsere Bewegungen schwerfällig.

Mit leiser Stimme unterstrich der Tutor die Empfehlung:

„Vergessen wir bei jeglicher inneren Bedrängnis das Gebet nicht. Es ist von diesem Moment an das einzige Mittel, über das wir verfügen, um an unsere höheren geistigen Reserven heranzukommen, wenn wir das Bedürfnis haben, psychisch wieder aufzutanken. Überstürzungen jeder Art können uns in primitive Zustände stoßen und uns auf eine niedere Ebene schleudern, vergleichbar mit der Stufe, auf der sich die unglücklichen Geister befinden, denen wir helfen möchten. Lasst uns Ruhe und Energie, Sanftmut und Ausdauer bewahren, dem Willen Christi zugewandt. Erinnern wir uns daran, dass wir die Verpflichtung dieser Stunde nicht angenommen haben um zu richten, sondern um zu erziehen und zu dienen."

Wir folgten dem Weg, soweit es möglich war.

Nach wenigen Minuten stießen wir auf eine dichte Ballung von Gassen, die eine Siedlung von heruntergekommenen und hässlichen Häusern verknüpfte.

Grauenvolle Gesichter musterten uns zu Beginn verstohlen, jedoch wurden wir, je weiter wir vordrangen, durch Passanten von erbärmlichem Anblick mit aggressiver Haltung beobachtet.

Etliche Kilometer einer öffentlichen Straße voll von bedauernswerten Bildern zogen an unseren Augen vorbei.

Verstümmelte zu Hunderten, Gebrechliche aller Schattierungen, vollkommen verstörte und disharmonische Wesen boten uns haarsträubende Szenarien.

Von der Vielzahl deformierter Geschöpfe beeindruckt, die sich in unserem Blickfeld aufreihten und an diesem Ort buchstäblich herdenartig eine Gemeinschaftserfahrung durchlebten, richtete ich in diskretem Ton einige Fragen an den Lehrmeister.

„Wozu eine so umfangreiche Gemeinschaft von Leidenden? Welche Ursachen rufen einen so gravierenden Verfall der Form hervor?"

74

Geduldig ließ der Lehrmeister nicht lange auf die Antwort warten.

„Millionen von Menschen", teilte er ruhig mit, „finden nach dem Tod gefährliche Feinde in der Angst und der Scham vor sich selbst. Nichts, André, geht im Kreis unserer Handlungen, Worte und Gedanken verloren. Das Verzeichnis unseres Lebens bildet sich aus zwei unterschiedlichen Segmenten: es bleibt sowohl im Äußeren durch die Auswirkungen unserer Handlungen in Bezug auf Geschöpfe, Situationen und Dinge erhalten, als auch in uns selbst, wo das eigene Gewissen mathematisch alle Ergebnisse unserer Anstrengung, im Guten oder im Bösen, erfasst und im Innern seiner Archive verwahrt. Der Geist bewegt sich überall im Zentrum der Schöpfungen, die er entwickelt hat. Dunkle Mängel und lobenswerte Eigenschaften umhüllen ihn, wo er sich auch befinden mag. Das Geschöpf auf der Erde, auf der wir gepilgert sind, hört Argumente, die sich auf den Himmel und die Hölle beziehen, und glaubt vage an das geistige Leben, das es jenseits des Grabes erwartet. Früher als es sich vorstellen kann, verliert es die fleischliche Hülle und versteht, dass es sich nicht länger verbergen kann, nachdem sich die Maske des Körpers aufgelöst hat, hinter der es sich wie eine Schildkröte im Panzer versteckt hatte. Es fühlt sich als das, was es ist, und fürchtet die Gegenwart der Söhne und Töchter des Lichts, deren Gabe der Erkenntnis sofort seine unerwünschten Makel entblößen würden. Der Perispirit ist aufgrund des feinstofflichen Materials, aus dem er sich zusammensetzt, für den Geist eine feinere Kapsel, die ihm getreu seinen Ruhm oder seine Sucht widerzuspiegeln vermag. In einem Impuls der Auflehnung gegen die Pflichten, die jedem einzelnen von uns bei den Diensten der Sublimierung obliegen, verbünden sich die gefallenen Seelen daher durch Organisationen miteinander, in denen sie die bedauernswerten Neigungen, die ihnen eigen sind, so intensiv wie möglich zum Ausdruck bringen, obwohl sie durch den Sporn der energischen und grausamen Intelligenzen tyrannisiert werden."

„Aber", unterbrach ich, „gibt es keine Mittel, solche Gemeinschaften aufzurichten?"

„Dasselbe Gesetz der eigenen Anstrengung funktioniert hier ebenfalls. An erhebenden Appellen von Oben fehlt es nicht; jedoch ist jegliche legitime Initiative zum Zwecke der allgemeinen Neuorientierung undurchführbar, wenn die Interessierten nicht überzeugt am Ideal der eigenen Besserung haften. Ohne dass sich der Geist, Herr der Vernunft und der daraus folgenden ewigen Werte dazu entscheidet, das ihm zustehende Erbe in Anspruch zu nehmen, indem er seine Schwingungsebene erhebt, ist es nicht gerecht, dass er unfreiwillig in höhere Regionen versetzt wird, die er selbst vorläufig nicht zu schätzen weiß. Und bis er sich dazu entschließt, sich auf das Unterfangen des eigenen Aufstiegs einzulassen, wird er durch die universellen Gesetze für das genutzt, was dem Göttlichen Werk dienlich sein kann. Der Regenwurm wird, solange er Regenwurm ist, genötigt die Erde zu bearbeiten; der Fisch wird, solange er Fisch ist, nicht außerhalb des Wassers leben..."

Angesichts der eigenen Argumentation lächelnd, schloss er gutgelaunt:

„Es ist also natürlich, dass der Mensch, Inhaber vielfältiger Theorien der rettenden Tugend, für niedere Tätigkeiten angestellt wird, solange er sich in den unteren Bereichen bewegt. Die Logik wird vom Gesetz unendlich geschätzt."

Gúbio schwieg, ersichtlich durch die Notwendigkeit gezwungen, dass wir nicht zu viel Aufmerksamkeit um uns herum erregen durften.

76

Berührt jedoch durch das Elend, das dort so viel Schmerz umfasste, verlor ich mich in einem Meer von inneren Fragen.

Was für ein extravagantes Emporium war das? Irgendein Land, in dem unmenschliche Arten sprossen? Ich wusste, dass solche Geschöpfe keine fleischlichen Körper bewohnten und dass sie sich zu ihrem eigenen Nutzen in einem Reich der Läuterung und Buße versammelten; unterdessen trugen sie Kleidung aus einem ausgesprochen schmutzigen Material. Lombroso und Freud würden dort umfangreiches Material zur Beobachtung finden. Unzählige Typen, die für die Kriminologie und die Psychoanalyse äußerst interessant gewesen wären, streiften mit verlorenen Blicken ziellos umher. Zahllose Exemplare von Pygmäen, deren Natur als solche ich noch nicht präzisieren kann, zogen in Massen an uns vorüber. Exotische, für unser Auge unansehnliche Pflanzen verbreiteten sich dort, und eine riesige Anzahl von Tieren, die sich, zwar monströs, aufs Geratewohl fortbewegten, vermittelten mir den Eindruck von vergrämten Wesen, die eine harte Hand in Gnome verwandelt hatte. Dunkle Gassen und Abhänge verdichteten sich ringsherum und verstärkten unser beklemmendes Angstgefühl.

Nach der Durchquerung eines lang gestreckten Gebietes hielt ich die Fragen, die aus meinem Gehirn strömten, nicht zurück.

Der Lehrmeister erklärte jedoch diskret:

„Bewahre die impulsiven Fragen im Moment auf. Wir befinden uns in einer Siedlung der Buße weiten Ausmaßes. Wer hier keine schmerzhafte Sühne der Regeneration leistet, kann als unmenschliche Intelligenz betrachtet werden. Tausende von Geschöpfen, die zu den gröbsten Diensten der Natur herangezogen werden, bewegen sich in diesen unterirdisch gelegenen Gebieten. Aufgrund ihrer Unwissenheit wird ihnen der Ruhm der Verantwortung vorläufig nicht verliehen. In der Entwicklung würdiger Tendenzen begriffen, werden sie zu Anwärtern für die menschliche Natur, die wir auf der Erdkruste kennen. Sie ordnen sich zwischen dem fragmentarischen Denkvermögen des Affenmenschen und dem einfachen Gedankengut des primitiven Waldmenschen ein. Sie finden an inkarnierten Persönlichkeiten Gefallen oder gehorchen blind den herrschsüchtigen Geistern, die in Gegenden wie dieser den Ton angeben. Sie bewahren schließlich die Naivität des Wilden und die Treue des Hundes. Der Kontakt zu bestimmten Individuen neigt sie dem Guten oder dem Bösen zu, und wir werden durch die Höheren Mächte, die uns regieren, für die Art des Einflusses, den wir auf den infantilen Geist solcher Geschöpfe ausüben, zur Verantwortung gezogen. Was die Geister betrifft, die sich in diesen finsteren Straßen zeigen und beinahe tierische Formen aufweisen – in ihnen bemerken wir verschiedene Beispiele der Anomalie, zu der wir durch die innere Disharmonie geführt werden. Unsere geistige Tätigkeit kennzeichnet unseren Perispirit. Wir können die Angemessenheit dieser Aussage nachvollziehen, wenn wir uns noch auf der Welt befinden. Der Vielfraß beginnt, seinem Körper, den er bewohnt, ein bedrückendes Aussehen zu verleihen. Die durch den Missbrauch des Alkohols abhängig gewordenen Menschen gehen dazu über, bäuchlings, auf den Boden geworfen, wie große Würmer zu leben. Die Frau, die es sich zur Angewohnheit gemacht hat, mit ihrer physischen Hülle Handel zu treiben und die heiligen Absichten des Lebens vergisst, weist eine traurige Maske auf, ohne das Fleisch zu verlassen. Hier jedoch, André, enthüllt das gierige Feuer der entwürdigenden Leidenschaften seine Opfer mit noch schrecklicherer Grausamkeit."

Überzeugt davon, dass ich über die Frage der Hilfestellung nachdachte, führte der Tutor aus:

78

„Die individuelle und systematische Krankenpflege ist in einer Stadt, in der sich tausende von geistig und physisch Kranken drängen, nicht durchführbar. Ein weltlicher Arzt würde hier zu Hunderten Fälle von Amnesie, von Psychasthenie, von Wahnsinn durch komplexe Neurosen antreffen und zu der Schlussfolgerung gelangen, dass die ganze Pathogenese im Einflussbereich der geistigen Natur verwurzelt ist. Die Heilung an diesen Orten muss entweder durch die Zeit in Verbindung mit dem himmlischen Erbarmen erfolgen oder durch das himmlische Erbarmen kraft der Entsendung von Botschaftern der Entsagung und der Fürsprache für die reumütigen Geister, die sich bereitwillig den Geboten des Gesetzes ergeben und durch guten Willen inspiriert werden."

Einige schauderhafte Passanten näherten sich uns bedenklich und Gúbio erachtete es als sicherer zu schweigen.

Ich bemerkte die Anwesenheit einiger Organisationen von Dienstleistungen, die wir auf der fleischlichen Ebene als naiv und kindisch einstufen würden, und erkannte, dass die Trägheit hier Oberhand hatte. Und da ich keine Kinder sah, abgesehen von den Zwergengestalten, deren Existenz ich bemerkte, ohne die Eltern von den Kindern zu unterscheiden, wagte ich mit leiser Stimme erneut eine Nachfrage.

Der Lehrmeister antwortete freundlich:

„Für die Menschen der Erde im engeren Sinne ist diese Ebene fast höllisch. Wenn das menschliche Erbarmen die Kinder von bestimmten Kriminellen trennt, was sollen wir von der zärtlichen Zuneigung sagen, mit der das himmlische Erbarmen über seine Kinder wacht?"

„Und warum gibt es auf dieser Ebene gemeinhin so viel Trägheit?", fragte ich noch.

„Fast alle menschlichen Seelen, die sich in diesen Höhlen befinden, saugen die Energien der Inkarnierten aus und vampirisieren deren Leben, als ob sie unersättliche Neunaugen im Ozean des irdischen Sauerstoffs wären. Sie sehnen sich nach der Rückkehr in den physischen Körper, da sie den Geist nicht für den Aufstieg vorbereitet haben, und verfolgen die Emotionen im fleischlichen Bereich mit dem Wahnsinn der Durstigen in der Wüste. Wie fortgeschrittene Föten, die die Energie aus dem Mutterleib aufnehmen, verzehren sie große Kraftreserven der inkarnierten Wesen, welche ihnen aus Mangel an höherem Wissen Nahrung spenden. Daher rührt diese Verzweiflung, mit der sie in der Welt die Macht der Untätigkeit verteidigen und diese Abneigung, mit der sie jeglichen spirituellen Aufschwung oder jeglichen Fortschritt des Menschen auf dem Berg der Heiligung interpretieren. Im Grunde sitzen die ökonomischen Fundamente all dieser Wesenheiten noch immer in der Sphäre der gewöhnlichen Menschen, und deshalb erhalten sie leidenschaftlich das System der psychischen Diebstahls aufrecht, das ihnen den Unterhalt zu Lasten der Gemeinschaften der Erde gewährleistet."

An dieser Stelle trafen wir auf holprige Stellen im Boden, die der Lehrmeister uns zu überbrücken half.

Wir stiegen unter Schwierigkeiten die steile Straße hinauf, und auf einer kleinen Hochebene, die sich unseren erstaunten Augen präsentierte, veränderte sich die Landschaft.

Seltsame Paläste kamen imposant zum Vorschein, von rötlichem Gefunkel umhüllt, ähnlich dem Schein des glühenden Stahls.

Auf gut gepflegten Plätzen voller Menschen standen prächtige Wagen zur Schau, die durch Sklaven und Tiere gezogen wurden.

Aus unserer Sicht müsste der Anblick mit dem der großen Städte des Orients vor zweihundert Jahren vergleichbar sein.

Sänften und Kutschen transportierten menschliche Wesen, die auf eine auffällige Weise, in welcher das Scharlachrot dominierte, gekleidet waren; hierdurch wurde die Härte der Gesichter hervorgehoben, die aus der eigentümlichen Kleidung herausragten.

Ein respektables Gebäude mit allen Eigenschaften eines Tempels erhob sich vor einer Festung, und der Tutor bestätigte meine Eindrücke, indem er versicherte, dass das Haus für einen spektakulären Kult im Freien bestimmt war.

Während wir uns fortbewegten und die prächtigen Häuserfassaden bewunderten, die in schockierendem Kontrast zu dem weit verzweigten Reich des Elends standen, das wir durchquert hatten, wandte sich jemand in schroffem Ton an uns:

„Was macht ihr?"

Es war ein großer Mann mit einer Hakennase und Katzenaugen, mit allen Eigenschaften eines respektlosen Polizisten, der unsere Personalien feststellen will.

„Wir suchen den Priester Gregório, dem wir anempfohlen wurden", erklärte Gúbio demütig.

Der Fremde ging uns voran und befahl, dass wir seinen Schritten schweigend folgen sollten. Er führte uns zu einem großen Haus von hässlichem Aussehen.

„Hier ist es!", sagte er in trockenem Tonfall, und nachdem er uns einem reifen Mann vorgestellt hatte, der in eine lange und komplexe Tunika gehüllt war, zog er sich zurück.

Gregório empfing uns nicht gastfreundlich. Er heftete die misstrauischen Augen eines überraschten Raubtiers auf Gúbio und befragte uns:

„Seid ihr vor langer Zeit von der Erdkruste gekommen?"

„Ja", antwortete unser Lehrmeister, „und wir benötigen Hilfe."

„Wurdet ihr schon inspiziert?"

„Nein."

„Und wer hat euch zu mir geschickt?", forschte der Priester sichtlich verwirrt.

„Eine gewisse Botin namens Matilde."

Der Gastgeber erbebte, fuhr aber unbeirrt fort:

„Ich wüsste nicht, wer das ist. Ihr könnt dennoch eintreten. Ich habe im Amt der Mysterien zu tun und kann euch jetzt nicht anhören. Morgen jedoch werdet ihr bei Einbruch der Dunkelheit zu den Sektoren der Auslese gebracht, bevor ihr zu meinem Dienst zugelassen werdet."

Nicht ein einziges Wort mehr.

Einem Diener von unangenehmer Gestalt überlassen, begaben wir uns in einen dunklen Keller, und ich gebe zu, dass ich Gúbio und Elói mit einer von verunsichernden und undefinierbaren Bedenken übermannten Seele begleitete.

5

AUSWAHLVERFAHREN

Nachdem lange Stunden in dem dunklen Raum vergangen waren, die wir mit Meditationen und Gebeten verbracht hatten, ohne uns verbal miteinander zu verständigen, wurden wir am darauffolgenden Abend zu einem Gebäude großen und merkwürdigen Ausmaßes geführt.

Der eigenartige Palast hatte die Form eines riesigen Hexagons, erstreckte sich über dunkelgraue Türme hoch nach oben und beherbergte viele Säle, die für ungewöhnliche Dienste bestimmt waren. Sowohl außen als auch innen wurde er durch die Helligkeit gewaltiger Fackeln erleuchtet und erweckte den unangenehmen Anschein eines brennenden Hauses.

Unter der Aufsicht von vier Wächtern der Residenz Gregórios, die uns über die Notwendigkeit einer Untersuchung vor jeglichem direkten Kontakt mit dem genannten Priester in Kenntnis setzten, traten wir in die weiträumige Halle ein, in der einige Dutzend Wesen in bedauernswertem Zustand versammelt waren.

Junge und Alte, Männer und Frauen vermischten sich dort in relativer Stille.

Einige stöhnten und weinten.

Ich bemerkte, dass sich die Menge beinahe vollzählig aus kranken Seelen zusammensetzte. Viele befanden sich erkennbar in Zuständen geistiger Verstörtheit.

Ich registrierte beeindruckt ihr kränkliches Aussehen.

Der Perispirit all jener, die sich dort geduldig und erwartungsvoll zusammengeschart hatten, wies denselben opaken Aspekt wie der physische Körper auf. Die Stigmen des Alters, der Krankheit und der Enttäuschung, die der menschlichen Erfahrung anhaften, kamen dort mit vollkommenem Triumph zur Geltung...

Die Angst hatte die Unglücklichsten fest im Griff, denn trotz der Unruhe, die auf allen Gesichtern durchschien, breitete sich erdrückende Stille aus.

Einige charakteristisch gekleidete Diener des Hauses teilten die desinkarnierten Personen, die in Kürze vor Gericht geführt werden sollten, in Gruppen ein.

Der Lehrmeister klärte uns diskret auf:

„Wir wohnen einer wöchentlichen Zeremonie der unerbittlichen Richter bei, die hier ihr Amt ausüben. Das Auswahlverfahren wird unter Zugrundelegung der Ausstrahlungen jedes Einzelnen durchgeführt. Die Wächter, die wir in verschiedenen Gruppen bei der Tätigkeit der Selektion sehen, sind Arbeiter, die auf die Identifizierung zahlreicher Übel spezialisiert sind – durch die Farben, die die Aura der unwissenden, perversen und aus dem Gleichgewicht geratenen Geister kennzeichnen. Die Aufteilung, die dazu dient, die Arbeit der Richter zu erleichtern, ist daher äußerst umfassend."

An dieser Stelle ließen uns Gregórios Leute in Frieden und entfernten sich mehr oder minder von uns, obwohl sie uns auch von den mit vielen Menschen besetzten Galerien aus beaufsichtigten.

Der Auswahlstab respektierte unser Trio und veränderte unseren Zusammenschluss nicht; nunmehr befanden wir uns im Bereich der Opfer.

Mit Blick auf die soeben vernommene Erläuterung fragte ich neugierig:

„Wurden all diese Wesen genötigt hierherzukommen, wie es uns erging? Gibt es satanische Geister, die wie auf den religiösen Ölgemälden der Erdkruste um die Seelen am Sterbebett kämpfen?"

Der Tutor pflichtete sehr ruhig bei:

„Ja, André, jeder Geist lebt mit der Begleitung, die er auswählt. Dieses Prinzip gilt für alle, die im dichten Körper oder außerhalb desselben atmen. Es ist jedoch unbestrittene Tatsache, dass die Mehrheit der Seelen, die sich an diesem Ort eingefunden haben, von der Anziehungskraft hierher dirigiert wurde. Sie waren unfähig, die Gegenwart der gutherzigen Geistwesen zu bemerken, die unter den inkarnierten Menschen in Missionen der Entsagung und des Wohlwollens kämpfen, was auf die niedrigen Schwingungen zurückzuführen ist, in die sie sich durch wiederholte Straftaten, durch verstockte Trägheit oder das freiwillige Verharren in Fehlern gestürzt haben. Daher fanden sie lediglich den Mantel des Schattens, in den sie sich einhüllten; vereinsamt und verwirrt stießen sie auf die desinkarnierten Geschöpfe aus derselben Schwingungsfrequenz, die ihnen eigen war, wodurch sie sich ganz natürlich, mit dem gesamten Gepäck der zerstörerischen Leidenschaften ihres Lebensweges, diesem riesigen Elendsviertel zugesellten. Wenn sie hier anlegen, unterliegen sie jedoch der Aufsicht mächtiger und hartherziger Intelligenzen, die diktatorisch in diesen Regionen herrschen, in denen die bitteren Früchte des Bösen und der Gleichgültigkeit die Speicher der leichtfertigen und boshaften Herzen füllen."

„Oh!", rief ich mit flüsternder Stimme aus, „aus welchem Grund überträgt der Herr an despotische Geister die Verantwortung von Richterämtern? Warum befindet sich die Justiz in dieser seltsamen Stadt in den Händen diabolischer Prinzen?"

Gúbio verlieh seinem Antlitz einen bedeutsamen Ausdruck und fügte hinzu:

„Wer würde es wagen, einen Engel der Liebe zu ernennen, um die Arbeit eines Henkers auszuüben? Außerdem wird, wie es auch auf der Erdkruste zutrifft, jede Position nach dem Tod durch denjenigen eingenommen, der sie wünscht und sucht."

Ich ließ den Blick umherschweifen, und meine ganze Seele zog sich zusammen. In der Gemeinschaft der Opfer, die in großer Anzahl zusammengepfercht waren, als ob sie seltene Tiere wären, die für ein Fest bestimmt seien, überwogen Unterwürfigkeit und Kummer; unter den Wachen jedoch, die uns umgaben, schäumte das Gift der Ironie über.

Respektlos und willkürlich wurden Schimpfwörter ausgestoßen.

Vor einer leeren, weiträumigen Tribüne sowie unterhalb der seitlich angeordneten, von Menschen überfüllten Galerien drängte sich chaotisch eine dichte Menge.

Ein paar ungemütliche und bedrückende Minuten waren vergangen, als ein dominierendes Stimmengewirr erklang:

„Die Richter! Die Richter! Platz! Platz für die Hohepriester der Justiz!"

Neugierig versuchte ich, soweit es mir möglich war, einen Blick nach draußen zu werfen und sah, dass Angestellte, die streng nach der Mode der Liktoren des alten Roms gekleidet waren und das symbolische Rutenbündel (Fascis) über der Schulter trugen, vorangingen und von Dienern begleitet wurden, welche große Fackeln im Arm hielten, um ihnen den Weg zu erleuchten. Sie betraten das Atrium mit rhythmischen Schritten, und hinter ihnen brachten sieben Tragegestelle, die von verschiedenen Würdenträgern dieses verrohten Hofstaats gestützt wurden, die kurios geschmückten Richter.

Was für eine religiöse Feierlichkeit war das? Die schwebenden Sessel waren in allem identisch mit dem tragbaren Thron der päpstlichen Zeremonien.

Die Liktoren durchquerten jetzt die Halle, nahmen das symbolische Instrument in die Hand und stellten sich in Reih und Glied vor der geräumigen Tribüne auf, auf der ein alarmierender Feuerschein erstrahlte.

Die Richter ihrerseits stiegen pompös von den erhöhten Thronsesseln herab und nahmen in einer Art Nische Platz, von der aus sie ihre herausgehobene Stellung zur Geltung brachten sowie Stille und Furcht einflößten, denn die unbewusste Menge um sie herum verstummte augenblicklich.

Verschiedene Trommelklänge ertönten, als ob wir bei einer Militärparade in großem Stil wären, und eine musikalische Komposition von gewissermaßen primitiver Qualität begleitete ihren Rhythmus, was sich als eine wahre Tortur für unsere Sensibilität anhörte.

Als der Lärm vorüber war, erhob sich einer der Richter und wandte sich mit ungefähr diesen Worten an die Menge:

„Weder Tränen, noch Wehklagen.

Weder verdammende Strafe, noch ungerechtfertigte Freisprechung.

In diesem Haus wird weder bestraft, noch belohnt.

Der Tod ist der Weg zur Gerechtigkeit.

Jegliche Beanspruchung von Mitleid ist unter Kriminellen ausgeschlossen.

Wir sind keine Verteiler des Leidens, sondern Mitarbeiter der Regierung der Welt.

Unsere Aufgabe ist es, Verbrecher herauszufiltern, damit die Strafen, die durch den Willen jedes Einzelnen verhängt wurden, jeweils am richtigen Ort und zur passenden Zeit vollstreckt werden.

Wer den Mund aufgemacht hat um zu verachten und zu verletzen, bereite sich darauf vor, die gewaltigen Kräfte zurückzubekommen, die er durch das vergiftete Wort ausgesandt hat.

Wer der Verleumdung Raum gegeben hat, wird die unglücklichen Charaktere ertragen, denen er sein Ohr anvertraute.

Wer die Sicht auf den Hass und die Anarchie verlegt hat, soll neue Energien entdecken, um die Ergebnisse des Ungleichgewichts anzuschauen, dem er sich aus freien Stücken verschrieben hat.

Wer die Hände zum Aussäen von Boshaftigkeit, Zwietracht, Neid, Eifersucht und mutwilliger Verwirrung benutzt hat, rüste sich mit Widerstandsfähigkeit für die Ernte der Dornen aus.

Wer die Sinne auf den Missbrauch heiliger Fähigkeiten konzentriert hat, erwarte von nun an Bedürfnisse, die ihn in den Wahnsinn treiben, denn die erniedrigenden Leidenschaften, die durch die Seele im physischen Körper unterhalten werden, explodieren hier auf schmerzhafte und niederschmetternde Weise. Der Staudamm hält über einen langen Zeitraum Mikroben und Monster zurück, die abseits vom ruhigen Lauf des Wassers isoliert werden; jedoch kommt der Moment, in dem das Gewitter oder der Zerfall das kräftige Mauerwerk überrumpeln, und die befreiten widerlichen Lebewesen breiten sich aus und beginnen in der gesamten Ausdehnung des Stroms zu wachsen.

Anhänger der Sucht und des Verbrechens – erzittert!

Durch euch selbst verurteilt, haltet ihr euren Geist als Gefangenen der niedrigsten Kräfte des Lebens, wie ein Lurch, der im Schlick des Sumpfgebietes eingeschlossen ist, an den er sich im Laufe der Jahrhunderte gewöhnt hat…!"

Hier machte der Redner eine Pause und ich beobachtete die Anwesenden.

Vor Furcht irrsinnig gewordene Augen standen weit geöffnet in allen zu Masken verzerrten Gesichtern.

Der Richter seinerseits schien nicht der geringsten Spur von Erbarmen Einlass zu geben. Er zeigte sich interessiert daran, ein Ambiente zu schaffen, das jeglicher Art von moralischer Entlastung entgegenwirkte, indem er bei den Zuhörern eine beklemmende Furcht hervorrief.

Da sich die Unterbrechung hinzog, richtete ich mit dem Blick eine stille Frage an unseren Tutor, der mir fast heimlich sagte:

„Der Richter kennt die magnetischen Gesetze in den niederen Ebenen zur Genüge und versucht, die Opfer im zerstörerischen Sinne zu hypnotisieren, obwohl er sich – wie wir sehen – der erdrückenden Wahrheit bedient."

„Es hilft nichts, die Ädilität dieser Siedlung zu beschuldigen", fuhr die donnernde Stimme fort, „denn niemand wird den Ergebnissen der eigenen Werke entkommen, genau wie die Frucht nicht vor den Eigenschaften des Baums flüchten kann, der sie hervorgebracht hat.

Verflucht durch die Regierung der Welt seien diejenigen, die unsere Beschlüsse missachten, welche ihre Grundlage im Übrigen in den geistigen Archiven jedes Einzelnen haben."

Intuitiv nahm er von den geistigen Klagen der Zuhörer Notiz und brüllte angsteinflößend:

„Wer beschuldigt uns der Grausamkeit? Ist der Mann, der sich der Aufsicht über ein Gefängnis widmet, nicht ein Wohltäter des kollektiven Geistes? Und wer seid ihr, wenn nicht menschlicher Ramsch? Seid ihr nicht hierhergekommen, indem ihr durch die eigenen Idole, die ihr angebetet habt, geführt wurdet?"

In diesem Moment wurden viele von Weinkrämpfen übermannt.

Qualvolle Schreie, flehentliche Bitten um Erbarmen waren zu vernehmen. Viele sanken auf die Knie.

Ein tiefer Schmerz breitete sich in der Menge aus.

Gúbio hielt die rechte Hand über der Brust, als wenn er das Herz bändigen würde, aber als ich meinerseits diese große Gruppe von aufsässigen und nunmehr gedemütigten, von stolzen und gegenwärtig besiegten Geistern sah, die die verlorenen Möglichkeiten bitterlich beweinten, erinnerte ich mich an meine alten Wege der Illusion und – warum sollte ich es nicht sagen – ging ebenfalls reumütig auf die Knie, wobei ich still um Mitleid flehte.

Der Richter wurde noch ungehaltener und brüllte cholerisch:

„Vergebung? Wann habt ihr den Weggefährten aufrichtig verziehen? Wo ist der gerechte Richter, der Barmherzigkeit ohne Strafe walten lassen könnte?"

Und indem er sämtliche magnetische Kraft, die ihm eigen war, durch die Hände auf eine arme Frau richtete, welche ihn erschüttert anstarrte, befahl er ihr mit düsterer Stimme:

„Komm hierher! Komm!"

Mit dem Ausdruck einer Schlafwandelnden gehorchte die Unglückliche dem Befehl, trat aus der Menge hervor und begab sich unter die positiven Strahlen seiner Aufmerksamkeit.

„Gestehe! Gestehe!", herrschte sie der gnadenlose Richter an, der die fragile und passive Struktur kannte, an die er sich wandte.

Die unglückselige Frau schlug sich auf die Brust, wobei sie uns den Eindruck vermittelte, ein öffentliches Schuldbekenntnis abzugeben, und schrie unter Tränen:

„Verzeih mir! Verzeih mir, oh mein Gott!"

Und wie unter der Einwirkung einer geheimnisvollen Droge, die sie dazu zwang, ihr Innerstes vor uns zu enthüllen, sprach sie mit lauter und pausierter Stimme:

„Ich tötete vier unschuldige, zarte Kinder... und ich veranlasste den Mord an meinem unerträglichen Ehegatten... Das Verbrechen ist jedoch ein lebendiges Monster. Es verfolgte mich, während ich im Körper weilte... Ich versuchte, ihm mit allen Mitteln zu entfliehen, vergeblich... und je mehr ich versuchte, das Unglück in ‚alkoholischen Lüsten‘ zu ertränken, desto tiefer wälzte ich mich... im Tümpel meiner selbst...“

Plötzlich schienen weniger würdige Erinnerungen in ihr aufzukommen und sie rief:

„Ich will Wein! Wein! Vergnügen...!“

In einer energischen Machtdemonstration bekräftigte der Richter triumphierend:

„Wie soll ein solches menschliches Raubtier auf Kosten von Gebeten und Tränen erlöst werden?“

Anschließend fixierte er die aus seinem furchterregenden Blick strömenden Ausstrahlungen auf die Unglückselige und erklärte gebieterisch:

„Die Strafe hat sich selbst formuliert! Sie ist nicht mehr als eine Wölfin, eine Wölfin, eine Wölfin...“

Während er die Affirmation wiederholte, als ob er versuchte sie dazu zu überreden, sich als das genannte Tier zu fühlen, bemerkte ich, dass die zutiefst beeinflussbare Frau den Ausdruck ihrer Physiognomie verwandelte. Ihr Mund verzog sich, der Nacken krümmte sich spontan nach vorn, die Augen veränderten sich innerhalb der Augenhöhlen. Ein affenartiger Ausdruck legte sich über ihr Gesicht.

In dieser Machtdarstellung wurde die Wirkung des Hypnotismus auf den perispirituellen Körper offenkundig.

Mit leiser Stimme versuchte ich Gúbios Unterweisung einzuholen, der mich flüsternd aufklärte:

„Die Reue ist zweifellos ein Segen, da sie uns zur Besserung führt, sie ist jedoch auch eine Bresche, durch die sich der Gläubiger einschleicht und die Zahlung eintreibt. Die Härte lässt unsere Sensibilität über einen bestimmten Zeitraum hinweg gerinnen; jedoch kommt immer der Moment, in dem das Reuegefühl die Tore unseres geistigen Lebens für die schockierende Wiederkehr der eigenen Aussendungen öffnet."

Und indem er die fast unmerkliche Stimme auf unvergleichliche Weise akzentuierte, fügte er hinzu:

„Wir haben hier die Genese der Phänomene der Lykanthropie, die in der Erforschung durch die inkarnierten Ärzte bisher nicht zu entwirren sind. Erinnerst du dich an Nebukadnezar, den mächtigen König, auf den sich die Bibel bezieht? Die Heilige Schrift erzählt uns, dass er sich sieben Jahre lang als Tier fühlte. Der Hypnotismus ist so alt wie die Welt, und er ist ein Mittel, dessen sich die Guten wie die Bösen bedienen, wobei vor allem die plastischen Elemente des Perispirits als Grundlage genommen werden."

Da ich jedoch merkte, dass das Angesicht der unglücklichen Frau weiterhin eigentümliche Züge aufwies, fragte ich:

„Wird diese unglückselige Schwester von nun an derart entstellt bleiben?"

Nach einer langen Pause teilte der Lehrmeister traurig mit:

„Sie würde diese Demütigung nicht ertragen müssen, wenn sie sie nicht verdiente. Außerdem, nachdem sie sich für die ausgestrahlte Energie des grausamen Richters, in dessen Hände sie gefallen ist, empfänglich zeigte, kann sie sich auch innerlich aufraffen, um ihrem geistigen Leben neue, erhebende Impulse zu geben und sich dem Einfluss von Wohltätern zu öffnen, an denen es auf dem rettenden Pfad nie fehlt. Alles, André, lässt sich in Fällen wie diesem auf die Frage der Affinität zurückführen. Dort, wo wir unsere Gedanken ansiedeln, wird sich unser Leben selbst entwickeln."

Der Tutor konnte nicht fortfahren.

Um uns herum wurde das Wehklagen durchdringend.

Irre Schreie des Entsetzens und des Schmerzes ertönten von allen Seiten.

Der Richter, der weiterhin das Wort hatte, ordnete Stille an und tadelte die Haltung der Klagenden in schroffem Ton. Kurz darauf kündigte er an, dass sich die Geister der Auswahl in wenigen Minuten materialisieren würden und dass die Interessierten sie um die Erläuterungen bitten könnten, die sie wünschten. Gleichzeitig erhob er mit einer Geste der Verehrung die Hände, und indem er uns spüren ließ, dass er der Leiter dieser bizarren Veranstaltung war, nahm er mit lauter Stimme eine Anrufung vor und zeigte in seinen Gebärden den Status eines ehrbaren Hierophanten bei einem großen Festakt.

Als die Ansprache beendet war, erschien eine ausgedehnte Nebelschwade, ähnlich einer beweglichen Wolke, auf der Bühne, welche bis dahin leer gewesen war.

Nach und nach nahmen vor unseren erschrockenen Augen drei Wesen eine vollkommen menschliche Gestalt an, wobei eines von ihnen, dessen Auftreten eine höhere hierarchische Autorität durchblicken ließ, ein kleines kristallenes Instrument trug.

Sie trugen Tuniken aus einer eigenartigen und undefinierbaren Substanz in lebhaftem Gelb und waren von einem rötlichen, glanzlosen Schein umgeben. Diese Aureole, die in der Stirngegend deutlich lebendiger war, sandte verwirrende Strahlungen aus, die an den glimmenden Ausdruck von glühendem Eisen erinnerten.

Beide Ministranten der zentralen Persönlichkeit des Trios entnahmen Notizblätter aus einem nahen Tresor und stiegen an ihrer Seite still zu uns hinab.

Eine unerwartete Beruhigung erfasste die zuvor aufgewühlte Menge.

Noch weiß ich nicht, welcher verborgenen Organisation solche spirituellen Diener entstammen; jedoch bemerkte ich, dass das Antlitz des Leiters der dreiköpfigen Expedition eine unendliche Melancholie zeigte.

Er erhob das kristallene Instrument vor der ersten Gruppe, die aus vierzehn verschiedenartigen Männern und Frauen bestand. Er nahm Beobachtungen vor, die ich nicht verfolgen konnte, und sagte etwas zu seinen Begleitern, die zur sofortigen Aufzeichnung zur Verfügung standen. Bevor er sich jedoch zurückzog, kamen zwei Mitglieder der Gruppierung nach vorn und flehten um Hilfe:

„Gerechtigkeit! Gerechtigkeit!", bettelte der Erste, „ich werde ohne Schuld bestraft... Ich war ein Mann des Denkens und des Schreibens unter den inkarnierten Geschöpfen... Warum sollte ich die Gesellschaft von Geizhälsen ertragen?"

Er sah den Auswählenden gequält an und forderte:

„Wenn du gerecht auswählst, befreie mich aus dem Labyrinth, in dem ich mich sehe!"

Er hatte noch nicht geendet, und der Zweite unterbrach ihn, indem er hinzufügte:

„Ehrwürdiger Richter, der ihr seid! Ich gehöre nicht zur Klasse der Pfennigfuchser. Man hat mich an widerliche und schändliche Wesen gekettet. Mein Leben verlief zwischen Büchern, nicht zwischen Münzen... Die Wissenschaft faszinierte mich, die Studien waren mein bevorzugtes Thema... Kann der Intellektuelle auf diese Art dem Wucherer gleichgestellt werden?"

Der Leiter der Auswahlgruppe zeigte reserviertes Mitleid in seinem ruhigen Gesichtsausdruck und erläuterte resolut:

„Ihr ruft vergeblich, denn ihr alle seid durch eine abstoßende Schwingung des kristallisierenden Egoismus gekennzeichnet. Was habt ihr aus dem empfangenen Kulturschatz gemacht? Eure Schwingungsfrequenz offenbart sarkastischen Geiz. Der Mensch, der Schriften und Bücher, Theorien und wissenschaftliche Werte ansammelt, ohne sie zum Wohle der anderen zu verbreiten, ist der unglückselige Bruder desjenigen, der Münzen und Policen, Wertpapiere und kostbare Objekte anhäuft, ohne jemandem zu helfen. Auf der Waage des Lebens kommt ihnen dieselbe Schale zu."

„Um der Liebe Gottes willen!", flehte einer der Umstehenden bewegend.

„Dieses Haus ist der Gerechtigkeit gewidmet, im Namen der Regierung der Welt!", versicherte der Vortragende, ohne die Ruhe zu verlieren.

Und ungerührt, obwohl sichtlich verbittert, setzte er sich in Bewegung.

Er auskultierte einen Kreis von acht Personen; als er sich jedoch mit den Beratern über die gemachten Beobachtungen unterhielt, trat ein Herr mit eingefallenen Wangen hervor, der mit einem Ausdruck unbändigen Zornes rief:

„Was geht in dieser mysteriösen Halle vor sich? Ich befinde mich unter geständigen Verleumdern, während ich die Rolle eines ehrenhaften Mannes ausgefüllt habe… Ich habe eine große Familie gegründet, nie meine sozialen Verpflichtungen vernachlässigt, ich war korrekt und würdevoll und, obwohl ich schon früh in den Ruhestand ging, habe ich alle Pflichten erfüllt, die mir die Welt aufgetragen hat…"

In cholerischem Tonfall führte er erregt aus:

„Wer beschuldigt mich? … Wer beschuldigt mich?"

Der Auswählende erläuterte gelassen:

„Die Verurteilung tritt aus ihnen selbst zutage. Sie haben ihren eigenen Körper verleumdet, indem sie für ihn Hindernisse und Krankheiten erfanden, die nur in ihrer Vorstellung existierten, die auf die Flucht vor der wohltuenden und rettenden Arbeit bedacht war. Sie haben den robusten Organen beklagenswerte Einschränkungen und

Gebrechen zugerechnet, einzig in der Absicht, den vorzeitigen Ruhestand zu erlangen. Sie haben erreicht, was sie beabsichtigt hatten. Sie verpfändeten Freunde, bestachen verbrecherische Köpfe und erhielten das bezahlte Ausruhen über einen Zeitraum von vierzig Jahren der irdischen Erfahrung, in welchem sie nichts anderes geleistet haben als zu schlafen und sich ohne Nutzen zu unterhalten. Nun ist es vernünftig, dass sich ihr Lebenskreis mit dem all jener identifiziert, die in den Sumpf der kriminellen Verleumdung eingetaucht sind."

Der Unglückliche hatte keine Kräfte für eine Entgegnung. Unter Tränen beugte er sich der gehörten Argumentation und nahm den Platz wieder ein, der ihm zustand.

Bei der dritten Gruppe, die sich aus verschiedenen Frauen zusammensetzte, hatte er kaum das eigentümliche Instrument auf ihr Schwingungsfeld zur Anwendung gebracht, als er schon durch eine furchtbar entstellte Dame angesprochen wurde, die ihm ungeheuerliche Beschwerden ins Gesicht warf.

„Wozu eine solche Demütigung?", inquirierte sie unter starken Tränen, „ich war Eigentümerin eines Hauses, das mich mit Arbeit erfüllte, kehrte hierhin von besonderen Aufmerksamkeiten umgeben zurück, die natürlich meinem sozialen Status geschuldet sind - und ich werde mit schamlosen Frauen zusammengedrängt? Was sind das für Autoritäten, die mir, einer Dame edler Herkunft, das Zusammenleben mit Dirnen auferlegen?"

Hemmungsloses Schluchzen erstickte ihre Stimme.

Der Auswahlleiter erklärte hingegen ohne Umschweife, mit einer Ruhe, die eher der Kälte nahe kam:

„Wir befinden uns in einer Sphäre, in der es schwieriger wird, einen Irrtum zu begehen. Konsultieren sie das eigene Gewissen. Waren sie wirklich die Behüterin eines ehrenwerten Heimes, wie sie meinen? Die Schwingungsfrequenz bescheinigt, dass ihre ehrbaren weiblichen Energien zum größten Teil verachtet wurden. Ihre geistigen Archive beziehen sich auf emotionelle Ausschweifungen, für deren Auslöschung sie viel Zeit aufwenden werden. Wie es scheint, war der häusliche Altar nicht ganz ihr Platz."

Die Dame schrie, gestikulierte, protestierte, aber die Auswählenden setzten die Aufgabe, die sie begonnen hatten, fort.

Neben uns angelangt, wandte er das Instrument an, an dem kleine Spiegel hervortraten, und sprach zu den Helfern, indem er unsere Position definierte:

„Neutrale Wesen."

Er fixierte uns mit einem penetrant funkelnden Blick, als ob er stumm unsere tiefsten Absichten entdeckt hätte, und ging weiter.

Auf meine inständige Bitte hin, erklärte Gúbio:

„Wir wurden nicht beschuldigt. Es wird uns möglich sein, den gewünschten Dienst aufzunehmen."

„Was für ein Gerät ist das?", fragte Elói und nahm meine Neugier vorweg.

Der Tutor ließ sich nicht lange bitten und erläuterte:

„Es handelt sich um einen Empfänger mentaler Wellen. Die individuelle Auswahl würde viele Stunden erfordern. Die Autoritäten, die in diesen Regionen herrschen, bevorzugen die gruppenweise Beurteilung, was durch die Farben und die Schwingungen des vitalen Kreises ermöglicht wird, der jeden von uns umgibt."

„Warum hat er uns als neutral bezeichnet?", fragte ich meinerseits.

„Das Instrument ist nicht in der Lage, die Position des Geistes zu bestimmen, der sich bereits in unsere Sphäre transferiert hat. Es ist ein Hilfsmittel zum Identifizieren der unausgeglichenen Perispirits und erreicht den höheren Bereich nicht."

„Aber", fragte ich noch, „warum spricht man in diesem Haus im Namen der Regierung der Welt?"

Der Lehrmeister richtete eine ausdrucksvolle Geste an mich und fügte hinzu:

„André, vergiss nicht, dass wir uns auf einer Ebene befinden, auf der die Materie eine gewisse Dichte aufweist, und nicht in den Kreisen der glorreichen Heiligkeit. Verliere das Wort „Evolution" nicht aus dem Gedächtnis und erinnere dich daran, dass die größten Verbrechen der irdischen Zivilisationen im Namen der Gottheit begangen wurden. Wie oft haben wir im physischen Körper von grausamen Verurteilungen Kenntnis genommen, die durch unwissende Geister im Namen Gottes ergingen?"

Allmählich endete die Zeremonie mit demselben imposanten äußeren Kult, mit dem sie begonnen hatte, und unter der Aufsicht der Wachen kehrten wir zum Ausgangspunkt zurück, bereichert um unerwartete Meditationen und um tiefgründige Gedanken.

6

BEOBACHTUNGEN UND NEUE ERKENNTISSE

Zurück in Gregórios Domizil, wurden wir von der finsteren Zelle in ein Zimmer mit vergitterten Fenstern verlegt, das in jedem Detail einen bedrückenden Anblick bot. Den Umzug verdankten wir sicher dem ermutigenden Ergebnis, das wir bei dem Auswahlverfahren erreicht hatten, aber in Wirklichkeit befanden wir uns auch dort in einer wahren Ruine. In jedem Fall war es für uns ein riesiger Trost, ein paar Sterne durch den Nebel zu betrachten, der über die nächtliche Landschaft hereingebrochen war.

Der in Expeditionen wie der unsrigen erfahrene Lehrmeister empfahl uns, die Metallstäbe, die uns in dem Raum einschlossen, nicht zu berühren. Er erklärte, dass sie durch elektrische Kräfte zur Überwachung magnetisiert waren und gab zu bedenken, dass wir uns noch immer in der Position von einfachen Häftlingen befanden.

Wir näherten uns jedoch den Fenstern, die uns mit der Außenwelt verbanden, und ich bemerkte, dass das Szenarium es verdiente, näher ins Auge gefasst zu werden.

Auf der Straße herrschte reger Betrieb und unweit von uns versammelten sich verschiedene Gruppen von Geschöpfen zum Gespräch.

Die Dialoge und Unterhaltungen überraschten. Fast alle bezogen sich auf die fleischliche Ebene.

Minuziöse und irrelevante Aspekte des Privatlebens wurden mit offenkundigem Interesse zerpflückt; der Grundton sämtlicher Gespräche war im Ungleichgewicht der Gefühle und in den Basisemotionen der physischen Erfahrung verankert.

Ich gewahrte verschiedene Ausdrucksarten in den „Schwingungskreisen", die die Persönlichkeiten der Sprecher in Farben charakteristischer Variationen umgaben.

Ich wandte mich an Gúbio und ersuchte ihn um eine entsprechende Erläuterung.

„Du hast", antwortete er zuvorkommend, „das Ausmaß des Austauschs zwischen Inkarnierten und Desinkarnierten noch nicht erfasst. Zu bestimmten Zeiten der Nacht befinden sich drei Viertel der Bevölkerung jeder Hemisphäre der Erdkruste in den Kontaktzonen mit uns, und der größte Prozentsatz dieser durch den natürlichen Einfluss des Schlafes halb vom Körper befreiten Seelen bleibt in den Kreisen der niedrigen Schwingung haften, wie diesem, in dem wir uns vorübergehend bewegen. Hier werden häufig schmerzhafte Dramen geschmiedet, die sich alsdann auf den Feldern des Fleisches abspielen. Große Verbrechen haben in diesen Bereichen ihren jeweiligen Ursprung und ohne die aktive und beständige Tätigkeit der Schutzgeister, die, unter der Ägide Christi, in aufopfernder Arbeit der verborgenen Nächstenliebe und der unermüdlichen Erziehung für die Menschen sorgen, würden noch tragischere Geschehnisse die Geschöpfe erschüttern."

Meine Seele den Vorstellungen des unermesslichen Lebensflusses zugewandt, zu denen die Umgebung einlud, gedachte ich der endlosen Ströme von Zivilisationen auf Erden. Höhere Gedankenflüge erhellten meine Überlegungen. Die Güte des Herrn legt dem Herzen keinen Zwang auf. Das Reich Gottes wird in ihm aufgehen, wie ein Senfkorn, das sich von den niederen Hüllen befreit und unter den eigenständigen, konstruktiven Impulsen des Menschen gedeiht und allmählich wächst.

Was für eine verwegene Einbildung ist doch das Konzept von einem einfach zu erlangenden Paradies!

Gúbio bemerkte meinen mentalen Zustand und sagte zur Rettung meiner beschränkten inneren Reflexionen:

„Ja, André, die Krone der Weisheit und der Liebe wird durch die Evolution, durch Anstrengung, durch die Vereinigung des Geschöpfes mit den Absichten des Schöpfers errungen. Das Fortschreiten der Zivilisation ist langsam und schmerzhaft. Heftige Konflikte sind unerlässlich, damit es dem Geist gelingt, das ihm eigene Licht zu entwickeln. Der inkarnierte Mensch lebt gleichzeitig auf drei verschiedenen Ebenen. So, wie es dem Baum ergeht, der sich im Boden verankert, bewahrt er vergängliche Wurzeln im physischen Leben; er streckt die Zweige der Gefühle und Wünsche in die Bereiche leichterer Materie, genau wie sich die Pflanze in die Luft reckt, und er wird durch die subtilen Grundsätze des Geistes getragen, ebenso wie der Baum durch den eigenen Pflanzensaft versorgt wird. Beim Baum haben wir Wurzel, Krone und Saft als drei verschiedene Kräfte zur Erhaltung desselben Lebens, und beim Menschen sehen wir den dichten fleischlichen Körper, die perispirituelle Struktur aus einer feinstofflicheren Form der Materie und den Geist, wodurch drei unterschiedliche Ausdrücke der Lebensgrundlage repräsentiert werden, die dieselben Ziele verfolgen. Wie wir wissen, benötigt der Mensch für seinen Unterhalt im Hinblick auf den Evolutionsvorgang relative Sicherheit im biologischen Bereich, Nahrung für die Emotionen, die ihm in den Sphären des psychischen Lebens eigen sind und sich mit ihm harmonisieren sowie eine geistige Grundlage in seinem Inneren.

Das Leben ist das Erbe aller, aber die Steuerung obliegt jedem Einzelnen. Die gefallene Intelligenz stürzt sich den Abhang hinunter und findet in den niederen Kreisen, die sie zu ihrem Wohnsitz wählt, stets Millionen niedriger Leben, und mit diesen wird sie durch die Himmlische Weisheit zur größeren Verherrlichung des Göttlichen Werkes genutzt. In der Ökonomie des Herrn geht nichts verloren, und alle Ressourcen werden in der Chemie des Unendlich Guten verwendet. Auch hier in dieser Stadt hatten wir zu Beginn ein wahres Imperium primitiver Lebensformen, das nach und nach durch umfangreiche Gemeinschaften von eitlen und grausamen Seelen eingenommen wurde. Sie verschanzten sich in diesem Gebiet mit der irrsinnigen Absicht, die Höchste Güte anzufeinden. Sie führen nützliche Aufgaben bei einer riesigen Ansammlung von noch vormenschlichen Geschöpfen aus, obwohl sie einem Dienst nachgehen, der für uns andere gegenwärtig unerträglich wäre. Sie bedienen sich in großem Maße der Gewalt, jedoch wird ihr intellektueller Einfluss den Unterdrückten von heute im Laufe der Jahre erheblichen Nutzen bringen. Seien wir davon überzeugt, dass sie, obwohl sie mit Intelligenz und Macht prunken, ihre Posten nur so lange bekleiden werden, wie es von der Göttlichen Führung gebilligt wird - ganz nach dem Grundsatz der besagt, dass jede Versammlung die Regierung hat, die sie verdient."

Der Lehrmeister legte eine längere Pause ein und ich konzentrierte meine Aufmerksamkeit auf zwei Frauen, die sich unweit des Gitters unterhielten.

Eine bereits desinkarnierte Frau sagte gerade zu ihrer Gefährtin, die noch mit der physischen Erfahrung verbunden und von dieser auf den Flügeln des Schlafes teilweise befreit war:

„Wir bemerken, dass du in letzter Zeit schwächer, unterwürfiger wirkst… Bist du vielleicht im Hinblick auf die übernommenen Verpflichtungen ernüchtert?"

Die Befragte erklärte etwas verunsichert:

„João hat sich einem Gebetskreis angeschlossen, was auf gewisse Weise unser Leben verändert."

Die andere machte einen Sprung zurück, wie ein erschrockenes Tier, und schrie:

„Gebete? Weißt du nicht, was für eine Gefahr das bedeutet? Wer betet, verfällt in Sanftmut. Es ist notwendig, ihn zu erniedrigen, ihn zu quälen, ihn zu verletzen, damit ihn die Auflehnung in unserem Kreis erhält. Wenn er Frömmigkeit erlangt, wird er unseren Plan ruinieren und nicht mehr unser Werkzeug in der Fabrik sein."

Die Gesprächspartnerin erwiderte hingegen naiv:

„Er sagt, dass er ruhiger ist, voller Vertrauen…"

„Marina", argumentierte die andere impulsiv, „du weißt, dass wir keine Wunder vollbringen können, und es ist nicht richtig, Regeln und Schwindeleien von feigen Geistern anzunehmen, die sich unter dem Vorwand des religiösen Glaubens zu Diktatoren der Rettung erheben. Wir brauchen deinen Mann und viele andere Menschen, die sich mit ihm bei der Arbeit und auf unserer Ebene vereinen. Das Projekt ist riesig und interessant für uns. Hast du schon vergessen, wie viel wir gelitten haben? Ich für meinen Teil habe harte Lektionen zu vergelten."

Und indem sie ihr in eigenartiger Weise auf die Schulter klopfte, fuhr sie in einschärfendem Ton fort:

„Lass keine spirituellen Verzauberungen zu. Die Realität gehört uns, und wir müssen die Gelegenheit vollauf nutzen. Kehre in den Körper zurück und gib nicht einen Millimeter nach. Vertreibe die angeblichen Apostel. Sie schaden uns. Halte João fest und kontrolliere seine Zeit. Überlege Dir eine effiziente Vorgehensweise und lass ihn nicht los. Kreise ihn ganz langsam ein. Schließlich wird die Verzweiflung in ihm aufkommen und mit den Kräften seiner Rebellion, die zu unseren Gunsten ausgesandt werden, werden wir die Ziele erreichen, die wir uns vorgenommen haben. Keine Nachgiebigkeit! Lass dich nicht von Versprechungen einer Hölle oder eines Himmels nach dem Tod einschüchtern. Überall ist das Leben das, was wir aus ihm machen.“

Sprachlos angesichts dessen, was ich gerade gehört hatte, bemerkte ich, dass das arglistige und rachsüchtige Wesen die Gesprächspartnerin in dunkle Fluide hüllte, wie es die gewöhnlichen Hypnotiseure zu tun pflegen.

Ich richtete einen fragenden Blick an unseren Tutor, der, nachdem er die Szene aufmerksam verfolgt hatte, verbindlich mitteilte:

„Diese Art von Besessenheit tritt in Millionen von Fällen auf. Am frühen Morgen wird diese arme, in ihrem Glauben wankelmütige Frau, die nicht in der Lage ist, das Glück zu schätzen, das ihr der Herr mit einer würdevollen und ruhigen Ehe geschenkt hat, auf der Erde im Körper aufwachen, ihre Seele misstrauisch und niedergeschlagen. Zwischen dem "Glauben" und dem "Nichtglauben" schwankend, wird sie es nicht fertigbringen, den Geist auf das Vertrauen zu konzentrieren, mit dem sie den Schwierigkeiten des Weges begegnen und die heiligenden Manifestationen des Höchsten abwarten sollte. Und angesichts der inneren Unsicherheit, die in ihrer Verhaltensweise klar erkennbar ist, wird sie an diese unwissende und unglückli-

108

che Schwester gekettet bleiben, die sie verfolgt und unterwirft, um gemeine Racheaktionen zu verüben. Sie wird sich daher in ein Objekt extremen Kummers für den Ehemann verwandeln und dessen erste Errungenschaften in Gefahr bringen."

„Wie könnte sie sich von einer solchen Feindin befreien?", fragte Elói interessiert.

„Indem sie sich ein höheres Maß der Entschlossenheit zu eigen macht, stets dem Guten zugewandt. Durch diese edle und kontinuierliche Anstrengung würde sie ihre geistigen Prinzipien intensiv verbessern und sie den sublimen Quellen des Lebens zuneigen. Statt sich in Materie zu verwandeln, die krankhafte und depressive Ausstrahlungen absorbiert, würde sie beginnen, transformierende und konstruktive Strahlen auszusenden, was sowohl ihr selbst als auch den Wesen, die ihr auf dem Weg begegnen, zugutekommen würde. An allen Stellen des Universums sind wir gegenseitige Satelliten füreinander. Die Stärkeren ziehen die Schwächeren mit, wobei es sich jedoch versteht, dass der Fragilere von heute die höhere Potenz von morgen sein kann, je nachdem, wie wir unsere Möglichkeiten nutzen. Wir senden magnetische Strahlen aus und empfangen sie gleichzeitig. Es ist jedoch eine Tatsache, dass diejenigen, die der Kontrolle blinder Energien unterliegen und sich den Schlingen und Beeinflussungen der tyrannischen Kraft fügen, welche von den perversen Intelligenzen ausgeht, um die Anfälligen zu bedrängen, über einen langen Zeitraum Empfangsgeräte der psychischen Störung bleiben. Es ist sehr schwer, jemanden umzuorientieren, der sich nicht umorientieren möchte. Das Unwissen und die Aufsässigkeit sind in der Tat die Wurzel erdrückender Übel."

Angesichts der spontanen Unterbrechung gewahrte ich im nahen Umkreis bestimmte unschlüssige, obskure Formen, die auf irgendeine Art mit den Persönlichkeiten verbunden waren, die wir beobachteten. Sie ähnelten kleinen eiförmigen Kugeln, von denen jede einzelne kaum größer als ein menschlicher Schädel war. In ihren Eigenschaften waren sie vollkommen verschiedenartig untereinander. Einige zeigten eigene Bewegungen, vergleichbar mit großen Amöben, die in diesem spirituellen Klima atmeten; andere hingegen wirkten völlig unbeweglich, scheinbar unbeteiligt, und waren mit der Aura der dort laufenden Persönlichkeiten verbunden.

Ich betrachtete das Bild sehr lange, in der minutiösen Untersuchung des Laboranten beim Anblick unbekannter Arten.

Eine große Anzahl von Wesen, die in der Nähe des Gitters vorbeizogen, war von den lebendigen Kugeln gefolgt, als wären diese von ihren Ausstrahlungen angezogen.

Nie zuvor hatte ich ein solches Phänomen beobachtet.

In der Siedlung, in der wir wohnten, war das Ausstrahlungsfeld auch bei verwirrten und leidenden Geschöpfen immer normal. Und als ich an der Seite von Seelen Dienst verrichtete, die sich auf der Erdkruste im Ungleichgewicht befanden, hatte ich eine derartige Kuriosität nie gesehen, jedenfalls soweit es mir bis dorthin gestattet war zu beobachten.

Beunruhigt wandte ich mich an den Lehrmeister und bat ihn um Hilfe.

„André", antwortete er umsichtig und ließ die Ernsthaftigkeit des Themas erkennen, „ich verstehe deine Verwunderung. Man sieht sofort, dass du in den Hilfsdiensten neu bist. Du hast sicher schon von einem ‚zweiten Tod' gehört…"

„Ja", betonte ich, „ich habe verschiedene Freunde bei der Aufgabe der Reinkarnation begleitet, als sie, dem Ruf der Evolution und Erlösung folgend, in den fleischlichen Körper zurückkehrten. Bei anderen, eher seltenen Gelegenheiten erhielt ich Kenntnis von Freunden, die den perispirituellen Körper[4] ablegten, als sie höhere Ebenen eroberten. Es war mir jedoch nicht möglich, diesen Missionaren, die sich durch erhabene Stellungen im Bereich des höheren Lebens auszeichneten, aus der Nähe zu folgen."

Gúbio lächelte und erwog:

„Du weißt also, dass der perispirituelle Körper auch wandelbar und vergänglich ist, obwohl er sich aus einer feinstofflicheren Art der Materie zusammensetzt."
„Ja...", fügte ich hinzu und versuchte, mich in meinem Wissensdurst zurückzuhalten.

„Du sahst Gefährten", fuhr der Tutor fort, „die ihn abgelegt haben, um zu erhabenen Sphären aufzubrechen, deren Größe wir bisher nicht ergründen können, und du hast Brüder beobachtet, die sich zur Vorbereitung ihrer Wiedergeburt im irdischen Fleisch Behandlungen unterzogen haben, bei denen die Elemente des Perispirits reduziert und aufgelöst wurden. Die Erstgenannten sind edle und glorreiche Diener, die ihre Pflicht bestens erfüllt haben, während die Zweiten Kollegen von uns sind, welche bereits die Reinkarnation verdienen, die durch den Verdienst der Fürsprache ausgearbeitet wurde. Aber genau wie beide Arten dieser respektablen Gefährten verlieren auch die Unwissenden und die Bösen, die Umherirrenden und die

---

[4] *Der Perispirit wird zu einem späteren Zeitpunkt Objekt umfassenderer Studien der spiritistisch-christlichen Schulen sein. (Anmerkung des spirituellen Autors)*

111

Kriminellen eines Tages die perispirituelle Form. Wegen der Dichte des von niederen Impulsen gesättigten Geistes gelingt es ihnen nicht sich zu erheben, und so gravitieren sie um die fesselnden Leidenschaften, die sie über viele Jahre hinweg zum Zentrum ihrer Interessen gewählt hatten. Unter diesen Umständen heften sich viele, vor allem die Beteiligten verwerflicher Straftaten, an diejenigen, die sich mit ihnen zur Ausübung der Verbrechen verbündet hatten. Wenn der Jünger Jesu mit Ihm durch kaum spürbare Fäden der Liebe, Inspiration und Dankbarkeit in Verbindung steht, bleiben die Schüler des Hasses und der Perversität unter der Anleitung der Intelligenzen vereint, welche sie im Netz des Bösen miteinander verflechten. Indem wir den Geist mit neuen Kenntnissen anreichern, seine Ausdrucksfähigkeiten vervollkommnen, ihn in den erleuchtenden Strömen des Guten läutern und durch die endgültige Verinnerlichung edler Prinzipien erheben, entwickeln wir, nach den Worten des Apostels Paulus, unseren glorreichen Körper und strukturieren ihn in erhabener und göttlicher Materie. Diese Materie, André, ist die Art von Hülle, die wir meinen, wenn wir uns auf das Leben beziehen, das höher ist als wir. Wir haften noch immer an den Zellagglutinationen der körperlichen und perispirituellen Elemente, genau wie die Schildkröte an den Panzer gefesselt bleibt. Wir sind in die Fluide des Fleisches eingetaucht und befreien uns von diesen in einem lasterhaften Hin und Her während unzähliger Existenzen, bis wir das mentale Leben für heiligende Bestrebungen erwachen lassen. Wir sind wie Sträucher des planetaren Bodens. Unsere emotionellen Wurzeln erstrecken sich mehr oder weniger tief in die Kreise der primitiven Animalität. Es kommt die Sichel des Todes und schlägt die Zweige der irdischen Wünsche ab; jedoch bewahren unsere Verbindungen eine extreme Vitalität in den unteren Schichten, und wir werden unter genau jenen wiedergeboren, die sich durch gemeinsam durchlebte Kämpfe zu unseren Langzeitverbündeten entwickelten und mit denen wir uns durch die gemeinsamen Interessen der Evolutionsstufe, auf der wir uns befinden, vereint haben."

Die Erläuterungen waren wunderschön und neu für meine Ohren; daher brachte ich die Fragen, die in meinem Inneren umherschwirrten, zum Schweigen, um die Betrachtungen des Lehrmeisters aufmerksam zu erfassen. Er fuhr fort:

„Das physische Leben ist ein reines erzieherisches Praktikum innerhalb der Ewigkeit, und niemand wird hierzu einberufen, um sich für geschenkte Paradiese zu bewerben, sondern um die lebendige Gestaltung des Himmels im Heiligtum des Geistes vorzunehmen, indem wir die gebotenen Gelegenheiten zur Vervollkommnung unserer geistigen Werte so gut wie möglich nutzen und die göttlichen Samenkörner, die wir in uns tragen, aufgehen und sich entfalten lassen. Der unablässige Einsatz für das Gute, die Erhöhung der Beweggründe in der transitorischen Erfahrung, die Disziplin der persönlichen Impulse im Hinblick auf edlere Manifestationen der Gefühle, das beharrliche Bemühen im unendlichen Guten errichten die Wege des geistigen Wachstums, bei dem wir uns Licht für das unvergängliche Leben erarbeiten. Jedes Geschöpf wird auf der Erde geboren, um sich durch den Dienst an der Allgemeinheit zu bereichern. Sich aufopfern heißt sich selbst überwinden und so das höhere Leben erobern. Genau deshalb versicherte Christus, dass der Größte im Himmelreich derjenige ist, der sich in einen Diener aller Mitmenschen verwandelt. Ein Mensch kann auf dem Planeten wegen der Titel, die er nach den menschlichen Konventionen erworben hat, gefürchtet und respektiert werden; wenn er jedoch auf dem Weg zur Erleuchtung keine Fortschritte gemacht, sich nicht verbessert und vervollkommnet hat, bleibt sein Geist beschränkt und kränklich. Kurzum – indem wir in die physische Materie eintauchen und aus dieser auf das Arbeitsfeld zurückkehren, auf dem wir uns gegenwärtig befinden, unterziehen wir uns schweren biologischen Schockerlebnissen, welche zur Entfaltung der göttlichen Elemente bestimmt sind, die eines Tages Bestandteile unserer glorreichen Form sein werden."

Und da er mich in der Haltung des Lehrlings sah, der im Stillen Fragen stellt, bekräftigte Gúbio:

„Damit ich verständlicher werde, kehren wir zum Symbol des Baumes zurück. Die physische Hülle des Menschen ist die in Raum und Zeit begrenzte Pflanze, der perispirituelle Körper ist die Frucht, die das Ergebnis der verschiedenen Vorgänge am Baum nach einer bestimmten Zeit der Reifung konzentriert und die geistige Materie ist der Samen, der das Substrat des Baums und der Frucht darstellt, in welchem ihre Erfahrungen kondensiert sind. Um Weisheit und Liebe zu erlangen, wird das Geschöpf unzählige Male auf der physiologischen Ebene wiedergeboren - wie ein Samenkorn, das zum Boden zurückkehrt. Und wie viele machen sich das Leben schwer, indem sie sich freiwillig vom rechten Weg in Richtung der unlauteren Bereiche entfernen, in welchen sie schmerzhafte Erfahrungen sammeln. Sie verzögern natürlich ihren eigenen Fortschritt, da sie viel Zeit damit verlieren, das rutschige Gelände zu verlassen, auf dem sie sich, im Pakt mit unglücklichen Gruppen von Gefährten, die in ihrer Gesellschaft durch gravierende Allianzen mit der Leichtfertigkeit oder dem Ungleichgewicht auf Abwege geraten sind, angesiedelt haben. Hast Du jetzt verstanden?"

Trotz der Liebenswürdigkeit des Tutors, der sein Möglichstes tat, um seine Gedanken zu erläutern, wagte ich nachzufragen:

„Und wenn wir diese lebendigen Kugeln konsultieren? Würden sie uns hören? Besitzen sie die Fähigkeit des Harmonisierens?"

Gúbio antwortete zuvorkommend:

„Absolut, allerdings ist zu berücksichtigen, dass die Mehrzahl der ähnlich gelagerten Geschöpfe in den niederen Gebieten wie diesem in sonderbaren Albträumen dämmern. Sie registrieren unsere Appelle, antworten uns jedoch nur vage in der neuen Form, in die sie sich zurückgezogen haben. Ohne die dichteren Hüllen, welche sie verloren haben und angesichts der schwerwiegenden Verantwortung für ihre Unterlassungen oder für die Ausübung des Bösen, sind sie vorübergehend unfähig sich vollständig zu äußern. In Wahrheit werden sie jetzt als geistige Föten oder Amöben eingestuft, die jedoch durch perverse oder rebellische Wesen mobilisiert werden können. Der Weg solcher Gefährten ist die Reinkarnation auf der Erde oder in anderen Bereichen des gleichartigen Lebens, wie es mit dem Samenkorn geschieht, das für die dunkle Furche zu Arbeiten der Produktion, Selektion und Fortentwicklung bestimmt ist. Selbstverständlich weisen die in natürlicher Evolution befindlichen Geister nicht in jeder Periode des Übergangs schmerzhafte Phänomene auf wie das, was wir hier vorfinden. Das Schaf, das entschlossen auf dem rechten Weg vorangeht, wird immer von den Anleitungen des Schäfers profitieren; diejenigen hingegen, die den Weg verlassen und vor der heilsamen Route fliehen, nur weil sie sich gern dem Abenteuer hingeben, werden nicht immer angenehme oder hilfreiche Überraschungen erleben."

Der Tutor verstummte einige Momente lang und fragte anschließend:

„Hast du die Bedeutung einer irdischen Existenz verstanden?"

Ja, ich hatte durch eigene Erfahrung den Wert des körperlichen Lebens auf der planetaren Oberfläche verstanden; dort jedoch, angesichts der lebendigen Kugeln,

115

trauriger menschlicher Geister ohne Instrumente zur Manifestation, wuchs mein Respekt vor der fleischlichen Hülle auf erstaunliche Weise. Ich verstand nun den erhabenen Inhalt der Worte Christi: „Geht, so lange ihr das Licht habt", besser. Das Thema war faszinierend und ich versuchte Gúbio dazu zu bringen, es näher zu beleuchten; jedoch empfahl mir der Tutor, ohne die Höflichkeit zu verlieren, die ihm eigen war, auf den nächsten Tag zu warten.

7

EIN SCHMERZHAFTES BILD

Am Morgen kam ein Gesandter des Priesters Gregório mit schlecht gelaunter Miene und benachrichtigte uns in dessen Namen, dass wir bis zum frühen Nachmittag, wo er uns zu einer persönlichen Unterredung empfangen würde, frei waren.

Wir verließen die Kammer aufrichtig erleichtert.

Die Nacht war einfach quälend gewesen - zumindest für mich, da ich keinerlei Ruhe finden konnte. Neben dem unangenehmen, beständig andauernden Lärm von außen lastete auch die Atmosphäre erdrückend auf uns. Die halluzinatorischen Unterhaltungen in der Umgebung verwirrten und verletzten mich.

Gúbio lud uns zu einer kleinen lehrreichen Exkursion ein und versprach mir gütig:

„Lasst uns sehen, André, ob wir ein paar Minuten dazu nutzen können, die ‚Eiförmigen' zu erforschen."

Elói und ich begleiteten ihn zufrieden.

Auf der Straße wimmelte es von typischen Trägern deprimierender Anomalie.

Missgebildete jeglicher Art, Idioten mit verschiedenen Masken, Männer und Frauen mit qualvollem Gesichtsausdruck kamen und gingen. Sie boten den perfekten Eindruck von geistig Verwirrten. Mit Ausnahme einiger, die uns mit argwöhnischen und grausamen Blicken anstarrten und eine ausgeprägte Boshaftigkeit zum Ausdruck brachten, schwankte der größte Teil meiner Ansicht nach zwischen dem Unwissen und der Primitivität, zwischen der Amnesie und der Verzweiflung. Viele zeigten sich gereizt angesichts der Ruhe, die wir ausstrahlten. In Anbetracht des Verfalls und des Unrats, die überall hervorstachen, schloss ich, dass sich die Initiativen der Gemeinschaft weit entfernt von jeglicher methodischer Arbeit in Bezug auf die Materie dieser Ebene bewegten. Die müßige Konversation war dort das dominierende Merkmal.

Der Lehrmeister unterrichtete uns dazu sehr treffend, dass die auf Abwege geratenen Geister im Allgemeinen mit starren, unversöhnlichen und verblendenden Ideen kämpfen und viel Zeit dafür aufwenden, sich neu zu orientieren. Durch die eigenen Handlungen erniedrigt, verlieren sie den Sinn für guten Geschmack, für konstruktiven Komfort, für heiligende Schönheit und geben sich einer beklagenswerten Nachlässigkeit hin.

Tatsächlich ließ die Umgebung im Hinblick auf die Ordnung viel zu wünschen übrig. Die Bauten – ausgenommen die Paläste des Regierungsplatzes, wo man das Wirken einer großen Menge von Sklaven bemerkte – enttäuschten durch ihr Äußeres und den Zustand, in dem sie sich befanden. Die von einer schlammähnlichen Substanz bedeckten Mauern waren nicht nur für die Augen, sondern auch für den Geruchssinn wegen der üblen Ausdünstungen abstoßend.

Die Vegetation war an allen Plätzen spärlich und verdorrt.

Menschliche Schreie, Früchte des Schmerzes und des fehlenden Bewusstseins, waren häufig zu hören und riefen in uns aufrichtiges Mitleid hervor.

Wenn es nur wenige von diesen unglücklichen Passanten gäbe, könnte man an einen methodischen Dienst der individuellen Hilfe denken; aber was soll man zu einer Stadt sagen, die aus tausenden von offenkundigen Verrückten besteht? Wäre in einem Bienenstock dieser Art der gesunde Mensch, der versuchte, dem allgemeinen Geist Hilfe aufzudrängen, in den Augen der anderen nicht faktisch der geistig Verwirrte? Daher wäre jegliche sichtbare Organisation der Hilfe fehl am Platz, es sei denn durch einen riskanten Dienst wie jenen, dem sich unser Lehrmeister, durch die Entsagungsbereitschaft bewegt, im Werke der Heiligung mit Christus verschrieben hat.

Abgesehen von der vorherrschenden Verwirrung, die geeignet war, die Nerven der abgeklärtesten Geschöpfe der Erdkruste in einen Kriegszustand zu versetzen, schwebte ein erstickender Nebel in der Atmosphäre, der uns kaum den entfernten Horizont erkennen ließ.

Durch einen dicken Vorhang aus Rauch, dessen Ursprung ich nicht bestimmen konnte, sahen wir die Sonne wie einen Ball aus feurigem Blut.

Elói bemühte sich um gute Stimmung und fragte in diesem Zusammenhang, ob die Hölle ein Hospiz derartig weitschichtiger Proportionen sei, worauf unser Tutor bejahend antwortete und bemerkte, dass der durchschnittliche Mensch nicht mehr als eine vage Vorstellung von der Bedeutung der geistigen Schöpfungen für das eigene Leben habe.

„Der Geist erkundet, entwirft, wählt und materialisiert die ihm eigenen Wünsche in der Materie, die ihn umgibt,“ erklärte Gúbio aufmerksam, „und diese Materie, die seinen Impulsen Ausdrucksform verleiht, wird immer durch unzählige niedere Lebewesen im Prozess der Evolution in den Weiten des unendlichen Universums gebildet.“

Wir gingen weiter, durchquerten lange Labyrinthe und stießen auf die Fassade eines großen Gebäudes, das wir mit einigem guten Willen als Heim für verlassene Geister bezeichnen könnten.

Solange ich inkarniert war, wäre es mir extrem schwer gefallen, an eine Szene wie jene zu glauben, die sich vor unseren bekümmerten Augen ausbreitete. Kein Leiden nach dem Tod des Körpers hat mein Herz jemals so tief berührt.

Das Wehgeschrei ringsumher war erschreckend.

Wir überquerten einen schlammigen Wall und nachdem wir einige Schritte weitergelaufen waren, entfaltete sich das furchtbare Bild in schier uferloser Dimension. Ein breites und tiefes Tal erstreckte sich vor uns, bewohnt durch alle vorstellbaren Arten des Leidens.

Wir fanden uns jetzt am Vorsprung eines Plateaus wieder, das sich zu einem abrupten Abhang aufspaltete.

Weiter vorn, in einer Entfernung von dutzenden Kilometern, reihten sich Höhlen und Abgründe aneinander, als ob wir uns vor dem riesigen Krater eines aktiven Vulkans befänden, der durch den menschlichen Schmerz genährt würde, denn dort drinnen explodierte ununterbrochen ein Stimmengewirr, das wie eine seltsame Mischung aus Wehklagen von Menschen und Tieren wirkte.

Meine innersten Fasern erzitterten, und nicht nur ich, sondern auch Elóis Geist war im Begriff, instinktiv zurückzuweichen.

Der Tutor hingegen war unerschütterlich.

Weit davon entfernt unserer Schwäche Vorschub zu leisten, ignorierte er diese bewusst und versicherte ruhig:

„Wie trockene Baumstämme drängen sich hier tausende von Geschöpfen, die heilige Gaben des Lebens missbraucht haben. Sie sind Angeklagte des eigenen Gewissens, Persönlichkeiten, die die Ruinen des eigenen ‚Ichs' überlebt haben und in einem dunklen Bereich der geistigen Verwirrung gefangen sind. Sie sondern vergiftete Rückstände ab, die sie in ihrem Inneren durch lange Jahre, fern von jeglicher erbaulicher Arbeit, in der physischen Welt angesammelt haben, wodurch sie sich gegenwärtig endlosen Tagen der rettenden Qual hingeben."

Und vielleicht weil unser Schrecken beim Anblick des leidvollen und düsteren Bildes spürbar wuchs, fügte er gelassen hinzu:

„Wir betrachten lediglich die Oberfläche finsterer Kerker, die sich mit den subkrustalen Abgründen vermengen."

„Aber gibt es denn kein Mittel gegen so viel Hilflosigkeit?", fragte Elói voller Mitleid.

Gúbio reflektierte ein paar kurze Momente lang und führte mit ernster Stimmlage aus:

„Wenn wir jeweils nur einen Toten vorfinden, ist es leicht ihm ein geziemendes Grab zuzugestehen, aber wenn die Leichen in Mengen gezählt werden, bleibt uns nichts anderes, als das Massengrab zu benutzen. Alle Geister werden in den fleischlichen Kreisen wiedergeboren, um die Idole der Lüge und des Schattens zu zerstören und in sich selbst die Prinzipien der siegreichen Sublimation für die Ewigkeit zu inthronisieren, wenn sie sich nicht auf einem einfachen Entwicklungsweg befinden. Hingegen zie-

121

hen sie es angesichts ihrer Aufgabe, die höhere Ordnung zum Ausdruck zu bringen, in den meisten Fällen vor, dem Tod in der Trägheit, in dem aggressiven Unwissen oder im verborgenen Verbrechen zu huldigen und vergessen dabei die glorreiche Unsterblichkeit, die sie erreichen sollten. Statt im Hinblick auf die unendliche Zukunft eine heiligende Zielsetzung anzustreben, verachten sie Gelegenheiten zum Wachstum, fliehen vor heilsamen Lernprozessen und machen himmelschreiende Schulden, wodurch sie die Aufgabe ihrer eigenen Erhebung verzögern. Und wenn sie selbst, als Besitzer kostbarer Gaben der Intelligenz, mit all den religiösen Offenbarungen, die ihnen zur Lösung der Probleme der Seele zur Verfügung stehen, sich freiwillig einem solchen Verzug anheimgeben - was bleibt uns, als in den Bahnen der Geduld weiterzugehen, durch die unsere Wohltäter ihren Einfluss ausüben? Ohne Zweifel ist diese Umgebung beunruhigend und beklemmend, jedoch verständlich und notwendig."

Ich fragte ihn, ob es in diesen Bereichen der Buße und Sühne keine befreundeten Gefährten gäbe, denen die Mission des Trostes obliegt, worauf unser Lehrmeister bestätigend antwortete.

„Ja", sagte er, „diese riesige Gemeinschaft, in der Individualitäten überwiegen, die sich aufgrund des ununterbrochenen Leidens durch ein vormenschliches Verhalten charakterisieren, wurde nicht vergessen. Dienste der Entsagung werden mit Jesus überall geleistet. Im Augenblick verfügen wir jedoch nicht über einen geeigneten Anlass zur Identifizierung von Missionaren und Dienern des Guten. Lasst uns dem Studium nachgehen, das uns näher interessiert."

Wir stiegen ein paar Meter hinab und fanden eine abgemagerte Frau auf dem Boden ausgestreckt.

Gúbio richtete seinen klaren, wachen Blick auf sie und empfahl uns nach einigen Momenten, seiner sorgfältigen Beobachtung zu folgen.

„Siehst du wirklich, André?", fragte er väterlich.

Ich bemerkte, dass sich die Unglückliche mit drei eiförmigen Wesen umgab, die sich untereinander in den Anordnungen und Farben unterschieden. Diese wären für meine Augen jedoch nicht wahrnehmbar gewesen, wenn ich dort nicht mein gesamtes Aufmerksamkeitspotential entfaltet hätte.

„Ich gewahre tatsächlich", erklärte ich wissbegierig, „die Existenz von drei lebendigen Figuren, die sich neben ihrem Perispirit anordnen, obwohl sie sich mit Hilfe einer Materie zum Ausdruck bringen, die mir wie leichte Gelatine, fluid und amorph, erscheint."

Gúbio erklärte ohne zu zögern:

„Das sind unglückselige Wesen, die sich den Absichten der Rache hingegeben und aufgrund der Auflehnung, die ihren Geist quält, viel wertvolle Zeit verloren haben. Sie verbrauchten ihren Perispirit unter unaussprechlichen Qualen der Verzweiflung und heften sich auf natürliche Weise an die Frau, die sie hassen – eine Schwester, die ihrerseits noch nicht entdeckt hat, dass die Wissenschaft des Liebens die Wissenschaft des Befreiens, des Erleuchtens und des Erlösens ist."

Wir befragten das unglückliche Geschöpf aus der Nähe.

Gúbio nahm die Position des Arztes vor einem Patienten und den Studenten ein.

Die leidende Frau, in eine Aura „dunkelgrauer Kraft" gehüllt, registrierte unsere Gegenwart und schrie – zwischen Schmerz und Idiotie:

„Joaquim! Wo ist Joaquim? Sagt es mir, habt Erbarmen! Wo haben sie ihn hingebracht? Helft mir! Helft mir!"

Unser Tutor beruhigte sie mit einigen Worten und, indem er ihr kein größeres Maß an Aufmerksamkeit zukommen ließ als jenes, das der Psychiater dem Kranken während eines schweren Anfalls widmet, empfahl er uns:

„Untersucht die Ovoiden! Erforscht sie magnetisch mit den Händen."

Geschwind ging ich an die Arbeit.

Ich berührte den Ersten und bemerkte, dass er positiv reagierte.

In einem Willensakt verband ich meine Hörfähigkeit mit dem inneren Bereich der Form und hörte erschrocken über den gedanklichen Draht weit entfernt klingende Stöhnlaute und Sätze:

„Rache! Rache! Ich werde bis zum Ende keine Ruhe geben… Diese niederträchtige Frau wird es mir büßen…"

Ich wiederholte den Versuch mit den beiden anderen und die Ergebnisse waren identisch.

Die Ausrufe „Mörderin! Mörderin…!" drangen aus jedem Einzelnen hervor.

Nachdem er die Kranke mit brüderlicher Zuneigung umarmt und sie aufmerksam analysiert hatte, richtete der Lehrmeister das Wort an uns und erklärte:

„Joaquim wird zweifelsohne der Partner sein, der ihr zu den Mühsalen der Reinkarnation vorausgegangen ist. Sicher ist er schon auf die dichtere Erde zurückgekehrt, um ihr einen Platz vorzubereiten. Die Arme wartet auf eine Gelegenheit zur Rückkehr in den hilfreichen Kampf. Ich sehe ihr grausames Drama. Sie war im vergangenen Jahrhundert eine tyrannische Sklavenhalterin. Ich nehme ihre Erinnerungen an das prosperierende und glückliche Landgut in den geistigen Archiven wahr. Sie war jung und schön, heiratete jedoch - nach Maßgabe des Programms rettender Prüfungen - einen Herrn reifen Alters, der seinerseits bereits eine romantische Beziehung zu einer bescheidenen Sklaventochter unterhielt. Trotz der natürlichen Veränderung des Lebens in Anbetracht der Ehe ließ er nicht von dem eingegangenen Schuldverhältnis ab. Aus diesem Grund blieb die arme Mutter und Sklavin, noch ein Mädchen, voller Reue und Schwermut mit den Sprösslingen ihrer unglücklichen Liebe dem Grundbesitz angeschlossen. Im Laufe der Zeit erlangte die umworbene und faszinierende Ehefrau vom ganzen Ausmaß des Sachverhalts Kenntnis und offenbarte den Jähzorn, der in ihrer Seele beheimatet war. Sie setzte sich cholerisch und tobend mit dem Gatten auseinander und unterwarf ihn den Launen, die ihren Geist erzürnten. Die leidende Sklavin wurde von ihren beiden Kindern getrennt und in eine sumpfige Region verkauft, wo sie nach kurzer Zeit den Tod durch ein bösartiges Fieber fand. Die beiden Jungen wurden an den Pranger gestellt und vor der Sklavenhütte geschändet und ausgepeitscht. Auf Bestehen der von beängstigendem Egoismus dominierten Herrin wurden sie durch den Aufseher als Diebe beschuldigt und trugen fortan eine schwere Kette um den verletzten Hals. Sie lebten damals unter unaufhörlichen Demütigungen. Nach wenigen Monaten starben sie ohne Vergebung, dahingerafft durch die Tuberkulose, die niemand behandelte. Desinkarniert vereinten sie sich mit der erzürnten Mutter und bildeten auf dem ländlichen Anwesen, aus dem sie ausgestoßen worden waren, ein unruhestiftendes Trio, das finstere Racheabsichten hegte. Obwohl sie durch geistige Freunde, die sie häufig besuchten, zu Toleranz und Vergebung eingeladen wurden, gaben sie bei den dunklen Plänen, an die sie das Herz verpfändet hatten, nicht einen Zentimeter nach. Erbarmungslos griffen sie die Frau an, die sie so hart behandelt hatte und flößten ihrem unentschlossenen und schwachen Geist destruktive Schuldgefühle ein. Indem sie ihr psychisches Leben beherrschten, verwandelten sie sich für sie in gefährliche, unsichtbare Henker, wobei sie sich sämtlicher Kampfstrategien bedienten, die geeignet waren, ihre Verwirrung zu verstärken. Sie erkrankte daher schwer und wurde zu einer Herausforderung für sämtliche Ratschläge und Maßnahmen zur Heilung. Obwohl ihr verschiedene Ärzte und Geistliche beistanden, erlangte sie das organische Gleichgewicht nicht mehr zurück. Ihr physischer Körper ging Schritt für Schritt zugrunde. Sie war nicht in der Lage, geistig zum höheren Idealismus hin zu wachsen, der die inneren Verirrungen korrigiert und den Weg für energetische Hilfe durch die in den höheren Sphären atmenden Seelen ebnet. Aus diesem Grund litt die unglückselige Gutsherrin - isoliert im destruktiven Hass, der ihren Weg kennzeichnete – zehn Jahre lang unter einer ständigen, ungeklärten Verbitterung. Natürlich hatte sie ihrerseits Freunde, die bereitstanden um ihr anlässlich des unvermeidlich gewordenen Todes des Körpers großzügige Hände entgegenzustrecken; wenn wir uns jedoch durch das Böse verblenden lassen, berauben wir uns selbst der Fähigkeit, jedwedes Mittel des Guten zu empfangen."

Nach einer kurzen Pause fuhr der Lehrmeister in seiner Erzählung fort:

„Von den fleischlichen Banden befreit, sah sie sich durch die Opfer aus früheren Zeiten verfolgt, wodurch ihre Entschlussfähigkeit angesichts der Schwingungen, die durch die eigene verstörende Angst ausgesandt wurden, annulliert wurde. Sie litt enorm, obwohl ihr das Mitgefühl erhabener Geistwesen zuteilwurde, die stets versuchten, sie zur Demut und zur Erneuerung durch die Liebe zu führen; jedoch ist der gegenseitige Hass ein glühender Ofen, der die Blindheit und die Auflehnung nährt. Halb verrückt nach seiner eigenen Desinkarnation traf sie der Ehemann in derselben unbezwingbaren Niedergeschlagenheit an und war angesichts der eigenen Schmerzen, die ihm schwierige Berichtigungen auferlegten, unfähig ihr zu helfen. Die erbarmungslosen Widersacher setzten ihr unseliges Werk fort, und selbst nachdem sie die perispirituelle Struktur verloren hatten, hefteten sie sich mit den Prinzipien der geistigen Materie, in die sie gehüllt sind, an ihr fest. Die Revolte und die Furcht vor dem Unbekannten, verbunden mit der absoluten Abwesenheit jeglichen Anflugs zur Vergebung, binden uns aneinander wie bronzene Handschellen. In der Position, in der sie sich befindet, sieht die verfolgte Unglückliche sie nicht, sie kann sie nicht ertasten, aber sie fühlt ihre Anwesenheit und hört ihre Stimmen durch die unverkennbare Akustik des Gewissens. Sie lebt gepeinigt, ziel- und richtungslos. Sie hat das Verhalten eines nahezu unmündigen Wesens."

Das vom Glück verlassene Geschöpf schien die Informationen, die dort mit lauter Stimme vorgetragen wurden und sich auf sie bezogen, nicht zu registrieren. Sie schrie verängstigt nach dem Partner, damit dieser ihr helfe.

Ich nutzte die Gelegenheit noch für einige Nachfragen.

„Wie geht man im Angesicht dieses ergreifenden Bildes die Lösung an?", fragte ich ganz direkt.

Gúbio betrachtete jedoch mit viel Ruhe:

„Es wird uns Zeit kosten. Die Verwirrung kommt unerwartet und stellt sich zügig ein; jedoch zieht sie sich nur sehr langsam zurück. Lasst uns die geduldige Arbeit der Zeit abwarten."

Nach einer ausdrucksvollen Pause unterstrich er:

„Alles lässt mich glauben, dass die Missionare der Barmherzigkeit ihren Ehemann schon zu den Strömen der Reinkarnation zurückgeführt haben, und es ist zu vermuten, dass diese Schwester kurz davor steht, seinen Spuren zu folgen. Natürlich wird sie in Kreisen wiedergeboren werden, in denen das Leben Gram und Kummer bereithält und auf riesige Hindernisse treffen, um den ehemaligen Gatten wiederzufinden und an dessen zukünftigen Erfahrungen teilzuhaben. Dann..."

„Werden die Feinde ihre Kinder sein?", fragte ich neugierig und nahm seine Auslassungspunkte auf.

„Wie sollten sie es nicht werden? Der Fall unterliegt sicher schon der höheren Rechtsprechung. Diese Frau wird ins Fleisch zurückkehren, gefolgt von den Geistern der Widersacher, die an ihrer Seite die Zeit des Eintauchens in die irdischen Fluide abwarten werden."

„Oh!", rief ich tief erschüttert aus, „wird sie sich nicht einmal für die Rückkehr von den Verfolgern trennen? Ich habe Reinkarnationen begleitet, die stets mit besonderen Schutzmaßnahmen betreut wurden..."

„Ja, André", stimmte der Lehrmeister zu, „du hast Prozessen beigewohnt, bei denen Elemente der Fürsprache umfangreich wirkten, um die ehrenhafte Mission derjenigen zu unterstützen, die an der Zukunft interessiert sind, und mit der göttlichen Hilfe werden tausende solcher Fälle gezählt. Allerdings existieren in den Bereichen des menschlichen Kampfes noch immer Millionen Wiedergeburten von kriminellen Seelen, die auf Anordnung der Höheren Ebene zum Wiedereintauchen in das Fleisch gedrängt werden, um schwerwiegende Delikte zu sühnen. Bei Vorgängen dieser Art wird die Individualität, die für die vorherrschende Disharmonie verantwortlich ist, zum Gravitationszentrum der wegen ihrer Schuld aus dem Gleichgewicht geratenen Geister und übernimmt daher das Kommando der Arbeiten zur Neuorientierung, die gemäß den Vorgaben des Gesetzes immer lang und kompliziert sind."

Gúbio verstand mein Entsetzen und reflektierte:

„Warum das Erstaunen? Das Prinzip der Anziehung regiert das gesamte Universum. In den Planetensystemen und in den atomaren Systemen sehen wir den Mittelpunkt und die Satelliten. Im geistigen Leben ist der grundsätzliche Aufbau nicht anders. Wenn die Guten das Zentrum der Aufmerksamkeit für die Geister sind, die sich mit ihnen über die Ideale und Tendenzen harmonisieren, verwandeln sich die großen Straftäter in Magnetkerne für die Geister, die im Gehorsam ihnen gegenüber vom rechten Weg abgekommen sind. Wir erheben uns mit denen, die wir lieben und wir revidieren oder erniedrigen uns mit denen, die wir verfolgt und gehasst haben."

Die Aussagen inspirierten mich zu tiefgründigen Gedanken hinsichtlich der Größe der Gesetze, die das Leben regieren, und in Anbetracht der Meditation jenes Moments vermied ich neue Fragen.

Der Lehrmeister streichelte der unglückseligen Kreatur über die Stirn, hüllte sie bewusst in einen Segen göttlicher Fluide und fügte hinzu:

„Arme Schwester! Möge der Himmel sie auf der bevorstehenden Reise stärken! Unter dem stetigen Einfluss der Wesen, die sich mit ihr in den mentalen Abgrund des Hasses stürzten, wird sie aufgrund der unbestimmten Schwermut, die sich auf unerklärliche Weise in der bedrückten Seele anhäufen wird, eine schmerzhafte und dunkle Kindheit haben. Sie wird Krankheiten kennenlernen, deren Diagnostizierung im Rahmen der menschlichen Kenntnisse bisher nicht möglich ist, da sie ihren Ursprung in der beharrlichen und unsichtbaren Einwirkung der Feinde aus anderen Zeiten haben... Sie wird eine durch Träume von der Mutterschaft gequälte Jugend haben und keine innere Ruhe finden, so lange sie die drei Widersacher, die sich alsdann in zarte Kinder ihrer nach Frieden dürstenden Zärtlichkeit verwandelt haben, nicht auf ihrem Schoß küsst... Sie wird drei disharmonische Zentren des Lebens um sich haben, und bis sie diese in der Schmiede der Aufopferung umgeformt und zurück auf den rechten Weg geführt hat, wird sie in der Eigenschaft als Mutter ein gepeinigter Magnet oder das obskure und traurige Zentrum einer schmerzvollen Konstellation sein.“

Das Studium war zweifellos fesselnd und faszinierend, aber die Zeitvorgabe begrenzte unseren Dienst und es war geboten zurückzukehren.

130

8

UNERWARTETE FÜRSPRACHE

Der Saal, in welchem wir durch Priester Gregório empfangen wurden, ähnelte einem sonderbaren Sanktuarium, dessen inneres Licht von glühenden Fackeln gespendet wurde.

Die exotische Persönlichkeit saß auf einem kleinen Thron, der seine Gestalt aus dem unheimlichen Ambiente hervorhob und umgab sich mit mehr als hundert Wesen in anbetender Haltung. Zwei extravagant gekleidete Lakaien schwenkten große Weihrauchfässer, auf deren Grund unter penetranten Ausdünstungen parfümierte Substanzen verglimmten.

Er trug eine scharlachrote Tunika und war von einer dunkelgrauen Aura umgeben, deren beunruhigende und aggressive Strahlen unsere Netzhaut verletzten.

Er heftete seinen stechenden und forschenden Blick auf uns und streckte uns die rechte Hand entgegen, womit er uns zu verstehen gab, dass wir näher treten konnten.

Stark beeindruckt begleitete ich Gúbio.

Wer war Gregório an diesem Ort? Ein tyrannischer Chef oder ein lebendiges Idol, das von einer geheimnisvollen Macht erfüllt ist?

Zwölf Geschöpfe knieten demütig neben dem goldenen Stuhl, auf die Anordnungen wartend, die aus seinem Mund fließen würden.

Mit einer einfachen Geste gab er zu verstehen, dass die Unterredung mit uns vertraulicher Art sein würde, denn nach wenigen Sekunden waren alle, die sich außer uns zuvor in dem Raum befunden hatten, hinausgegangen.

Ich merkte, dass wir ein sehr ernstes Thema behandeln würden und richtete meinen Blick auf unseren Tutor, um dessen Bewegungen nachzuahmen.

Gúbio, dem Elói und ich in kurzem Abstand folgten, näherte sich dem Gastgeber, der ihn mit einem rüden Gesichtsausdruck betrachtete, und meinerseits begann ich, heimlich die Anstrengungen unseres Lehrmeisters zu beobachten, mit denen er die Hindernisse des Moments zu umgehen suchte, um sich vor dem eigenen Gewissen nicht als Lügner zu klassifizieren.

Gregório begrüßte ihn mit auffallend geheuchelter Freundlichkeit und sprach:

„Erinnere dich daran, dass ich Richter bin, Mandatar der strengen Regierung, die hier herrscht. Du darfst also nicht gegen die Wahrheit fehlen."

Nach einer kurzen Pause fügte er hinzu:

„Bei unserem ersten Treffen erwähntest du einen Namen…"

„Ja", antwortete Gúbio gelassen, „den einer Wohltäterin."

„Wiederhole ihn!", befahl der Priester gebieterisch.

„Matilde."

Gregórios Gesichtsausdruck wurde düster und beklommen. Man könnte meinen, dass ihm in jenem Moment ein gewaltiger unsichtbarer Messerstich versetzt worden sei. Er täuschte jedoch eine harte Gefühllosigkeit vor und mit der Entschlossenheit eines stolzen und gequälten Verwalters warf er ein:

„Was hat dieses Geschöpf mit mir gemein?"

Unser Tutor entgegnete ohne Umschweife:

„Sie versicherte uns, dass sie dich mit hingebungsvoller Mutterliebe im Herzen trägt."

„Ein offenkundiger Irrtum!", widersprach Gregório grausam, „meine Mutter hat sich vor einigen Jahrhunderten von mir getrennt. Außerdem, selbst wenn mich ein solches Wiedersehen interessierte, sind wir grundlegend voneinander geschieden. Sie dient dem Lamm, ich diene den Drachen[5]."

Dieses Detail des Vortrags genügte, um meine unbezwingbare Neugier explodieren zu lassen. Wer waren wohl die Drachen, auf die er sich bezog? Satanische Charaktere aus der Legende alter Zeiten? Auf dem Weg der Evolution abgestürzte Geister, deren Intelligenz sich gegen die heilsamen und erlösenden Prinzipien des Christus gerichtet hatte, den wir alle in seiner Eigenschaft als Lamm

---

[5] *Geister, die seit den ersten Zeitaltern der Planetarischen Schöpfung dem Bösen verfallen und in den niederen Bereichen des Lebens als Anführer von Rebellionen, Hass, Eitelkeit und Egoismus tätig sind; sie sind jedoch keine ewigen Dämonen, da sie sich individuell, im Laufe der Jahrhunderte, zum Guten hin wandeln, wie es mit den Menschen selbst geschieht. (Anmerkung des geistigen Autors)*

Gottes verehren?" Zweifellos irrte ich mich nicht; Gúbio warf mir jedoch einen vielsagenden Blick zu, nachdem er wohl im Stillen meine inneren Betrachtungen beobachtet hatte und lud mich ohne Worte dazu ein, die vor Erstaunen halboffenen Lippen zu schließen.

In der Tat ließ jener Moment keine Unterhaltung eines Lehrlings zu, sondern war den bewussten und sicheren Äußerungen eines Meisters vorbehalten.

„Achtbarer Priester", pflichtete unser Tutor zu meiner großen Überraschung bei, „ich kann deine persönlichen Motive nicht erörtern. Ich weiß, dass es eine absolute Ordnung in der Schöpfung gibt und mir ist bekannt, dass jeder Geist eine Welt für sich ist und jedes Gewissen seinen eigenen Weg hat."

„Kritisierst du etwa die Drachen, die für die Gerechtigkeit sorgen?", fragte Gregório hart.

„Wer bin ich um zu richten?", bemerkte Gúbio bescheiden, „ich bin nicht mehr als ein Diener in der Schule des Lebens."

„Was würde ohne sie", fuhr der Hierophant etwas cholerisch fort, „aus der Erhaltung der Erde werden? Wie könnte die rettende Liebe ohne die korrigierende Gerechtigkeit funktionieren? Die Großen Richter werden gefürchtet und geächtet; indessen ertragen sie die menschlichen Rückstände, leben mit den ekelerregenden Wunden des Planeten, befassen sich mit den Verbrechen der Welt und verwandeln sich in Gefängniswärter der Perversen und der Niederträchtigen."

Und wie ein beschuldigter Mensch, der lange Rechtfertigungen schätzt, fuhr er gereizt fort:

„Die Söhne und Töchter des Lamms mögen vielen Hilfe und Rettung bringen. Indessen bitten Millionen von Geschöpfen[6], genau wie es mir selbst ergeht, weder um Beistand noch um Befreiung. Es wird behauptet, dass wir nicht mehr als moralisch Verirrte sind. Egal. Seien wir also Kriminelle, die einander überwachen. Die Erde gehört uns, denn auf ihr dominiert die Animalität und bietet uns ein ideales Klima. Ich für meinen Teil habe keinerlei Vorstellung vom Himmel. Ich glaube, dass es ein Hofstaat von Auserwählten ist, aber die sichtbare Welt stellt für uns ein grandioses Reich von Verurteilten dar. Im physischen Körper tappen wir in die Falle fataler Umstände; jedoch das Netz, das die niederen Ebenen uns vorbereiteten, nützt Millionen. Wenn es unser Schicksal ist, die Spreu vom Weizen der Welt zu trennen, wird unser Sieb nicht nachsichtig sein. Geübt im Fallen, wie wir es sind, prüfen wir all jene, die unseren Weg kreuzen. Die Großen Richter ordnen an, dass wir die Tore bewachen sollen. Wir haben daher zu allen Seiten helfende Diener. Uns unterwerfen sich alle Männer und Frauen, die sich von dem ordnungsmäßigen Evolutionspfad entfernt haben, und es ist eine Tatsache, dass derartige Individualitäten Millionen zählen. Außerdem sind die irdischen Gerichte unzureichend, um alle Delikte aufzuspüren, die zwischen den Geschöpfen begangen werden. Wir hingegen sind die Augen des Schattens, denen auch die kleinsten versteckten Dramen nicht entgehen."

---

[6] *Wir dürfen nicht vergessen, dass die Argumentation von einem Geist stammt, dessen Gedankengänge mächtig sind und der die Erleuchtung des Christus noch nicht akzeptiert hat – identisch also mit vielen Menschen in hohen Ämtern der Welt, die durch die Verblendungen der Intelligenz besessen sind. (Anmerkung des geistigen Autors)*

Angesichts der sich ergebenden Pause betrachtete ich Gúbios Gesicht, das keinerlei Veränderung aufwies.

Er sah Gregório mit Demut an und erwog:

„Großer Priester, ich weiß dass uns der Höchste Herr gemäß unserer Tendenzen und Möglichkeiten, seine Absichten zu erfüllen, für sein göttliches Werk einsetzt. Die Phagozyten werden im menschlichen Körper zur Eliminierung der Unreinheiten genutzt, genau wie sich der elektrische Funke unvermeidlich entzündet, um das atmosphärische Ungleichgewicht zu beheben. Daher respektiere ich deine Macht, denn wenn die Himmlische Weisheit von der Existenz der zarten Blätter der Bäume Kenntnis hat, ist ihr auch der Grund deines stattlichen Herrschaftsgebietes bekannt. Aber stimmst du nicht zu, dass unsere Einwirkung stärker ist als die Fatalität – ein geschlossener Kreislauf der Umstände, die wir selbst erschaffen? Ich bin nicht dazu befähigt, die Arbeit der Richter zu beurteilen, die diese Domizile des wiederherstellenden Leidens verwalten... Jedoch kenne ich die fürchterlichen Bilder, die sich vor deinen Augen ausbreiten. Ich beobachte die Kriminellen, die sich aneinanderketten, aus der Nähe; ich erkunde zuweilen die dunklen Dramen derjenigen, die in den Höhlen des Schmerzes leiden, magnetisiert von dem Bösen, das sie verübt haben, und es ist mir bewusst, dass die Gerechtigkeit nach Maßgabe der höheren Bestimmungen regieren muss. Gibst du hingegen nicht zu, achtbarer Gregório, dass die in den Herzen errichtete Liebe alle Sünden bereinigen würde? Akzeptierst du denn den endgültigen Sieg der Güte durch den brüderlichen Dienst nicht, der uns erhebt und zum Höchsten Vater führt? Wenn wir für die göttlichen Taten des Lamms dieselbe Energie aufwenden würden, die für den Dienst an die Drachen verbraucht wird, würden wir dann die Ziele des höchsten Triumphes nicht schneller erreichen?"

Der Priester hörte widerstrebend zu und rief in einer abweisenden Stimmlage:

„Wie konnte ich dir so lange zuhören und schweigen? Wir sind hier Richter im Tode all jener, die die Schätze des Lebens verschwendet haben. Wie sollten wir Liebe in gefrorene Herzen eintrichtern? Sagte das Lamm nicht einmal, dass man keine Perlen vor die Säue werfen soll? Für jeden Hirten auf der Erde gibt es tausend Säue, die die Insignien des Fleisches zur Schau stellen. Und wenn dein Meister für seine apostolische Mission Hüter beansprucht, was sollen wir unsererseits anderes tun, als Einheiten tatkräftiger Intelligenzen zu bilden, die darauf spezialisiert sind, die straffälligen Geschöpfe zu korrigieren, welche sich unserem Taktstock unterstellt haben? Die Drachen sind die Charaktere, die die physische Welt beaufsichtigen und sie bemühen sich, die Agglutination der planetarischen Elemente zu erhalten. Der Logik verbunden, verstehen sie das aufgedrängte Paradies nicht. Wenn die Liebe von einem auf den anderen Tag die Erde erobern und ihre dunklen Abgründe auflösen würde, damit das sublime Licht dort, einfach und augenblicklich, für immer strahle – wie brächten wir in diesem himmlischen Klima die Geister der Wölfe und Löwen, Panther und Tiger (wegen der extremen Analogie, die sie noch immer zu diesen Raubtieren wahren) unter, alles Seelen, die zu Abertausenden menschliche Formen bewohnen? Was würde aus den Himmeln werden, wenn wir die Höllen nicht bewachten?"

Ein sarkastisches, schallendes Gelächter folgte auf seine Worte.

Gúbio ließ sich jedoch nicht aus der Ruhe bringen.

Mit Bescheidenheit nahm er seine Betrachtungen wieder auf:

„Ich wage jedoch daran zu erinnern, dass, wenn wir uns alle anschicken würden, die Elenden zu retten, das Elend ausgerottet werden würde; wenn wir die Unwissenden erziehen würden, die Finsternis keine Daseinsberechtigung hätte; wenn wir die Straftäter unterstützen und ihnen Anreize für den regenerierenden Kampf bieten würden, das Verbrechen von der Erdoberfläche verschwinden würde."

Der Priester brachte eine Glocke zum Läuten, welche mir dazu bestimmt schien, die Ausdrücke seiner Wut zu erweitern, und schrie heiser:

„Schweig! Frechling! Du weißt, dass ich dich bestrafen kann...!"

„Ja", stimmte unser Tutor unbeirrbar zu, „ich glaube, den Umfang deiner Möglichkeiten zu kennen. Ich und meine Gefährten können auf eine einfache Anordnung aus deinem Mund hin Gefängnis und Folter bekommen, und wenn dies dem Wunsch deines Herzens entspricht, sind wir bereit dies zu empfangen. Wir kannten die Risiken dieses Abenteuers im Vorhinein; indessen inspiriert uns die Liebe und wir vertrauen derselben Herrschenden Kraft, die dir erlaubt, Gerechtigkeit zu üben."

Gregório starrte Gúbio angesichts eines solchen Mutes erschrocken an und dieser verkündete, indem er zweifelsohne die psychologische Veränderung des Moments nutzte, mit gelassener Entschlossenheit:

„Matilde, unsere Wohltäterin, erklärte uns, dass deine edle Gesinnung nicht erloschen ist und dass deine erhabenen Charaktereigenschaften unangetastet bleiben – ungeachtet der abweichenden Richtung, die du deinen Schritten auferlegt hast; genau deswegen, weil ich deinen inneren Wert erkenne, nenne ich dich ,achtbar' in den Appellen, die ich an dich richte."

Die Wut des Priesters schien nachzulassen.

„Ich glaube deinen Informationen nicht", hob er widerwillig hervor, „aber sei klar in deinen Bitten. Ich habe keine Zeit für nutzloses Gerede."

„Ehrwürdiger Gregório", bat unser Lehrmeister demütig, „ich werde mich kurz fassen. Höre mich mit Toleranz und Güte an. Dir ist bekannt, dass deine spirituelle Mutter niemals Margarida vergessen würde, die derzeit ohne Grund von Wahnsinn und Tod bedroht ist..."

Während er die Mitteilung hörte, veränderte sich der Hierophant sichtlich und brachte auf seinem Gesicht eine nicht zu verbergende Beunruhigung zum Ausdruck. Die sonderbare Aura, die seinen Kopf umgab, entwickelte dunklere Schattierungen. Seine katzenartigen Augen ließen eine eigentümliche Härte erkennen und seine Lippen zogen sich in unendlicher Bitterkeit zusammen.

Ich hatte den Eindruck, dass er uns vernichten wollte, wenn er es gekonnt hätte; doch trotz des aggressiven und groben Ausdrucks hielt er starr an sich.

„Dir ist nicht unbekannt, dass Matilde in deiner Partnerin aus anderen Zeiten einen Schützling hat, den sie von ganzem Herzen liebt. Die Gebete dieser gequälten spirituellen Tochter treffen ihre hingebungsvolle und strahlende Seele. Gregório: hungrig nach Erlösung ist Margarida bestrebt, im Körper zu leben. Erneuernde Aspirationen durchdrangen ihre Kindheit, und jetzt wo die Ehe ihr in voller Jugend die Hoffnungen neu belebt, möchte sie auf dem Feld des heilsamen Kampfes verbleiben, um die schuldbeladene Vergangenheit auszugleichen. Sicher zwingen dich starke Gründe, sie zur Rückkehr zu drängen, denn du hast ihr einen strategisch vorbereiteten Weg des Todes ersonnen. Ich verurteile dich weder, noch klage ich dich an, denn ich bin nichts. Und selbst wenn der Herr mir irgendein hohes repräsentatives Amt übertragen würde, stünde es mir nicht zu, über dich zu urteilen, solange ich nicht deine eigene Tragödie gelebt und deine eigenen Schmerzen erfahren habe. Ich weiß jedoch, dass Margarida durch die Liebe und den Hass der Vergangenheit intensiv mit den Strahlen deines Geistes verbunden bleibt, und wir alle wissen, dass sich die Gläubiger und die Schuldner früher oder später, von Angesicht zu Angesicht, wieder treffen werden... Allerdings beinhaltet ihre derzeitige Existenz weitreichende Rettungsaufgaben. Sie heiratete einen alten Verbündeten des Evolutionskampfes, der deinem Herzen nicht fremd ist, und wird in der Eigenschaft als Mutter einem Zuhause vorstehen, in dem ergebene Wohltäter eine wunderbare Aufgabe erleuchtender Arbeit organisieren werden. Befreundete Geister der Wahrheit und des Guten bereiten sich darauf vor, ihre mütterliche Zärtlichkeit zu empfangen - wie Blüten, die auf dem Weg zur kostbaren Fruchtbildung durch den himmlischen Tau gesegnet werden. Ich komme daher um dich zu bitten, die grausame Vergeltung abzumildern. Unsere Seele, so gefühllos sie auch sei, verändert sich innerhalb von Stunden. Die Zeit vernichtet alles und nimmt uns das gesamte Erbe der Niedrigkeit ab, damit das Werk der Vervollkommnung bleibt. Die Materie, die unseren Manifestationen dient, verändert sich im Laufe von Tagen. Und so unbesiegbar die mächtigen Richter, denen du dich unterwirfst, auch sein mögen – sie würden unter keinen Umständen die höchste Autorität des Allbarmherzigen überschreiten, der es ihnen erlaubt, im Namen der Maßregelung zu handeln und der ihre Aufgabe auf das Allgemeinwohl abstimmt."

Bedrückende Minuten der Erwartung und Stille legten sich über uns.

Unser Tutor war jedoch weit davon entfernt den Mut zu verlieren und ergriff mit flehender Stimme erneut das Wort:

„Wenn du die Mittel noch nicht zu hören vermagst, die durch das Gesetz des Göttlichen Lamms eingelegt wurden, welches uns die gegenseitige und heiligende Liebe empfiehlt, verschließe die Ohren nicht vor den Appellen des Mutterherzes. Hilf uns, Margarida zu befreien und sie vor der zerstörerischen Verfolgung zu retten. Deine persönliche Mitwirkung ist nicht zwingend erforderlich. Allein deine Passivität wird uns ausreichen, damit wir uns in der erforderlichen Freiheit orientieren können."

Der Hierophant lachte spöttisch und fügte hinzu:

„Ich merke, dass du die Justiz kennst."

„Ja", stimmte Gúbio melancholisch zu.

Der Gastgeber sagte indessen unverblümt:

„Wer Urteile verhängt, schätzt die Verzichtserklärung nicht. Bei denen, die die Ordnung verteidigen, ist die Vergebung unbekannt. Die Gesetzgeber der Bibel bestimmten, dass die Verdikte auf dem Wechselseitigkeitsprinzip beruhen sollten: ‚Auge um Auge und Zahn um Zahn'. Und da du dich schon so gut informiert über Margarida zeigst – kannst du bei vollem Bewusstsein die Gründe entkräften, die mich dazu zwingen, sie zum Tode zu verurteilen?"

„Ich erörtere nicht die Motive, die dich leiten", rief unser Tutor zwischen Besorgnis und Traurigkeit aus, „jedoch wage ich es, auf dem brüderlichen Gesuch zu beharren. Unterstütze uns dabei, jene kostbare und fruchtbringende Existenz zu bewahren. Wenn du uns hilfst, wer weiß…? Vielleicht könntest Du selbst durch die zärtlichen Arme des Opfers von heute in das reinigende Bad der menschlichen Existenz zurückkehren und neue Wege in eine glorreiche Zukunft einschlagen."

„Jegliche Vorstellung der Rückkehr ins Fleisch ist mir unerträglich!", schrie Gregório angewidert.

„Wir wissen, großer Priester", fuhr Gúbio sehr ruhig fort, „dass angesichts der Bande, die Margarida zu deinem mächtigen und aktiven Geist geknüpft hat, ohne deine Zustimmung jegliche Rettungsaktion sich als sehr schwer für uns erwiese. Versprich uns Handlungsfreiheit! Wir bitten dich nicht darum, die Strafe aufzuheben, noch beabsichtigen wir, Margarida für unschuldig zu erklären. Wer gegenüber den Ewigen Gesetzen Schuld auf sich lädt, ist verpflichtet, dieser jetzt oder später zur gerechten Begleichung direkt ins Auge zu sehen. Wir bitten dich jedoch um Aufschub bei der Ausführung deiner Pläne. Gewähre deiner Schuldnerin eine heilsame Pause, zu Ehren der Hingabe deiner Mutter, und möglicherweise tragen die Tage dafür Sorge, diesen schmerzvollen Prozess zu modifizieren."

Mit einem Ausdruck der Überraschung angesichts der unerwarteten Bitte um Aufschub, während wir selbst erwartet hatten, dass der Tutor sich durchsetzen und eine endgültige Aufhebung der Vergeltungsmaßnahmen verlangen würde, erwog Gregório weniger angriffslustig:

„Ich brauche die psychische Nahrung, die nur der Geist Margaridas mir bieten kann."

Gúbio fragte ermutigt:

„Und wenn du den süßen Trost der mütterlichen Zärtlichkeit wiederfändest, der deine Seele nähren würde, bis Margarida dich, erlöst und glücklich, mit dem sublimierten Brot des Geistes versorgen könnte?"

aus: Der Priester erhob sich zum ersten Mal und rief

„Ich glaube nicht..."

„Und wenn wir diesen Segen als Gegenleistung für deine Neutralität gegenüber unserer Bemühung zur Rettung vorschlagen würden? Würdest du uns erlauben, parallel zu den Dienern zu wirken, die deinen Anordnungen Folge leisten? Würdest du uns mit ihnen um die Wiederherstellung wetteifern lassen, anstatt sie gegen uns auszurichten? Auf diese Weise gäbe die Zeit deinen Entscheidungen den letzten Schliff..."

Gregório reflektierte einige Augenblicke lang und entgegnete:

„Es ist sehr spät."

„Warum?", fragte unser Lehrmeister beunruhigt.

„Margaridas Fall", erläuterte der Hierophant in bedeutsamem Tonfall, „ist unwiderruflich einer Legion von sechzig Dienern meiner Zuständigkeit übertragen worden, unter der Leitung eines harten Verfolgers, der ihre Familie hasst. Die Angelegenheit hätte in wenigen Stunden gänzlich erledigt sein können, aber ich wünsche nicht, dass sie mit der Auflehnung eines Opfers, aus dessen innerer Quelle ich lediglich die trüben Wasser der Verzweiflung und der Bitterkeit schöpfen könnte, zu mir zurückkehrt. Sie wird gequält werden, wie sie mich zu einer anderen Zeit quälte; sie wird unaussprechliche Demütigungen erleiden und sich den Tod wie ein wertvolles Gut wünschen. Sobald die Kapitulation durch das zermürbende Leiden erreicht ist, wird mich ihr Geist als einen liebevollen und vom Himmel gesandten Wohltäter empfangen und mich in die Fluide der Zuneigung hüllen, auf die ich seit vielen Jahren warte... Jeglicher Befreiungsversuch wäre erfolglos. Ihre Gedankengänge werden nach und nach verwirrt und die Einwirkungen, die sie zum Tode hinziehen, sind fast abgeschlossen."

Unser Leiter gab sich jedoch nicht geschlagen und insistierte:

„Und wenn wir uns unter deine Legion mischen und versuchen würden, den Dienst zu verwirklichen, dem wir uns verschrieben haben? Wir würden bei der Kranken als Freunde von dir auftreten, und ohne deine Autorität zu missachten, würden wir versuchen das Programm auszuführen, das uns hierher brachte sowie Zeugnis abzulegen von der Demut und der Liebe, die uns von dem Lamm gelehrt werden."

Gregório dachte still und gründlich nach, aber Gúbio fuhr bescheiden und standfest fort:

„Gewähre es...! Gewähre es...! Gib uns dein Wort eines Priesters! Erinnere dich daran, dass du dich eines Tages, auch wenn du nicht daran glaubst, wieder dem Blick deiner Mutter gegenüber sehen wirst!"

Der Angesprochene erhob nach langen Minuten der Reflexion die Arme und beteuerte:

„Ich glaube nicht an die Erfolgsaussichten des Versuchs; jedoch stimme ich der Maßnahme, der du dich bedienen willst, zu. Ich werde nicht eingreifen."

Daraufhin läutete er die Glocke auf eigentümliche Weise und verfügte damit, dass sich die Gehilfen wieder näherten. Er wirkte wie halb besiegt in der Schlacht, die er

144

sich mit dem eigenen Gewissen lieferte und ersuchte um die Anwesenheit eines gewissen Timão, der vor uns erschien und uns durch seinen henkerhaften Gesichtsausdruck überraschte. Er richtete das Wort an ihn und erkundigte sich nach dem Stand des „Falls Margarida", worauf der Erschienene mitteilte, dass der Prozess der geistigen Verwirrung fast vollendet sei. Eine Frage von wenigen Tagen, bis sie in eine Anstalt eingeliefert werden würde.

Gregório deutete ein wenig verlegen auf uns und bestimmte, dass der finster aussehende Gehilfe uns in der Legion unterbringen möge, die aktiv an der schrittweisen Ausführung seines Todesurteils arbeitete.

9

UNSICHTBARE VERFOLGER

Am Morgen des darauffolgenden Tages begaben wir uns in Begleitung unwissender und verirrter Wesen zu einer komfortablen Residenz, wo uns eine unerwartete Szene überraschen sollte.

Die beeindruckenden Dimensionen des Gebäudes verrieten den aristokratischen Stand der Bewohner, nicht nur wegen der großzügig zugeschnittenen Fasson, sondern auch wegen der bewundernswerten Gärten, von denen es umgeben war. Wir hielten am linken Flügel und bemerkten, dass dieser durch viele spirituelle Persönlichkeiten mit deprimierendem Aussehen eingenommen war.

Frevelhafte Gesichter, finstere Fratzen.

Jenes Wohnhaus wurde unbestreitbar durch kalte und gefühllose Wärter bewacht, wenn man den Schatten nach urteilte, die es umhüllten.

Mit bedrückter Seele schritt ich über die Schwelle.

Die Luft war von giftigen Elementen gesättigt. Mit einiger Anstrengung verbarg ich die Übelkeit, die all die beklemmenden und schmerzvollen Eindrücke hervorriefen.

Niedere Wesen eilten in großer Anzahl in die Eingangshalle, um unsere Absichten auszukundschaften. Aufgrund der Anweisungen unseres Tutors jedoch taten wir alles, um wie vulgäre Übeltäter auszusehen. Ich bemerkte, dass sogar Gúbio so dunkel geworden war, so undurchsichtig in der perispirituellen Struktur, dass er unter keinen Umständen erkannt werden würde, außer durch uns, die ihm aufmerksam seit der ersten Stunde folgten.

Auf das Drängen von Sérgio hin, eines jungen Strolches, der uns mit wenig würdigen Manieren vorstellte, kam Saldanha, der Direktor der dort wirkenden Legion, um uns zu empfangen.

Er setzte zu feindseligen Gesten an, aber angesichts des Kennworts, mit dem Gregório uns begünstigt hatte, akzeptierte er uns als wichtige Gefährten.

„Hat der Chef beschlossen, die Einkesselung zu verstärken?", fragte er unseren Lehrmeister vertraulich.

„Ja", teilte Gúbio vage mit, „wir würden gern die allgemeinen Bedingungen der Angelegenheit prüfen und die Kranke untersuchen."

„Die junge Frau gibt ganz langsam nach", erklärte die sonderbare Gestalt und wies uns auf einen weiten Flur hin, der mit abscheulichen fluiden Substanzen erfüllt war.

Er begleitete uns mit einem Anflug von Beflissenheit, aber mit sichtlichem Misstrauen, und nach einer kurzen Pause ließ er uns am Eingang des großen Schlafzimmers allein.

Draußen strahlte der Morgen und die Sonne besuchte das Zimmer durch die kristallklare Fensterscheibe.

Eine noch junge Frau, die eine extreme Blässe an den edlen Linien des würdevollen Gesichts aufwies, gab sich einer qualvollen Meditation hin.

Ich verstand, dass wir die persönliche Sphäre Margaridas erreicht hatten, der Besessenen, die zu retten sich unser Tutor vorgenommen hatte.

Zwei Desinkarnierte von schrecklichem physiognomischen Aussehen neigten sich selbstsicher und dominierend über die Brust der Kranken und unterzogen sie einer komplexen magnetischen Prozedur. Dieses Detail des sich bietenden Bildes war erschreckend. Jedoch ging mein Schrecken noch viel weiter, als ich mein gesamtes Aufmerksamkeitspotential auf den Kopf der jungen Frau konzentrierte, die so außergewöhnlich niedergeschlagen da lag. Vermischt mit der dichten Materie des Kopfkissens, auf dem sie ruhte, kamen einige Dutzend bleifarbene „ovoide Körper" in verschiedenen Größen zum Vorschein; sie ähnelten großen lebendigen Samen, die mithilfe äußerst subtiler, am verlängerten Rückenmark sorgfältig angeordneter Fäden am Gehirn der Patientin befestigt waren.

Das Werk der desinkarnierten Verfolger war gründlich und grausam.

Margarida war über den perispirituellen Körper völlig festgebunden, nicht nur an den erbarmungslosen Verfolgern, die sie belagerten, sondern auch an der großen Schar unbewusster Wesen, die sich durch das geistige Vehikel manifestierten, mit welchem sie sich ihrer Kräfte bemächtigten und sie in einem intensiven Prozess wie Vampire aussaugten.

Ich habe fürwahr selbst schon eine große Anzahl an brutalen Fällen von Besessenheit gesehen, jedoch waren diese immer von vernichtenden Leidenschaften angefeuert. Hier hingegen stellte ich eine technisch organisierte Belagerung fest.

148

Offensichtlich waren die „ovoiden Formen" durch die Hypnotiseure, die den Verfahrensablauf beherrschten, herangebracht worden.

Mit der entsprechenden Erlaubnis untersuchte ich den angegriffenen physischen Bereich. Ich bemerkte, dass sämtliche metabolischen Zentren der Kranken unter Kontrolle standen. Selbst der Blutdruck befand sich unter dem Kommando der Verfolger. Der Brustkorb wies beachtliche Hautverletzungen auf, und als ich sie vorsichtig analysierte, sah ich, dass die Kranke dunkle Substanzen einatmete, die nicht nur auf ihren Lungen lasteten, sondern sich in hohem Maße in den Zellen und Fasern des Bindegewebes reflektierten und Geschwüre auf der Epidermis bildeten.

Die Aktion des Vampirisierens erfolgte ununterbrochen. Die normalen Energien des Körpers schienen zu den „ovoiden Formen" transportiert zu werden, die von ihnen in einer undefinierbaren Saugbewegung automatisch ernährt wurden.

Ich bedauerte, dass es nicht möglich war, den Lehrmeister sofort zu konsultieren, da uns Gúbio natürlich umfassende Erläuterungen gegeben hätte, wenn er frei gewesen wäre. Jedoch folgerte ich, dass man die unglückselige Dame wohl über das zentrale Nervensystem gefesselt hatte, zumal die finsteren Absichten der Verfolger in Bezug auf die allmähliche Zerstörung der Nervenfasern und - zellen klar erkennbar waren.

Margarida zeigte sich erschöpft und verbittert.

Da die Gleichgewichtsbahnen im Kleinhirn dominiert und die Sehnerven durch den Einfluss der Hypnotiseure eingenommen waren, vermittelten ihre verstörten Augen einen Eindruck von den halluzinatorischen Phänomenen, die ihren Geist bedrängten und ließen den niederen Charakter der inneren Visionen und Auditionen erkennen, denen sie sich unterworfen sah.

Ich unterbrach jedoch die eingehenden Beobachtungen, um die psychologische Haltung unseres Tutors zu ermitteln, der das Abenteuer auf sich genommen hatte, jener kranken Dame, die er von ganzem Herzen als Tochter liebte, zu Hilfe zu kommen.

Gúbio bemühte sich, das immense Mitleid, das ihn angesichts der zum Tode geführten Kranken übermannte, nicht durchscheinen zu lassen.

Auf meiner Stufe der menschlichen Entwicklung musste ich gestehen, dass ich, wenn mir die Kranke so lieb gewesen wäre, nicht einen Moment gezögert hätte. Ich hätte befreiende Passes auf ihren bulbären Bereich übertragen, ich hätte ihr jene schwere und unnütze Last krankhafter Geister abgenommen und anschließend die Verfolger bekämpft, einen nach dem anderen.

Unser Lehrmeister hingegen ging nicht so vor.

Er betrachtete das bedrückende Bild mit unmissverständlicher Traurigkeit, aber kurz darauf richtete er den gütigen Blick auf Saldanha, als ob er ihn um tiefere Erkenntnisse bitten würde.

Insgeheim durch den positiven Impuls unseres Leiters berührt, fühlte sich der Chef der Qualen genötigt, ihm spontane Informationen zur Verfügung zu stellen.

„Seit genau zehn Tagen erledigen wir unsere Tätigkeiten in verschärfter Weise", erklärte er resolut. „Die Beute wurde vollständig erfasst und glücklicherweise treffen wir auf keinen Widerstand. Wenn ihr gekommen seid, um mit uns zu kooperieren, könnt ihr versichert sein, dass nach meiner Einschätzung keine größere Arbeit auf uns zukommen wird. Noch ein paar Tage und die Lösung wird nicht auf sich warten lassen."

Meiner Ansicht nach kannte Gúbio alle Einzelheiten der Angelegenheit, aber in der offenkundigen Absicht, Sympathie zu erwerben, fragte er:

„Und der Ehemann?"

„Ach", erklärte Saldanha mit einem spöttischen Lächeln, „der Unglückliche hat nicht die geringste Vorstellung von einem moralischen Leben. Er ist kein schlechter Mensch, jedoch ging er durch die Ehe lediglich von dem Verhalten eines ‚Lebemannes' zum Status eines ‚braven Mannes' über. Die Vaterschaft würde für ihn einen Klotz am Bein darstellen und die Kinder, wenn er welche bekäme, wären für ihn nicht mehr als sonderbare Spielzeuge. Heute wird er seine Frau in die Kirche führen."

Und indem er den sarkastischen Tonfall verstärkte, fuhr er fort:

„Sie gehen zur Messe – in der Hoffnung auf Besserung."

Der Satz war kaum beendet, als ein betrübter und sympathischer Herr, in dessen zärtlichem Ausdruck ich sofort den Gatten des Opfers erkannte, das Zimmer betrat und liebevolle, aufmunternde Worte mit ihr wechselte.

Er stützte sie zuvorkommend und half ihr, sich sorgfältig anzukleiden.

Nachdem einige Minuten vergangen waren, bemerkte ich verblüfft, dass die Eheleute in Begleitung einer gewaltigen Meute von Verfolgern ein Taxi in Richtung einer katholischen Kirche nahmen.

Wir folgten ihnen ohne zu zögern.

Das Fahrzeug verwandelte sich nach meinem Eindruck in eine Art karnevalistischen Festwagen. Verschiedene Wesen nisteten sich darin und ringsherum ein, und besetzten alle Stellen, von den Schmutzfängern bis zum glänzenden Dach.

Meine Neugier war riesig.

Als ich zur Tür eines eleganten Heiligtums hinabstieg, beobachtete ich ein sonderbares Schauspiel. Die Menge von Desinkarnierten in einem Zustand des völligen Ungleichgewichts war etwa fünfmal größer als die Ansammlung von Gläubigen in Fleisch und Blut. Ich verstand sofort, dass sie sich dort überwiegend mit der bewussten Absicht zu stören und irrezuführen eingefunden hatten.

Saldanha war zu sehr mit den Opfern beschäftigt, als dass er uns größere Aufmerksamkeit widmen konnte, und Gúbio distanzierte sich in unserer Begleitung absichtlich ein wenig, um uns einige Erläuterungen anzuvertrauen.

Wir betraten den Tempel, in dem sich nicht weniger als sieben- bis achthundert Menschen eingefunden hatten.

Der Lärm der unwissenden und störenden Desinkarnierten war ohrenbetäubend. Die Atmosphäre lastete schwer auf uns. Das Atmen fiel mir aufgrund der Kondensierung der halbfleischlichen Fluide, die dort vorherrschten, schwer; als ich jedoch die Altäre ansah, erleichterte mir eine tröstende Überraschung das Herz. Von den Ornamenten und den Devotionalien strahlte ein liebliches Licht aus, das in die Höhen des von der Sonne besuchten Kirchenschiffs verströmte; die klare Trennlinie zwischen dem Dunstkreis des niederen Teils des Raumes und den Energien der höheren Ebene war erkennbar. Die Fluide trennten sich voneinander wie kristallklares Wasser und unreines Olivenöl in einem großen Behälter.

Ich betrachtete die erfreuliche Helligkeit der Nischen und fragte unseren Lehrmeister:

„Was sehen wir? Besagt nicht das zweite Gebot, das durch Moses überbracht wurde, dass der Mensch keine Skulpturen fertigen soll, um die Himmlische Vaterschaft zu repräsentieren?"

„Ja", stimmte der Tutor zu, „und das Testament bestimmt, dass sich niemand vor ihnen niederwerfen soll. In der Tat ist es also ein Fehler, André, Idole aus Ton oder Stein zu erschaffen, die die Größe des Herrn symbolisieren sollen, wenn es unsere erste Pflicht ist, ihn im eigenen Gewissen zu ehren; jedoch ist die Güte Gottes unendlich und hier sehen wir uns einer beachtlichen Anzahl von kindlichen Geistern gegenüber."

Und lächelnd fügte er hinzu:

„Wie oft, mein Freund, drückt das Kind seine Spielsachen an sich, um sich gebührend auf die Verantwortungen des reifen Lebens vorzubereiten? Noch immer existieren auf der Erde primitive Stämme, die den Vater in der Stimme des Donners anbeten und Nachbargemeinschaften des Indianerdorfes, die verschiedene Tiere zu Objekten der Idolatrie machen. Deswegen werden sie jedoch nicht vom Herrn verlassen. Er nutzt die erhabenen Impulse, die sie ihm darbieten und kommt ihren erzieherischen Bedürfnissen nach. In diesem Haus des Gebets empfangen die Altäre die Projektionen sublimierter geistiger Materie der Gläubigen. Seit fast einem Jahrhundert umhüllen die inbrünstigen Gebete von Tausenden von ihnen hier die Nischen und Kultgegenstände. Somit ist es natürlich, dass sie im Glanz erstrahlen. Durch ein solches Material verteilen die himmlischen Boten spirituelle Gaben an alle, die mit der höheren Ebene harmonieren. Das Licht, das wir dem Himmel darbieten, dient immer als Grundlage für die Manifestationen des Himmels auf der Erde."

Angesichts einer kurzen Pause ließ ich meinen Blick über die gut gekleidete Menge schweifen.

Fast alle Menschen, selbst jene, die in der Hand delikate Kultobjekte zur Schau stellten, erwiesen sich als geistig weit von der wirklichen Anbetung der Gottheit entfernt. Die Aura, mit der sie sich umgaben, definierte durch ihre Färbung die niedrige Schwingungsebene, in die sie sich eingefügt hatten. Bei einem Großteil dominierten Dunkelgrau und schweres Aschgrau. Bei einigen verrieten die rot-schwarzen Strahlen eine rachsüchtige Wut, die sie vor unseren Augen nicht verbergen konnten. Desinkarnierte Wesen in erbärmlicher Lage verstreuten sich mit denselben Merkmalen in sämtlichen Winkeln des Raumes.

Ich erkannte, dass die eleganten Gläubigen, selbst wenn sie mit Aufrichtigkeit beten wollten, immense Anstrengungen unternehmen müssten.

Die Liturgie kündigte den Beginn der Zeremonie an, aber zu meinem großen Erstaunen waren der Pfarrer und die Messdiener, obwohl sie sich zum Lichtfeld des Hochaltars begaben und prächtige Kleidung trugen, in Schatten gehüllt, was auch auf die Assistenten zutraf. Unterdessen wurden, von weiter oben herkommend, drei Wesen einer erhabenen hierarchischen Position am heiligen Tisch sichtbar – mit der offensichtlichen Absicht, dort die göttlichen Wohltaten auszusäen. Sie magnetisierten das aufgestellte Wasser und sättigten es mit heilsamen und belebenden Prinzipien, wie es in den Sitzungen des Christlichen Spiritismus geschieht, und anschließend begannen sie, die Hostien zu fluidifizieren, indem sie heilige Energien auf ihre feine Textur übertrugen.

Erstaunt ging ich wieder dazu über, das religiöse Publikum zu beobachten, aber weder die unwissenden Geschwister, die ohne physischen Körper in dem Tempel tätig waren, noch die Inkarnierten bemerkten im Entferntesten die Anwesenheit der edlen spirituellen Gesandten, die im Namen des unendlich Guten handelten.

Ich bemerkte durch die Aura vieler Menschen, dass sich eine bestimmte Anzahl von Besuchern bemühte, die geistige Haltung beim Gebet zu verbessern. Lilafarbene Reflexe, die zu einem zögerlichen Glanz tendierten, tauchten hier und da auf; jedoch stellten sich die desinkarnierten Missetäter zu Füßen derjenigen auf, die sich um den erneuernden und verehrenden Glauben bewarben, und versuchten sie zu zerstreuen. Alsdann richtete ich die Aufmerksamkeit auf eine Dame in nicht weiter Entfernung, die dem Priester mit dem unverkennbaren Wunsch folgte, den himmlischen Segen zu empfangen; die feuchten Augen und die zarten Lichtstrahlen, die aus ihrem Geist hervorgingen, waren Beweise des aufrichtigen Strebens nach dem höheren Leben, das in jenem Augenblick ihr frommes Denken durchtränkte. Unterdessen versuchten zwei Verirrte der niederen Sphäre, die ihre aufbauende Hoffnung bemerkten, ihre Sammlung zu durchkreuzen, indem sie ihr, wie ich mich vergewissern durfte, Erinnerungen niederen Gehalts einflüsterten, wodurch ihr Vorstoß zur Erhebung vereitelt wurde.

Ich wandte mich zum Tutor, der aufmerksam erklärte:

„Die Geschichte von satanischen Charakteren, die die Gläubigen verschiedener Richtungen angreifen, ist im Grunde absolut wahr. Die verdorbenen Geistwesen, unfähig die himmlischen Vorteile zu erhalten, verwandeln sich in passive Instrumente der revoltierenden Intelligenzen, die am Unwissen der Massen interessiert sind und eine beklagenswerte Verachtung gegenüber der höheren Spiritualität, die unser Schicksal regiert, an den Tag legen.

Die Errungenschaft des Glaubens führt genau deswegen über besonders beharrliche individuelle Arbeit. Das Vertrauen in das Gute und der Enthusiasmus zu leben, die durch das religiöse Licht in uns hervorgerufen werden, verändern unseren Schwingungston. Wir profitieren unendlich vom Eintauchen der inneren Kräfte in den sublimen Idealismus des heiligenden Glaubens, dem wir uns zuwenden; jedoch beschränkt sich der tatsächliche Dienst, der uns obliegt, nicht nur auf Worte. Das Bekenntnis des Glaubens ist nicht alles. Die Erfahrung der Seele im dichten Körper hat im Wesentlichen die Vervollkommnung des Individuums zum Ziel. Durch die Beschwernisse des Weges wird das Wesen entwickelt, geläutert und erleuchtet. Dennoch besteht die Tendenz bei den Gläubigen im Allgemeinen, vor den Konflikten des Pfades zu fliehen. Es gibt Menschen die, nachdem sie zwei Jahre lang einem religiösen Ideal gedient haben, eine Ruhephase von zwanzig Jahrhunderten verlangen. In allen Häusern des Glaubens verteilen die Boten des Herrn Segen und Wohltaten, die auf die Bedürfnisse jedes Einzelnen zugeschnitten sind; es ist jedoch unabdingbar, dass sich das Herz auf den Bahnen des Verdienstes würdig macht, um sie aufzunehmen. Zwischen Aussenden und Empfangen erhebt sich die Bedingung des Gleichklangs. Ohne vorbereitende Bemühung ist es unmöglich, die Hilfe aufzunehmen. Vergeblich würden wir einem wilden Menschen plötzlich das Leben in einem Palast aufzwingen, der durch die moderne Kultur erbaut wurde. Den Akkorden unserer Musik würde er die Geräusche des Sturms vorziehen und ein Henkelkorb mit Pfeilen erschiene ihm wertvoller als einer unserer perfektesten Industrieparks. Damit sich also jemand auf den Weg der gesellschaftlich Fortgeschrittenen begibt, ist es unerlässlich, dass er wohlerzogen ist, guten Willen zeigt und die Anregungen zur Verbesserung und zur Arbeit akzeptiert."

Gúbio ließ den Blick über die Menge wandern, die der Zeremonie scheinbar andächtig beiwohnte, und hob hervor:

„In Wahrheit ist die Messe ein religiöser Akt, der genauso ehrwürdig ist, wie jeder andere, bei dem die Herzen danach trachten, sich mit dem Göttlichen Schutz zu identifizieren; aber nur die allerwenigsten von denen, die hier erscheinen, haben ihren Geist tatsächlich für die Aufnahme der himmlischen Hilfe vorbereitet. Und um ein solches inneres Klima zu erschaffen, muss jeder Gläubige neben der Arbeit der Läuterung der Gefühle auch den zerstreuenden und störenden Einfluss bekämpfen, der von den desinkarnierten Gefährten ausgeht, die versuchen seine Inbrunst abzukühlen."

Gúbio setzte die kostbaren Erläuterungen in Bezug auf die Solennität fort, während sich die Messe auf die Endphase zubewegte.

Die Stimmen des Chores schienen harmonische und lichte Schwingungen entlang des strahlenden Kirchenschiffs zu projizieren und ich sah mit Begeisterung, dass nun viele hohe Geisteswesen mit verklärtem Antlitz den Raum betraten und sich dem Altar näherten, wo der Zelebrant den Kelch erhob, nachdem er das heilige Brot gesegnet hatte.

Ein intensiver Lichtschein ergoss sich aus dem Tabernakel und legte sich über die gesamten Kultgegenstände, jedoch bemerkte ich erschrocken, dass der Priester beim Erheben des sublimen Opfers das Licht, von dem es umgeben war, mit den dunkelgrauen Strahlen erlosch, welche er selbst in alle Richtungen aussandte. Kurz danach, als er sich darauf vorbereitete, die eucharistische Nahrung unter den elf Kommunikanten zu verteilen, die demütig an dem mit weißem Leinen geschmückten Tisch knieten, gewahrte ich, dass die Hostien in dem silbernen Behältnis, in welchem sie verwahrt waren, authentische Blüten aus Mehl darstellten, von himmlischem Glanz gekrönt. Sie strahlten mit einer solchen Kraft ihr Licht aus, dass der dunkle Magnetismus der Hände des Geistlichen sie nicht zu trüben vermochte. Vor dem Mund hingegen, der sich anschickte, das symbolische Brot zu empfangen, wurden sie wie durch einen Zauber schwarz. Nur eine noch junge Frau, deren Andacht vorbildlich war, pflückte die göttliche Blume mit der wünschenswerten Reinheit. Ich sah die Hostie wie eine Quelle hell leuchtender Fluide durch Mund und Rachen schweben, während ihr Licht sich mitten im Herzen ausbreitete.

Perplex versuchte ich den Lehrmeister zu hören, der sehr überlegt und ohne zu zögern erläuterte:

„Hast du die Lektion erfasst? Der Zelebrant ist, obwohl für den Kult geweiht, Atheist und Genießer der Sinne, ohne innere Anstrengung zur eigenen Sublimation. Sein Geist bewegt sich weit vom Altar entfernt. Er ist äußerst daran interessiert, die Zeremonie bald zu beenden, damit er eine fröhliche Exkursion, die ihn erwartet, nicht verpasst. Was diejenigen betrifft, die am Tisch der Eucharistie, beladen mit unwürdigen und dunklen Gefühlen, erschienen – sie selbst beauftragen sich damit, die himmlischen Gaben zunichte zu machen, bevor sie ihnen unverdiente Wohltaten bringen würden. Wir haben hier eine große Anzahl von sogenannten Gläubigen, aber sehr wenige Freunde des Christus und Diener des Guten."

Das ite, missa est zerstreute die Gläubigen, die am Ende der Zusammenkunft mehr einer lärmenden Vogelschar mit schönem Gefieder glichen.

In tiefgründige Reflexionen angesichts dessen versunken, was ich beobachten durfte, begleitete ich unseren Tutor und Elói zu der Kranken und ihrem Gatten, die sich in Richtung ihres Zuhauses zurückzogen – von derselben Gefolgschaft unglücklicher Wesen umringt, ohne die geringste Änderung.

10

EIN LERNPROZESS

Zurück im Haus gewahrte ich mit unverhohlenem Befremden, dass unser Lehrmeister keinerlei Anstalten zur Verteidigung der geliebten Kranken unternahm.

Die junge, halb zugrunde gerichtete Dame lag erneut im Bett und richtete die Augen ins Leere, von einem undefinierbaren Schrecken erfüllt.

Einer der anwesenden gefühllosen Magnetiseure begann auf Anregung Saldanhas hin, störende Energien auf die Augenpartie der Kranken zu übertragen, die die Haltefasern angriffen. Nicht nur die Linsen beider Sehorgane verrieten halluzinatorische Phänomene, sondern auch die Augenarterien wiesen starke Veränderungen auf.

Ich bemerkte, mit welcher Leichtigkeit die perversen Wesen des Schattens ihre Opfer hypnotisieren und ihnen nach Belieben psychische Qualen zufügen.

Dicke Tränen strömten über das Gesicht der Kranken und brachten ihre innere Unruhe zum Ausdruck.

In seiner Zerrissenheit tyrannisierte der verzweifelte und leidende Geist das Herz, das hastig schlug und schwerwiegende Veränderungen im gesamten organischen Kosmos verursachte.

Nach den komplexen Prozeduren an den Augen begann der Magnetiseur, sich für das Gleichgewichtsorgan und für die Hörzellen zu interessieren, die er mit einer dunklen Substanz versetzte, als ob er einen Motor mit Treibstoff versorgen würde.

Margarida könnte sich jetzt, selbst wenn sie es wollte, nicht erheben. Eine dichte Ladung giftiger Fluide vermischte sich mit der Lymphe der Bogengänge.

Als der sonderbare Eingriff beendet war, entließ Saldanha die schrecklichen Mitarbeiter mit Ausnahme des Duos, dem die Aufgabe des Hypnotismus oblag, mit der Erklärung, dass es in einem anderen Stadtteil Arbeit gäbe. Andere Fälle warteten auf Gregórios Legion und Margarida hatte nach Ansicht des Folterchefs schon genug zermürbendes Material erhalten, das für dreißig Stunden am Stück reichen würde.

Allmählich leerte sich das Haus, das jetzt einem zurückgelassenen Nest gieriger Wespen glich. Dennoch verblieben dort Saldanha, die beiden Magnetiseure, wir drei und die Ansammlung von Geistern in „ovoiden Formen", die mit dem Gehirn der gegeißelten Frau verbunden waren.

Nunmehr allein mit dem angsterregenden Besetzer versuchte Gúbio, dessen Innerstes diskret zu erkunden.

„Ohne Zweifel", bemerkte unser Tutor, „ist deine Treue gegenüber den übernommenen Verpflichtungen wirklich beeindruckend."

Und während Saldanha voller Eitelkeit lächelte, fuhr er mit durchdringendem und liebenswürdigem Blick fort:

„Welche Gründe mögen Gregório dazu veranlasst haben, dich mit einer so heiklen Mission zu betrauen?"

„Der Hass, mein Freund, der Hass!", erklärte der Angesprochene entschieden.

„Auf die Dame?", schloss Gúbio und zeigte auf die Kranke.

„Nicht genau auf sie, sondern auf den Vater, einen Richter ohne Seele, der mein Zuhause zerstörte. Es ist exakt elf Jahre her, dass das grausame Urteil eines Magistrats über meine Nachfahren fiel und sie vernichtete..."

Und angesichts des Ausdrucks echten Interesses, das unser Lehrmeister durchscheinen ließ, fuhr der Unglückliche fort:

„Als ich den physischen Körper verlassen hatte - erdrückt von einer sich rasend ausbreitenden Tuberkulose und empört über die Armut, die mich dem extremen Elend ausgeliefert hatte - konnte ich mich nicht von der häuslichen Umgebung entfernen. Meine unglückselige Iracema erbte einen lieben Sohn von mir, dem ich keinerlei nennenswerte Mittel hinterlassen konnte. Jorge und seine Mutter sahen sich daher Schwierigkeiten und Einschränkungen ausgesetzt, an die ich nicht ohne immensen Kummer denken kann. Als Arbeiter in einer harten körperlichen Tätigkeit gelang es meinem Sohn nicht, das Haus angemessen zu unterhalten, wodurch seine Mama unter den beständigen Entbehrungen und Leiden, die sie im Stillen ertrug, körperlich immer mehr verfiel. Trotz allem heiratete Jorge sehr früh eine Arbeitskollegin, die ihm wiederum ein von Gebrechen geplagtes und leidendes Töchterchen schenkte. Das Leben verlief voller Verzweiflung für die unterernährte und schutzlose Familie, als ein gewisses Verbrechen, bestehend aus Raub und Mord, in der Organisation verübt wurde, in der mein vom Glück verlassener Junge arbeitete. Angesichts der unentwirrbaren Umstände der Straftat wurde die gesamte Schuld auf ihn geschoben. Ich begleitete seine unverdiente Verhaftung, und ohne jegliches Mittel um ihn zu unterstützen, verfolgte ich die höllischen Kreuzverhöre, denen er unterzogen wurde, als ob er ein eingefleischter Mörder wäre. Nun, ich persönlich, der ich mich seit dem Moment des körperlichen Übergangs, welcher schrecklich für mich war, meinen Angehörigen angeschlossen hatte, fühlte mich niemals zur Ergebenheit bereit. Die menschliche Erfahrung gewährte mir keine Zeit, religiöse oder philosophische Kenntnisse zu erwerben. Ich habe mich früh an die Auflehnung gegen jene gewöhnt, die sämtliche Vorteile der Welt auf Kosten der weniger vom Glück Begünstigten genießen, und als ich erkannte, dass das Grab mir keinerlei wundersames Reich offenbarte, zog ich die Fortsetzung meines Lebens in meinem dunklen, baufälligen Haus vor, wo mich Iracemas Gegenwart durch tiefe magnetische Bande auf gewisse Weise tröstete... Ich wohnte daher mit unbeschreiblichem Schrecken den schändlichen Ereignissen bei. Gedemütigt in meinem Zustand als Mensch, der für die Inkarnierten unsichtbar war, besuchte ich leitende Persönlichkeiten und Ämter, Behörden und Aufsichtsbeamte und versuchte vergeblich jemanden zu finden, der mir helfen könnte, den unschuldigen Jorge zu retten. Ich identifizierte den wahren Verbrecher, der noch heute eine beneidenswerte gesellschaftliche Stellung bekleidet, und tat alles, um Licht in den skandalösen Prozess zu bringen – ohne Erfolg. Mein Sohn erlitt alle Arten von moralischen und physischen Grausamkeiten – bestraft für ein Delikt, das er nicht begangen hatte. Meinerseits entmutigt, etwas Nützliches bei den polizeilichen Henkern zu erreichen, die so weit gingen, Phantasiebeichten des Opfers zu improvisieren, suchte ich den Richter dieser Angelegenheit auf, in der Hoffnung hilfreich eingreifen zu können. Der Magistrat jedoch war weit davon entfernt, meine Inspiration anzunehmen, die ihn zur Gerechtigkeit und zum Mitgefühl einlud, und zog es vor, auf die Ansichten einflussreicher Freunde aus der herrschenden Politik zu hören, die sich in dem Streben, den wahren Verbrecher von der Schuld zu befreien, lebhaft für die ungerechte Verurteilung interessierten."

Saldanha machte eine kurze Pause, wobei er den Ausdruck tiefen Grolls verstärkte, und fuhr fort:

„Worte sind unzulänglich, um dir den Schmerz zu beschreiben, den ich empfand. Jorge erhielt eine schmerzhafte Strafe, als sein Körper unter den Misshandlungen wankte, und Irene, meine durch die Not und das Unglück erschütterte Schwiegertochter, vergaß die mütterlichen Pflichten und nahm sich das Leben, um sich an den Geist meines armen Sohnes zu heften, der für sich schon so unglücklich war. Von den tragischen Ereignissen gequält, verstarb meine Gattin auf einem Armenbett und schloss sich ihrerseits dem schmerzerfüllten Paar an. Meine Enkelin, heute ein junges Mädchen, jedoch von einer unsicheren Zukunft bedroht, arbeitet als Dienstmagd - genau hier in diesem Haus, wo ein verrückter Bruder Margaridas versucht, sie subtil zu einer schweren moralischen Verfehlung hinzureißen. Der Richter, der dem Familienverband hier vorsteht und im Traum meine Versprechungen der Rache erhält, versuchte, sie bei den eigenen Verwandten unterzubringen und sich so zu bemühen, auf gewisse Weise sein Verbrechen wiedergutzumachen; jedoch verliert mein Aufgebot der Vergeltung trotzdem nicht an Härte."

Überrascht bemerkte ich, dass unser Tutor keinerlei Versuch unternahm ihn zu beeinflussen. Er legte Augen voller Sympathie auf den Gesprächspartner und murmelte lediglich:

„Die Saat des Schmerzes zählt wirklich zu denen, die uns am meisten quälen..."

Durch den freundschaftlichen Ton jenes Satzes ermutigt, fuhr Saldanha fort:

„Viele Leute laden mich zur geistigen Wandlung ein und legen mir die sterile Vergebung nahe. Ich nehme hingegen keinerlei Anregung dieser Art an. Mein unglückseliger Jorge hielt dem geistigen Druck der zerrissenen Irene und der bekümmerten Iracema nicht stand und zog sich im Gefängnis eine schwere Gemütskrankheit zu. Im Zustand der geistigen Umnachtung wurde er von der feuchten Zelle in ein erbärmliches Hospiz verlegt, wo er eher einem in die Enge getriebenen Tier ähnelt. Glaubst du, mein Gehirn sei in der Lage Gedanken des Mitgefühls aufzubringen, die keine Menschenseele für mich übrig hatte? So lange ich diese Bilder vor meinen Augen habe, werde ich meine Seele nicht für religiöse Eingebungen öffnen. Ich befinde mich schlicht im Angesicht des Lebens. Das Grab reißt lediglich die Mauer des Fleisches nieder, während unsere Schmerzen genau so lebendig und niederschmetternd bleiben, wie zu anderen Zeiten, als wir das Knochengerüst ertrugen. In diesem Zustand fand mich der Priester Gregório und erfreute sich an meiner inneren Verfassung. Er brauchte jemanden, dessen Seele ausreichend verhärtet war, um dem fachlich gesteuerten Rückzug dieses Mädchens vorzustehen, das er ganz langsam der irdischen Existenz zu entreißen wünschte, und er lobte meinen festen Willen. Fast immer verfügen wir massenhaft über Diener für den Ansturm der berichtigenden Maßnahmen. Aber es ist nicht einfach einen Gefährten zu finden, der entschlossen ist, die Rache bis zum Ende zu üben – mit demselben Hass wie am Anfang. Er stellte fest, dass ich seine Anforderung erfüllen würde und vertraute mir die Aufgabe an."

Während sein cholerischer Blick durch die Winkel des Schlafzimmers wanderte, hob er hervor:

„Alle hier werden bezahlen. Alle…"

Erstaunt blickte ich Gúbio an, der unerschütterlich und ruhig blieb.

Ich an seiner Stelle hätte mich wahrscheinlich mit ausführlichen und tyrannischen Kommentaren in Bezug auf das Gesetz der Liebe, das unser Schicksal regiert, nicht zurückhalten können; ich hätte mit Nachdruck die Aufmerksamkeit des Verfolgers auf die Lehren Jesu gelenkt und nach Möglichkeit hätte ich seine undisziplinierte und ausfallende Zunge gefaltet.

Der Lehrmeister hingegen ging nicht so vor.

Er lächelte stumm und versuchte, die eigene Traurigkeit zu überspielen.

Zwei oder drei Minuten dehnten sich zwischen uns aus.

Die Uhr zeigte ein Viertel vor der Mittagsstunde an, als einige Schritte zu hören waren.

„Das ist der Arzt", erläuterte Saldanha mit einem offenkundig sarkastischen Ausdruck, „umsonst jedoch wird er nach Verletzungen und Mikroben suchen…"

Fast im selben Moment betrat ein Herr reifen Alters den Raum in Begleitung Gabriels, des Gatten des Opfers.

Er trat zu der Kranken, streichelte sie liebenswürdig und sprach ein paar ermunternde Worte.

Margarida versuchte vergeblich zu lächeln. Dazu fehlten ihr die Kräfte.

Mitten im Gespräch erschien ein Wesen mit unverkennbar guten Absichten. Es sah uns und zeigte, dass es unsere Position verstand, denn es richtete einen vorsichtigen Blick auf uns, ohne ein Wort zu sagen und näherte sich dem Arzt mit der Hilfsbereitschaft eines ergebenen Krankenpflegers.

Der Spezialist schien nicht tiefgründig an dem Fall interessiert zu sein, aber als er Margarida untersuchte, die von einer beunruhigenden Apathie eingenommen war, unterhielt er sich mit dem Ehemann des Opfers auf oberflächliche Weise. Er erklärte, dass sich die junge Dame seiner Meinung nach wahrscheinlich fest im Griff einer sekundären Epilepsie befand und dass er letzten Endes auf die Mitwirkung eminenter Kollegen zurückgreifen würde, um sie einer speziellen Untersuchung der Hirnhautverletzung zu unterziehen, der möglicherweise ein angebrachter chirurgischer Eingriff folgen würde.

Im Folgenden beobachtete ich jedoch, dass das soeben eingetroffene, ihm fürsorglich assistierende Geistwesen die rechte Hand auf die Stirn legte, als ob es ihm eine bedeutsame Anregung übertragen wollte.

Der Arzt sträubte sich sehr, aber nach einigen Minuten, in denen sich eine äußere Empfehlung aufdrängte, die er nicht genau erklären konnte, lud er Gabriel in eine der Ecken des Zimmers ein und machte ihm den Vorschlag:

„Warum versucht sie es nicht mit dem Spiritismus? Ich kenne aus jüngster Zeit einige vielschichtige Fälle, die mit Erfolg durch die Psychotherapie gelöst werden…"

Und um nicht den Eindruck einer wissenschaftlichen Kapitulation vor dem religiösen Idealismus zu vermitteln, fügte er hinzu:

„Wie wir heute zur Genüge wissen, ist die Suggestion eine geheimnisvolle, beinahe unbekannte Kraft."

Der Gatte der Kranken nahm den Rat wohlwollend entgegen und fragte:

„Können Sie mich hinreichend beraten?"

Der Psychiater wich auf gewisse Weise zurück und wand sich heraus:

„Nun, ich pflege keinen näheren Umgang mit den Repräsentanten dieses Themas, jedoch glaube ich, dass es nicht schwierig wäre es auszuprobieren."

Bald darauf hinterließ er einige schriftliche Hinweise, in denen er Medikamente und Spritzen auflistete, und schickte sich an zu gehen, verfolgt von dem spöttischen Lachen Saldanhas, der die Situation weitgehend dominierte.

Gúbio besprach etwas mit der desinkarnierten Hilfskraft und wandte sich daraufhin an mich, indem er erklärte:

„André, wir haben vereinbart, dass du zu Beobachtungszwecken dem Arzt folgen sollst. Komme jedoch nach einigen Stunden zu unserem Posten zurück."

Ich verstand, dass unser Tutor mir die Gelegenheit bot, neue Lektionen aufzunehmen, und ich begleitete den Spezialisten für Nervenkrankheiten wachsam und zufrieden.

Nunmehr entfernt von dem Ort, an dem unser Lehrmeister einen einzigartigen Kampf austrug, bewegte ich mich auf die Persönlichkeit zu, die dem Arzt aus der Nähe assistierte, und wir begannen ein freundschaftliches Gespräch.

Der neue Freund hörte auf den Namen Maurício, war Krankenpfleger des Arztes gewesen, den er beschützte und hatte mit Zufriedenheit die Aufgabe angenommen, ihn bei seinen beruflichen Unternehmungen zu unterstützen.

„Alle Ärzte", versicherte er mir überzeugt, „selbst Materialisten mit einem Geist, der dem religiösen Glauben gegenüber undurchlässig ist, können auf spirituelle Freunde zählen, die ihnen helfen. Die menschliche Gesundheit gehört zu den kostbarsten göttlichen Gaben. Wenn das Geschöpf sie aus Nachlässigkeit oder mangelnder Disziplin freiwillig gering schätzt, wird die Rettung seiner Gleichgewichtszentren schwierig, denn überall ist der schlimmste Taube derjenige, der nicht hören will. Seitens all jener jedoch, die der menschlichen Reise von der spirituellen Sphäre aus helfen, werden stets Schutzmaßnahmen für die organische Harmonie umgesetzt, damit die Gesundheit der Geschöpfe nicht beeinträchtigt wird. Natürlich gibt es in der Medizin ungeheuerliche Fehler, die wir nicht verhindern können. Unsere Mitwirkung kann den Empfangsbereich desjenigen, der sich zur Heilung der anderen oder zur eigenen Neuausrichtung orientiert, nicht überschreiten. Hingegen vollbringen wir zugunsten der allgemeinen Gesundheit immer, so viel uns möglich ist."

Und mit einem sehr bedeutungsvollen Ausdruck unterstrich er:

„Ach! Wenn die Ärzte nur beten würden!"

In diesem Moment erreichten wir den Zielort, ein wenig vor dem inkarnierten Freund, den ich unter meiner Beobachtung hatte.

Die komfortable Residenz war trotz des wunderschönen Gartens, der sie umgab, von unangenehmen Fluiden durchtränkt.

Das häusliche Klima war beunruhigend.

Maurício erläuterte ohne Vorrede:

„Wir haben höchstes Interesse daran, dass sich unser Freund in Bezug auf den Umgang mit den bedeutenden Fragen der Seele instruiert, damit er für die Behandlung eines kranken Geistes besser ausgerüstet ist. Daher haben wir auf indirekten Wegen Bücher und Publikationen über das Thema hierher gesandt; allerdings überwiegen gegen unseren Willen nicht nur die Vorurteile der Ärzteschaft, sondern auch der schädliche Einfluss, den die zweite Ehefrau auf ihn ausübt. Ein intelligenter Mann, jedoch sehr stark in der Befriedigung der Sinne verwurzelt, ertrug unser Freund die Witwerschaft nicht und heiratete vor fünf Jahren eine junge Frau, die ihm einen hohen Tribut für die ehrwürdige Reife auferlegt. Zu diesem Problem kommt noch ein sehr gravierender Umstand hinzu: die erste, desinkarnierte Gattin hinterließ zwei Jungen und bleibt mit der häuslichen Struktur verbunden, die sie als ihr exklusives Eigentum betrachtet. So sehr sich unsere Arbeit auch intensiviert, bisher ist es uns nicht gelungen, sie effektiv von dem Haus wegzuführen, denn die Gedanken der Söhne im Konflikt mit dem Vater und der Stiefmutter rufen jede Minute ihre Beteiligung hervor. Das geistige Duell in diesem Haus ist gewaltig. Niemand gibt nach, niemand verzeiht und der ständige spirituelle Kampf verwandelt das Zuhause in eine Arena der Finsternis."

Der Informant verstummte, während wir eintraten, und ich konnte feststellen, dass die ehemalige Hausherrin, ohne den physischen Körper, dort tatsächlich in einer eigentümlichen Position der Auflehnung einen der Söhne umarmte, einen Jungen von schätzungsweise achtzehn Jahren, der nervös auf einer Chaiselongue rauchte. Man konnte perfekt seine Position als aufnehmendes Gefäß des entrüsteten mütterlichen Geistes erkennen.

Beunruhigende und verbrecherische Ideen bevölkerten seinen Kopf.

Hauchdünne Fäden magnetischer Kraft verbanden ihn mit seiner unglücklichen Mama.

Mit verkrampften Händen und gedankenverlorenem Blick hing er teuflischen Plänen nach, und so sehr Maurícios Hilfe ihm auch zufloss, zeigten sich doch weder er noch diejenige, die seine eifersüchtige Mutter gewesen war, für unseren wiederherstellenden Einfluss empfänglich.

„Ich habe gearbeitet, so viel mir möglich ist", erklärte der neue Gefährte, „um hier den höheren Spiritualismus einzuführen. Wir befinden uns jedoch auf einem außerordentlich unnachgiebigen Feld."

In diesem Augenblick schritt der Arzt über die Schwelle und Maurício legte die großzügige rechte Hand über seine Stirn, um ihm möglichst genaue Intuitionen in Bezug auf Margaridas Fall zur Verfügung zu stellen. Der Spezialist begann augenblicklich, auf das geistige Instrumentarium zurückzugreifen, um das vorgeschlagene Thema zu untersuchen und rief sich eine bestimmte fachliche Veröffentlichung in Erinnerung. Nur auf diese Weise gelang es ihm, die Gedanken des spirituellen Gefährten zu registrieren. Trotzdem führte die Anstrengung zu keinem Erfolg.

Der Sohn griff den Vater mit harschen Anschuldigungen an, da dieser zu spät zum Mittagessen gekommen war.

Der Arzt trennte den Geist rasch von unseren unsichtbaren Fäden ab und stürzte ihn in den Strudel der gegensätzlichen Schwingungen.

Die desinkarnierte Gattin fiel ebenfalls wütend über ihn her. Ich beobachtete, dass der Hausherr ihre aktiven Fäuste im Gesicht nicht wahrnahm, aber sein Blut konzentrierte sich in der Region der Schläfen, wodurch seine physiognomische Maske mit unverkennbarer Wut überzogen wurde. Er brummte ein paar Worte voller Empörung und verlor gänzlich den spirituellen Kontakt zu uns.

Maurício zeigte mit maßloser Traurigkeit auf ihn und hob hervor:

„So ist es immer. Es ist ein sehr schwieriges Experiment, uns in der physischen Sphäre denen zu nähern, denen wir helfen möchten. Ab und zu bieten sich kostbare Gelegenheiten spiritueller Verwirklichung, wie es derzeit angesichts Margaridas Problem geschieht. Hingegen enden unsere Versuche in kompletter Frustration. Ein durch die akademische Verantwortung intellektuell ausgerichteter Mann sollte von sich aus eine heilige Neugier gegenüber dem Leben empfinden und auf einen bestimmten, intensiveren Umgang mit der egoistischen Befriedigung der körperlichen Erfahrung verzichten. Jedoch verfolgt die Kreatur sie für gewöhnlich bis zum völligen Verschleiß der fleischlichen Form, derer sie sich bedient. So sehr wir sie auch zu der unschätzbaren Reise von der Peripherie ins Zentrum aufrufen, damit sie sich an die Umstände des Lebens anpasst, das jenseits des Grabes auf sie wartet, wird unsere Anstrengung fast immer als aufschiebbar und unnütz angesehen."

Er lachte rätselhaft und fügte hinzu:

172

„Und beachten wir, dass wir uns vor einem Mann befinden, der durch die Gesellschaft zur Aufgabe der Heilung berufen wurde."

In der Zwischenzeit versammelte sich die kleine Familie um den gedeckten Tisch, und die zweite Gattin des Arztes beeindruckte mich durch ihr stilvolles Erscheinungsbild. Das Gesicht war zweifellos bewundernswert geschminkt. Das elegante und schlichte Gewand, der diskrete Schmuck und die harmonische Frisur betonten die Tiefe ihres Blicks, jedoch war sie von einer bedrückenden fluiden Substanz umgeben. Eine bleifarbene Aura verriet ihre niedere Position. Gesellschaftlich zählte jene Dame sicher zu denen des feinsten Umgangs; als jedoch die Mahlzeit beendet war, bewies sie eindeutig ihre bedauernswerte psychische Lage. Nach einer weniger glücklichen Diskussion mit dem Gatten suchte die junge Frau den Mittagschlaf auf einem breiten und weichen Divan.

Maurício lud mich mit Absicht dazu ein, sie beim Ausruhen zu beobachten, und zutiefst überrascht, ja perplex, sah ich bei ihr nicht mehr dieselben Gesichtszüge in der perispirituellen Struktur, die die fleischliche, der Erholung hingegebene Gestalt verließ. Eine gewisse Ähnlichkeit ließ sich feststellen, aber letztendlich war die Frau nicht wiederzuerkennen. Ihr Gesicht war durch die Merkmale der Hexen aus den alten Märchen geprägt. Der Mund, die Augen, die Nase und die Ohren offenbarten etwas Monströses.

Selbst die desinkarnierte Ehefrau, die dort in lautstarkem Aufruhr anwesend war, traute sich nicht ihr entgegenzutreten. Sie zog sich halb erschrocken zurück und versuchte, sich beim Sohn zu verstecken.

Da erinnerte ich mich an das Buch, in dem Oscar Wilde uns die Geschichte des Bildnisses des Dorian Gray erzählt, welches einen schrecklichen Ausdruck annahm, in dem Maße, in dem der Herr sich innerlich in der Ausübung des Bösen veränderte, und als ich einen fragenden Blick an Maurício richtete, erhielt ich von ihm eine einleuchtende Antwort:

„Ja, mein Freund", sagte er nachsichtig, „Wildes Vorstellungskraft fantasierte nicht. Der Mann und die Frau erschaffen durch ihre Gedanken, Einstellungen, Worte und Taten im Inneren die wahre spirituelle Form, in die sie sich einordnen. Jedes Verbrechen, jeder Sturz hinterlassen hässliche Deformierungen und Furchen auf dem Feld der Seele, genauso wie jede großzügige Handlung und jeder erhabene Gedanke Schönheit und Perfektion zur spirituellen Form hinzufügen, in der sich die wirkliche Persönlichkeit manifestiert – insbesondere nach dem Tod des dichten Körpers. Es gibt Geschöpfe, die im Fleisch schön und bewundernswert, jedoch im Inneren wahre geistige Monster sind, genau wie es in der Welt misshandelte und verachtete Körper gibt, die engelhafte Geister von himmlischer Anmut verbergen."

Und indem er auf die Unglückliche zeigte, die sich, halb befreit vom materiellen Körper, aus dem Zuhause entfernte, betonte er:

„Diese unglückselige Schwester bleibt unter dem Kommando von vergnügungssüchtigen und animalischen Geistern, die sie über einen langen Zeitraum in einem beklagenswerten Ungleichgewicht halten werden. Wir glauben, dass sie sich ohne erneuernden Glauben, ohne heiligende Ideale und ohne würdiges Verhalten nicht so bald vor den Gefahren, die sie eingeht, hüten wird und sich erst dann besinnen wird zu weinen, zu lernen und sich zum Guten zu wandeln, wenn sie sich definitiv vom fleischlichen Gefäß entfernt – im Zustand einer authentischen Hexe."

174

Das Thema war wirklich faszinierend und die Lektion immens. Jedoch war die Zeit, die ich zur Verfügung hatte, vorüber.

Die Uhrzeit erforderte eine sofortige Rückkehr.

11

WERTVOLLE ERFAHRUNG

Der Anregung des befreundeten Arztes folgend, führte Gabriel die Gattin am Morgen des darauffolgenden Tages zur Untersuchung durch einen berühmten Professor für psychische Wissenschaften, in der Hoffnung, dessen hilfreiche Mitwirkung zu erlangen.

Dabei konnte ich feststellen, dass die Freiheit des Menschen im Bereich der Konsultation fast unbegrenzt ist, denn auf unserer Seite zeigte Gúbio tiefes Missfallen und erklärte mir diskret, dass er alles dafür tun würde, um die Maßnahme zu verhindern, die nach seiner Einschätzung nur mithilfe einer anderen Autorität auf diesem Gebiet lohnend und ratsam wäre.

Der empfohlene Professor war nach der Meinung unseres aufmerksamen Tutors ein bewundernswerter Exponent von Phänomenen, Träger bemerkenswerter medialer Fähigkeiten, aber er bot denen, die zu ihm kamen, keinen substantiellen Nutzen, da er seinen Geist stark mit den vulgären Interessen der irdischen Erfahrung verhaftet hielt.

„Der Umgang mit dem Psychismus", sagte der Lehrmeister in einer fast unmerklichen Stimme zu mir, „ist eine gewöhnliche Aktivität, so gewöhnlich wie jede andere. Das Wichtigste ist jedoch, eine heiligende Arbeit zu entwickeln. Mittler zwischen den beiden Welten von anerkannter Kompetenz zu besuchen, die zugleich mit großartigen Fähigkeiten im Bereich der Information ausgestattet sind, ist dasselbe wie mit Eigentümern eines phantastischen Vermögens in Kontakt zu treten. Doch wenn der Inhaber von so großen Kenntnissen und Talenten nicht daran interessiert ist, die Gaben, über die er verfügt, zugunsten des Glücks seiner Nächsten einzusetzen, vergrößern sein Wissen und sein Geld lediglich die Verschuldungen des Egoismus, der in der sinnlosen Ablenkung oder der bedauernswerten Zeitverschwendung praktiziert wird."

Trotz der opportunen Beobachtung konnten wir bei dem Ehemann der Besessenen keine geistige Empfänglichkeit erkennen, die uns die wünschenswerte Veränderung erleichtern würde.

All unsere subtilen Bemühungen, ihn auf einen anderen Weg zu bringen, verliefen im Sande. Gabriel wusste sich nicht auf die innere Zugänglichkeit einzustimmen.

Obwohl sichtlich besorgt, kommentierte der Tutor:

„In jedem Fall befinden wir uns hier um zu helfen und zu dienen. Begleiten wir also das Paar bei diesem neuen Abenteuer."

In Kürze würden wir mit dem erwähnten Psychisten in Kontakt treten.

Mit großem Interesse, wie jemand, der im Voraus die Erfolge kannte, die sich abzeichnen würden, begleitete Saldanha die kleinsten Maßnahmen, ohne die junge Frau loszulassen.

Einige Minuten vor elf Uhr morgens befanden wir uns alle in einem großen Warteraum und sahen dem Aufruf entgegen.

Drei weitere Gruppen von Menschen waren dort in sorgenvoller Erwartung versammelt.

Der Professor hielt sich länger in einem gesonderten Kabinett auf, in dem er einen Geisteskranken behandelte, der sich von weitem durch unzusammenhängende Sätze manifestierte, die er mit lauter Stimme von sich gab.

Ich bemerkte, dass den Anwesenden eine große Anzahl von Desinkarnierten gefolgt war. Um es korrekt zu definieren – das gesamte Haus glich mehr einem großen Bienenstock von Arbeitern ohne physischen Körper.

Wesen, die eine begrenzte Entwicklung zum Ausdruck brachten, kamen und gingen, wobei sie unserer Gegenwart wenig Aufmerksamkeit widmeten.

Angesichts der eisernen Gesinnung Saldanhas, Margarida unter einer strengen persönlichen Aufsicht zu behalten, gab unser Lehrmeister Interesse an der Erkundung des Ambientes vor und entfernte sich in unserer Begleitung ein wenig, um sich mit einer näheren Untersuchung der Patienten zu befassen.

Wir begaben uns zu einem komfortablen Sessel, in welchem ein Herr reifen Alters mit Anzeichen einer offensichtlichen Nervenkrankheit, in Begleitung zweier Jungen saß. Kalter Schweiß stand auf seiner Stirn und eine extreme Blässe sowie Spuren von Angst ließen seine Lipothymie erkennen. Es stellte sich heraus, dass er durch furchterregende Visionen in seinem Inneren gequält wurde, die nur ihm selbst zugänglich waren. Ich bemerkte seine Gehirnstörungen und sah mit großem Schrecken die diversen ovoiden Formen, dunkel und voneinander verschieden, die sich an seine perispirituelle Struktur anschlossen. Ich war daran interessiert, dass sich unser Lehrmeister äußerte. Gúbio beobachtete ihn genau und bereitete gewiss wertvolle Lektionen für uns vor. Nachdem einige Augenblicke vergangen waren, sprach er in kaum vernehmbarer Stimme zu uns:

„Schauen wir, zu welchen physiologischen Komplikationen die Geistesstörungen einen Menschen führen können. Vor unseren Augen haben wir einen polizeilichen Ermittler in einem Zustand schwerer Verwirrung. Er wusste den Stab der Verantwortung nicht zu halten. Er missbrauchte ihn, um zu demütigen und zu verletzen. Einige Jahre lang gelang es ihm, die Reue fernzuhalten; jedoch begannen die erbitterten Gedanken der Opfer in seiner psychischen Sphäre herumzukreisen - in der Erwartung einer Gelegenheit, sich bemerkbar zu machen. Durch seine grausame Vorgehensweise zog er nicht nur die Wut vieler Menschen auf sich, sondern auch die dauerhafte Begleitung von Wesen mit übler Gesinnung, die den Gehalt seines geistigen Lebens noch weiter verdarben. Als die Zeit gekommen war, um im Angesicht der ersten Anzeichen körperlicher Alterserscheinungen über die zurückgelegten Wege nachzudenken, öffnete ihm die Reue eine große Bresche in der Festung, in der er sich verschanzt hatte. Die akkumulierten Kräfte der destruktiven Gedanken, die er durch seine unüberlegten und in leichtfertiger Weise angewandten Verhaltensmuster in sich selbst hervorzurufen pflegte, wurden durch den Kummer und die Angst plötzlich freigesetzt. Sie zerschlugen seinen trügerischen organischen Widerstand wie Unwetter, die rasend aufeinanderfolgen und die brüchige Staumauer zum Einstürzen bringen, mit der man den ansteigenden Impuls des Wassers zu kontrollieren glaubt. Als die Krise folgte, griffen die ungleichgewichtigen Energien des wahnsinnigen Geistes die delikaten Organe des physischen Körpers an. Die Verletzlichsten erlitten schlimme Konsequenzen. Nicht nur das Nervensystem unterliegt einer unglaublichen Folter: die traumatisierte Leber steuert auf eine fatale Zirrhose zu.“

Der Tutor spürte die stillen Fragen in Bezug auf die mögliche Lösung dieses schmerzvollen Bildes in unserem Blick und sprach:

„Dieser Freund wird im Grunde durch sich selbst verfolgt und durch das, was er tat und das, was er war, gepeinigt. Nur eine extreme geistige Veränderung zum Guten kann ihn im physischen Körper halten; ein erneuernder Glaube mit der Bemühung um eine nachhaltige Wandlung zum edleren moralischen Leben wird ihm höhere Impulse geben und ihn mit Kräften versehen, die für seine Selbst-Wiederherstellung unentbehrlich sind. Er wird durch die boshaften Bilder dominiert, die er in isolierten und dunklen Räumen zu improvisieren pflegte, weil er einfach Gefallen daran hatte, Unglückliche zu verprügeln – unter dem Vorwand, die gesellschaftliche Harmonie zu garantieren. Das Gedächtnis ist ein lebendiger und wundersamer Speicher. Es fotografiert die Bilder unserer Handlungen und nimmt den Ton all dessen auf, was wir sagen und hören... Durch seine Vermittlung werden wir in uns selbst verurteilt oder freigesprochen."

Das Thema war verlockend, aber vermutlich um bei Saldanha und anderen, weniger gebildeten Geistern, die uns neugierig anstarrten, nicht zu viel Aufmerksamkeit zu wecken, ging Gúbio dazu über, einen anderen Fall mit uns zu beobachten.

Wir näherten uns einem Sofa, auf dem eine würdevolle Dame an der Seite einer totenblassen Jugendlichen saß, die mir ihre Enkelin zu sein schien. Zwei Geister mit dunklem Aspekt umgaben das Mädchen, als müsste es durch tyrannische Wächter beaufsichtigt werden.

Die Dame wartete besorgt auf den Moment der Konsultation. Die Jugendliche, die nur sinnlose Phrasen daherredete, sprach nicht aus sich selbst. Dünne Ströme magnetischer Energie verbanden ihr Gehirn mit dem Kopf eines unglücklichen Bruders, der sich zu ihrer Linken hielt. Sie wurde völlig durch seine Gedanken kontrolliert, wie ein Magnetisierter von seinem Magnetiseur. Die Kranke lachte ohne Grund und sprach konfus von Racheplänen, mit allen Charakteristika der Idiotie und des Unbewusstseins.

Gúbio untersuchte sie mit der gewohnten Aufmerksamkeit und teilte mit:

„Wir haben hier ein schmerzhaftes Drama aus der Vergangenheit vor uns. Das Leben kann nicht unter dem engen Blickwinkel von nur einer fleischlichen Existenz betrachtet werden. Es umfasst die Ewigkeit. Es ist unendlich über die unendlichen Jahrhunderte hinweg. Diese junge Frau hat sich in der Vergangenheit schwer verschuldet. Sie heiratete einen Mann und verführte seinen Bruder zu einem lasterhaften Weg. Der Erste beging Selbstmord und der Zweite suchte im tiefen Tal des Wahnsinns Zuflucht. Heute befinden sich die beiden an ihrer Seite, um beklagenswerte Vergeltung zu üben. In der Gegenwart hat ihre Oma eine edle Heirat für sie vorbereitet, da sie befürchtete, sie auf sich selbst gestellt der Welt zu überlassen. Jedoch kurz bevor sich der heilsame Plan konkretisiert, versuchen beide Opfer aus anderen Zeiten, geistig in Racheabsichten verbohrt, ihre Verlobung zu verhindern. Dem in seiner Ehre verletzten ehemaligen Ehemann, der sich in einer primitiven Evolutionsphase befindet, gelang es bisher nicht den Fehler zu vergessen. Er besetzt ihre Sprach- und Gleichgewichtszentren. Er schüttet ihren Geist mit seinen Ideen zu, unterwirft sie und verlangt ihre Anwesenheit in der Sphäre, in der er sich befindet. Die Arme ist von Fluiden gesättigt, die ihr nicht gehören. Gewiss ist sie bereits ohne Ergebnis durch diverse psychiatrische Praxen gepilgert und kommt nun auf der Suche nach Hilfe hierher."

„Wird sie ein passendes Medikament finden?" – fragte Elói stark beeindruckt.

„Sie scheint mir auf keinem sehr guten Weg zu sein", erläuterte unser Leiter ohne Anmaßung. „Sie benö-

181

tigt eine innere Erneuerung und wie ich glaube, wird sie in diesem Haus nicht mehr als ein leichtes Schmerzmittel erhalten. In Fällen von Besessenheit wie diesem, in welchem die Patientin noch mit Sicherheit reagieren kann, ist der persönliche Weg des Widerstands unverzichtbar. Es nützt nichts, das Altmetall, das den Magneten stört, zu entfernen, wenn der Magnet selbst das Altmetall weiterhin anzieht."

In der Tat würden wir durch einzigartige neue Lektionen begünstigt werden, wenn wir bei dem im Fokus stehenden Studienobjekt verweilen würden; jedoch richtete Saldanha von weitem einen fragenden Blick an uns und es war geboten weiterzugehen.

Wir suchten den dunkelsten Winkel des Raums auf, in welchem zwei Männer reifen Alters schweigend verharrten. Sofort erkannten wir, dass einer von ihnen durch ein unbestreitbares organisches Ungleichgewicht gekennzeichnet war. Sehr blass und niedergeschlagen wies er Anzeichen einer tiefen inneren Beunruhigung auf.

Bei ihnen befand sich ein desinkarniertes Wesen von bescheidener Erscheinung. Ich hielt sie für ein Mitglied der umfangreichen Sammlung von gestörten Geistern, die dort wirkten; jedoch wandte sie sich zu meiner angenehmen Überraschung an Gúbio und sprach auf diskrete Weise:

„Ich habe Euch schon an der Schwingungsebene als Freunde des Guten erkannt."

Indem sie auf den Kranken zeigte, hob sie hervor:

„Ich komme zur Verteidigung dieses Freundes hierher. Wie ihr wisst, verfügen wir an diesem Ort über einen kraftvollen medialen Arbeiter, allerdings ohne nennenswerte innere Erleuchtung. Er hat einige Dutzend desinkarnierter Geister mit dürftigem Bildungsgrad angestellt, die seine Ausströmungen aufnehmen und blind unter seinen Anordnungen arbeiten, sowohl zum Guten als auch zum Bösen."

Lächelnd fügte sie hinzu:

„In diesem Haus erfährt der Kranke keinen Beistand durch den Heiler, dessen Hilfe er sucht, sondern durch die aufbauende spirituelle Unterstützung, die er möglicherweise genießt."

Und da ich in Bezug auf den Kranken nachfragte, erklärte sie freundlich:

„Dieser Gefährte ist ein strenger Verwalter im öffentlichen Dienst. In der Eigenschaft als Administrator und Hüter der Disziplin brachte er es nicht fertig, den Wattebausch der Milde auf die Wunden anderer zu legen. So zog er offenen Hass und heimliche Verfolgungen auf sich, die seinen Geist ohne Unterlass seit vielen Jahren quälen – mit gefährlichen Reflexen im Kreislauf, dem Bereich seines physischen Kosmos, dessen Widerstandsfähigkeit am schwächsten ist. Da er unerschrocken dafür kämpft, die Einstellung nachlässiger Angestellter zu erziehen, jedoch über keine Waffen der Liebe zur eigenen Verteidigung verfügt, weist er beträchtliche Schäden an den Koronargefäßen auf. Ähnliche Angriffe nicht fühlbarer Kräfte zielten ebenso auf seine Leber und die Milz, die sich in bedauernswertem Zustand zeigen. Dem großen Strom von Verfolgern, die durch sein energisches und erzieherisches Vorgehen geweckt wurden, gelang es nunmehr, seinen behandelnden Ärzten die Notwendigkeit eines Eingriffs an der Gallenblase zu suggerieren. Damit wird ein Operationsschock vorbereitet, der zwangsläufig den unerwarteten Tod seines Körpers nach sich ziehen wird. Der Plan wurde mit bewundernswerter Präzision ausgearbeitet. Wegen des Guten jedoch, das der Strenge zugrundeliegt, mit der unser Gefährte gehandelt hat, werden wir versuchen ihn durch das Medium zu retten, welches er zu besuchen beschloss. Ich habe Anweisungen dahingehend erhalten, den chirurgischen Eingriff zu verhindern und ich vertraue auf den Erfolg meiner Aufgabe."

Offen gestanden, hätte ich gerne eine Untersuchung an dem Patienten vorgenommen um festzustellen, bis zu welchem Punkt er die geistigen Angriffe im Dienst erlitten hatte, jedoch war Gúbios Blick unmissverständlich.

Uns oblag die Ausführung wichtiger Pflichten und wir mussten zu Saldanha zurückkehren. Margaridas Problem war komplex und es war unsere Aufgabe, dessen Lösung mit festem Willen anzugehen.

Der Besetzer der unglückseligen Frau erkannte unsere spontane Mitwirkung und empfing uns ohne Argwohn.

Er nahm den Gesichtsausdruck eines hochintelligenten Menschen an und teilte unserem Lehrmeister mit, dass er beschlossen habe, die Neutralität der spirituellen Diener des arbeitenden Professors zu erbitten. Mit feinem Scharfsinn behauptete er, dass es notwendig sei, unter Einsatz aller möglichen Mittel das Mitleid des Mediums zu vermeiden und seine Beobachtungen zu verwirren.

Nach der Erläuterung, die mich überraschte, ersuchte er um die Anwesenheit eines der einflussreichsten Mitarbeiter und vor uns erschien die seltsame Figur eines Zwerges mit rätselhaftem und ausdrucksvollem Gesicht.

Gewandt und skrupellos warb Saldanha um seine Mitwirkung und erläuterte, dass der Arbeiter dieses Hauses

Margaridas Problem nicht bis ins Detail durchdringen sollte. Im Gegenzug versprach er ihm, dass eine vorzügliche Belohnung in einer unweit entfernten Siedlung nicht nur auf ihn, sondern auch auf andere Helfer in dieser Angelegenheit warten würde. Und er beschrieb ihm mit großartigen Versprechungen, wie viel an Vergnügen und Genüssen er ihm in dem Gebäudeblock gestörter und unwissender Wesen, in welchem wir Gregório kennengelernt hatten, verschaffen könnte.

Der Diener zeigte eine unverhohlene Befriedigung und versicherte, dass das Medium nur Bahnhof verstehen würde.

Mit verständlicher Neugier verfolgte ich den Ablauf der Geschehnisse.

Gleich am Eingang des Raums bemerkte ich, dass die Arbeitsstätte kein echtes Vertrauen einflößte.

Der Professor begann auf Anhieb den Preis der Dienstleistung zu vereinbaren, zu der er sich verpflichten würde und forderte im Voraus eine beträchtliche Anzahlung von Gabriel. Der dortige Austausch zwischen den beiden Sphären reduzierte sich auf einen Handel, der so gewöhnlich war wie jeder andere.

Ich erkannte sogleich, dass das Medium, wenn es auch auf gewisse Weise die Geister kontrollieren konnte, die sich von seinen Energien ernährten, ebenfalls leicht durch sie kontrolliert wurde.

Der Raum war von Wesen einer niederen Entwicklungsstufe erfüllt.

Der übermäßig beschäftigte Saldanha verkündete uns, dass er den einzelnen Schritten der medialen Arbeit aus der Nähe vorstehen würde und teilte uns genüsslich mit, dass ihm die uneingeschränkte Hilfe der dort dominierenden Wesen zugesichert wurde.

Daher konnten wir die Fakten in Begleitung Gúbios analysieren und eine wertvolle Lektion lernen.

Sichtbar zufrieden mit der getroffenen finanziellen Vereinbarung, versenkte sich der Seher in eine tiefe Konzentration und ich bemerkte den Fluss der Energien, die durch alle Poren aus ihm strömten, vor allem aber aus dem Mund, den Nasenlöchern, den Ohren und der Brust. Jene Kraft, ähnlich einem feinen und subtilen Dampf, schien das beengte Ambiente zu erfüllen und ich sah, dass die primitiven oder rückständigen Individuen, die dem Medium bei seiner Fühlungnahme mit unserer Dimension assistierten, sie mit gierigen Zügen einsogen und sich von ihr ernährten, wie sich der gewöhnliche Mensch mit Eiweiß, Kohlehydraten und Vitaminen versorgt.

Gúbio untersuchte die Umgebung und erklärte uns in einer Stimme, die für die anderen nicht vernehmlich war:

„Diese Kraft ist kein Erbe Privilegierter. Sie ist eine normale Eigenschaft aller Geschöpfe, aber sie wird nur durch jene verstanden und genutzt, die sie durch sorgfältige Meditationen kultivieren. Sie ist der spiritus subtilissimus Newtons, das ‚magnetische Fluidum' Mesmers und die ‚odische Ausdünstung' Reichenbachs. Im Grunde ist sie die plastische Energie des Geistes, der sie in sich selbst akkumuliert, wobei er sie aus dem universellen Fluidum schöpft, in dem alle Ströme des Lebens fließen und sich in den verschiedenartigsten Naturreichen innerhalb des Universums erneuern. Jedes Lebewesen ist ein Transformator dieser Kraft, je nach dem aufnehmenden und dem ausstrahlenden Potential, das ihm eigen ist. Der Mensch wird hunderte von Malen geboren und wiedergeboren um zu lernen, diese Energie zu benutzen, sie zu entwickeln, sie anzureichern, sie zu erheben, sie zu maximieren und sie zu heiligen. Meistens jedoch flieht die Kreatur vor dem Kampf, den sie als Leiden und Schmerz interpretiert, während er ein unschätzbares Mittel der Selbstvervollkommnung ist; dadurch schiebt sie die eigene Heiligung, den einzigen Weg unserer Annäherung an den Schöpfer, immer wieder auf.

Als ich die Szene sah, welche ihren Lauf nahm, überlegte ich:

„Man muss allerdings zugeben, dass dieser Seher das Instrumentarium kraftvoll einsetzt. Er ist in perfektem Kontakt mit den Geistern, die ihm assistieren und die in ihm eine stabile Stütze finden."

„Ja", bestätigte der Tutor gelassen, „aber wir sehen hier keinerlei Anzeichen einer Sublimation auf moralischem Gebiet. Der Professor der Beziehungen mit unserer Sphäre, die dem gewöhnlichen Menschen vorläufig unzugänglich ist, harmonisiert sich mit den ausgesandten Schwingungen der Wesen, die ihn in einer primitiven Position begleiten. Er kann ihre Meinungen hören und ihre Überlegungen erfassen. Jedoch reicht das nicht. Den fleischlichen Körper abzulegen bedeutet nicht, zur Göttlichkeit überzugehen. Milliarden von Geistern auf dem Weg der Evolution umgeben die inkarnierten Menschen in allen Bereichen des Kampfes. Sie sind in einigen Fällen viel niedriger als diese selbst und verwandeln sich leicht in passive Instrumente ihrer Wünsche und Leidenschaften. Daher rührt die zwingende Notwendigkeit einer starken Fähigkeit der Sublimation für all jene, die sich dem Austausch zwischen den beiden Welten widmen, denn wenn die Tugend übertragbar ist, sind die Übel geradezu epidemisch."

In der Zwischenzeit bemerkten wir, dass das vom physischen Körper getrennte Medium aufmerksam begann, ausgerechnet auf die Argumentation des intelligentesten Dieners, dessen Mitwirkung Saldanha erbeten hatte, zu hören.

„Kehre zurück, mein Freund", überredete dieser großtuerisch das durchlässige Medium, „und sage dem Gatten unserer kranken Schwester, dass die organische Angelegenheit unkompliziert ist. Die ärztliche Hilfe wird ihr reichen."

„Ist sie keine gewöhnliche Besessene?", fragte das Medium etwas zögerlich.

„Nein, nein, das nicht! Kläre das Problem auf. Das Rätsel ist herkömmlicher medizinischer Art. Ein zerfetztes Nervensystem. Diese Dame ist eine Kandidatin für die Schocktherapie der Heilanstalt. Nicht mehr."

„Wäre es nicht angebracht, etwas zu ihren Gunsten zu versuchen?!", entgegnete der Psychist sensibilisiert.

Der Angesprochene lachte in einer verblüffenden Ruhe und schloss:

„Na, na, du musst wissen, dass jedes Geschöpf sein eigenes, individuelles Schicksal hat. Wenn unsere Mitwirkung etwas nützen könnte, würde ich hier nicht lang um den heißen Brei reden. Es gibt keine Zeit zu verlieren."

An diesem Punkt lächelte Saldanha ihm zufrieden zu und billigte die geschickte Handhabung. Dadurch ließ er uns spüren, wie leicht es ist, andere irrezuführen, wenn der Mensch lediglich auf seine eigene, begrenzte Beobachtung vertraut.

Angesichts der Situation, deren Begutachtung uns ermöglicht wurde, wagte ich es, mich diskret an Gúbio zu wenden und zu fragen:

„Befinden wir uns nicht vor einer authentischen spiritistischen Manifestation?"

„Ja", bestätigte er in ernstem Ton, „gegenüber einem wahren Phänomen, bei welchem eine inkarnierte Individualität die Ansichten eines anderen, von der fleischlichen Hülle entfernten Wesens erhält. Die Gefährten des christlichen Ideals jedoch, die auf der Erdkruste in einen Körper getaucht sind, André, werden jetzt verstehen, dass das Phänomen an sich so rebellisch ist wie der Fluss voller Stromschnellen, der kreuz und quer dahinfließt, ohne Schleusen, ohne Disziplin. Niemals werden wir einen dogmatischen und intoleranten Spiritismus unterstützen. Es ist jedoch unabdingbar, dass das Klima des Gebets, der erbaulichen Entsagung, des Geistes der Arbeit und des erneuernden Glaubens durch erhöhende moralische Normen den Grundton unserer Aktivitäten im transformierenden Psychismus bilden, damit wir uns wirklich in einem Dienst der Erhebung zum Höchsten Vater befinden. Wir haben hier ein Medium mit reichen und vielfältigen Möglichkeiten, das durch den einfachen vulgären Handel, auf den es den Einsatz seiner Fähigkeiten reduziert hat, keine konstruktiven Eindrücke in jenen erweckt, die es aufsuchen. Dieser Seher kann unter bestimmten Umständen ein wertvoller Mitarbeiter sein, aber er ist nicht der ideale Arbeiter mit dem Potential, das Interesse der großen Wohltäter des Höheren Lebens hervorzurufen. Diese würden sich keineswegs bereit erklären, kostbare Instruktionen an die Vermittlung von Dienern preiszugeben, die zwar gute Absichten haben, jedoch nicht zögern, die göttlichen Essenzen im Tausch gegen Geldmittel des gewöhnlichen Lebenskampfes zu veräußern. Der Weg des Gebets und der Aufopferung ist deshalb noch immer unumgänglich für all jene, die beabsichtigen, das Leben in Würde zu gestalten. Das gefühl-volle Gebet erhöht das Ausstrahlungspotential des Geistes, entfaltet und erhebt seine Energien, während die Entsa-gung und die Güte all jene erzieht, die sich der Quelle nä-hern, die ihren Ursprung im Höchsten Gut hat. Es reicht somit nicht aus, die geistige Kraft, mit der wir alle versehen sind, auszudrücken und sie zu mobilisieren. Es ist unab-dingbar, ihr vor allen Dingen die göttliche Lenkung aufzu-erlegen. Aus diesem Grund kämpfen wir für den Spiritis-mus mit Jesus, der einzigen Formel, mit der wir uns nicht in einem zerstörerischen Abenteuer verlieren."

Ich verstand die wertvollen Argumente unseres Lehrmeisters, die mit sachter Stimme vorgetragen wurden, und extrem beeindruckt bewahrte ich respektvolle Stille.

Der Seher nahm den physischen Käfig wieder ein und beendete die lediglich technisch-mechanische Operati-on des Kontakts mit unserer Sphäre, ohne jegliches Ergeb-nis im Bereich der spirituellen Erhebung, die sein Ambien-te verbessern würde. Er öffnete die Augen, richtete sich auf dem Stuhl zurecht und teilte Gabriel mit, dass das Problem mit Hilfe der Psychiatrie gelöst werden könne. Er kom-mentierte die prekäre Situation der Nerven der Kranken und empfahl sogar einen ihm bekannten Spezialisten, da-mit eine neue Heilmethode ausprobiert werde.

Das Paar bedankte sich ergriffen und während die Abschiedsworte ausgetauscht wurden, empfahl der Profes-sor der Kranken angesichts der depressiven Geisteszustände Widerstand und Vorsicht zu üben.

Die junge Dame nahm die Äußerung mit der Nüchternheit und dem Schmerz einer durch den Sarkas-mus Getroffenen entgegen und brach auf.

Saldanha umarmte vor unseren Augen die Mitarbeiter, die ihre schändliche Aufgabe so gut ausgeführt hatten und vereinbarte ein freundschaftliches Treffen, damit sie das, was ihnen als bedeutender Triumph erschien, feiern könnten. Anschließend informierte er uns mit fester Stimme:

„Gehen wir, Freunde! Wer die Rache beginnt, muss sicheren Schrittes bis zum Ende marschieren."

Gúbio richtete ein trauriges Lächeln an ihn, hinter dem er den extremen Schmerz versteckte, und folgte ihm demütig.

12

MISSION DER LIEBE

Zurück im Haus, verbrachten wir einige Stunden in einer eigentümlichen Erwartungshaltung; gegen Abend jedoch äußerte Saldanha die Absicht, den internierten Sohn zu besuchen.

Erschrocken vernahm ich, dass unser Lehrmeister ihn um Erlaubnis für uns bat, ihn zu begleiten.

Der Verfolger Margaridas willigte etwas überrascht ein, fragte allerdings nach dem Beweggrund einer solchen Bitte:

„Wer weiß, ob wir nicht nützlich sein können?", antwortete Gúbio optimistisch.

Es gab keinen Widerspruch.

Nachdem Saldanha strenge Vorkehrungen getroffen hatte und sich bei der Kranken durch Leôncio, einen der beiden unerbittlichen Hypnotiseure, vertreten ließ, begaben wir uns zum Hospiz.

Zwischen verschiedenen Opfern der Demenz, die einer grausamen Neuorientierung überlassen waren, rief Jorges Position tiefes Bedauern hervor. Wir fanden ihn bäuchlings auf dem kalten Zementboden der primitiven Zelle vor. Seine an das starre Gesicht geklammerten Hände wiesen Verletzungen auf.

Der Vater, der uns bis dorthin unnahbar und hart erschienen war, betrachtete den Sohn mit sichtbarem Kummer in den tränenerfüllten Augen und erläuterte mit unendlicher Verbitterung in der Stimme:

„Gewiss erholt er sich gerade von einer starken Krise."

Jedoch war es nicht der verwirrte und niedergeschlagene junge Mann, der am meisten unser Mitgefühl erweckte. An ihn festgeklammert und mit seiner Aura verbunden, verharrten seine desinkarnierte Mama und die Ehefrau, die seine organischen Energievorräte absorbierten. Sie lagen ebenfalls auf dem Boden ausgestreckt, fast lethargisch, als ob sie einen gewaltigen Schmerzanfall erlitten hätten.

Irene, die Selbstmörderin, hielt die rechte Hand um den Hals gelegt und stellte das vollkommene Bild eines unter der schmerzhaften Qual der Vergiftung lebenden Geschöpfes dar, während die Mutter den Kranken umarmte, die Augen starr auf ihn gerichtet. Beide wiesen unverkennbare Zeichen einer leidvollen Introversion auf. Fluide, die einer klebrigen Masse ähnelten, bedeckten bei beiden das ganze Gehirn, vom äußersten Ende des Rückenmarks bis zu den Frontallappen, am stärksten jedoch im motorischen und sensorischen Bereich.

Sie konzentrierten sich auf die Kräfte des Unglücklichen, als repräsentierte Jorges Persönlichkeit die einzige Brücke, die ihnen für die Kommunikation mit der Existenzform, die sie unlängst verlassen hatten, zur Verfügung stand. Es war offensichtlich, dass sie den Grundbedürfnissen des physischen Lebens vollkommen unterworfen waren.

193

„Sie sind verrückt", erklärte uns Saldanha, in der offensichtlichen Absicht freundlich zu sein, „sie verstehen mich nicht, sie erkennen mich nicht, obwohl sie mich anstarren. Sie bewahren das Verhalten von Kindern, die durch den Schmerz gequält werden. Herzen aus Porzellan, die leicht zerbrachen."

Und indem er die Augenbrauen zusammenzog, durch eine Welle des Zornes jäh übermannt, fügte er hinzu:

„Wenige Frauen können die Festung in den Vergeltungskriegen erhalten. Im Allgemeinen brechen sie schnell zusammen, besiegt durch die untätige Sanftmut."

Vom Wunsch geleitet, die Schwingungen der Wut bei dem Gefährten aufzulösen, schnitt unser Tutor ihm den Weg der destruktiven Eindrücke ab, indem er betrübt bestätigte:

„Sie befinden sich tatsächlich in einer tiefen Hypnose. Unseren Schwestern gelang es bisher nicht, den Albtraum des Leidens in der Trance des Todes zu überwinden, wie bei einem Reisenden, der die Überquerung einer weiten Strömung trüben Wassers ohne Behelf zum Erreichen des anderen Ufers beginnt. Mit dem Sohn bzw. Gatten verbunden, dem Objekt, das in den letzten Stunden des dichten Körpers all ihre emotionalen Sorgen zentralisierte, fügten sie die eigenen Energien mit seinen gefolterten Kräften zusammen und ruhen nun verzweifelt inmitten der von ihnen selbst erschaffenen Fluide, wie es mit dem Bombyx mori geschieht, der unbeweglich und taub unter den Fäden liegt, die er selbst gesponnen hat.

Margaridas Besetzer registrierte die Beobachtungen mit einer nicht zu verbergenden Überraschung im Blick und erklärte ruhiger:

„So sehr ich auch versuche mich zu erkennen zu geben und ihnen meinen Namen in die Ohren schreie, sie können mich nicht verstehen. In Wahrheit bewegen und bedauern sie sich in langen, unzusammenhängenden Sätzen, aber die Erinnerung und die Aufmerksamkeit scheinen tot zu sein. Wenn ich insistiere und sie mit Mühe und Not auf meine Arme nehme und wegtrage, mit dem sehnlichen Wunsch, ihnen neues Leben einzuhauchen, mit dem sie mir bei der Rache helfen könnten, sehe ich alle Anstrengungen zunichtegemacht, denn sobald ich glaube, dass sie frei sind, kehren sie sofort zu Jorge zurück, als würden sie wie Nadeln von einem Magnet auf Distanz angezogen werden."

„Ja", bekräftigte unser Leiter, „sie zeigen sich vorübergehend von Angst, Entmutigung und Leiden erdrückt. Mangels einer kontinuierlichen und gut koordinierten geistigen Arbeit haben sie die ‚Gerinnungskräfte' der Verzweiflung nicht abgewiesen, welche sie – untröstlich angesichts der Forderungen des normalen Kampfes auf der Erde - selbst erschaffen hatten. Sie überlieferten sich gleichgültig einem beklagenswerten Zustand der Apathie, in welchem sie sich von den Energien des Kranken ernähren. Indem seine psychischen Reserven unablässig ausgeschöpft werden, lebt der Kranke, durch beide hypnotisiert, zwischen Halluzinationen und Depressionen, die natürlich für diejenigen, die ihn umgeben, unverständlich sind."

Mit der aufrichtigen Absicht zu dienen, setzte sich Gúbio auf den Zementboden und legte in einer Geste extremer Güte die Köpfe der drei Betroffenen dieser bewegenden Szene des Schmerzes auf seinen väterlichen Schoß. Dabei richtete er einen freundschaftlichen Blick auf den Scharfrichter jener Frau, die zu retten er sich vorgenommen hatte; dieser beobachtete ihn erstaunt und Gúbio bat:

„Saldanha, erlaubst du mir, etwas zum Wohle unserer Lieben zu tun?"

Der Gesichtsausdruck des Verfolgers veränderte sich.

Die spontane Geste der Zuwendung unseres Tutors entwaffnete sein Herz und bewegte ihn in seinen innersten Fasern, wie ein Lächeln verriet, das sich auf seinem bis dahin unfreundlichen und dunklen Gesicht ausbreitete.

„Wie sollte ich nicht?", sprach er fast liebenswürdig... „Genau das versuche ich erfolglos zu tun."

Beeindruckt von der Lektion, die wir erhielten, betrachtete ich die Umgebung und verglich sie mit dem Gemach, in dem Margarida Schmerzen und Qualen erlitt. Die Hindernisse des hiesigen Umfeldes waren viel schwieriger zu überwinden. Der enge Raum war völlig verschmutzt. In den benachbarten Zellen krochen Wesen mit abstoßendem Aussehen wirr umher. Sie wiesen einige schockierende Charakteristika von Tieren auf. Die Atmosphäre wurde für uns erdrückend. Sie war von Wolken dunkler Substanzen gesättigt, die durch die zerrissenen Gedanken der Inkarnierten und Desinkarnierten angehäuft wurden, die dort in einer erbärmlichen Lage umherstreiften.

Indem ich insgeheim die Situationen der Heilbedürftigen gegenüberstellte, sprach ich geistig zu mir selbst: „aus welchem eigentümlichen Grund arbeitet unser Tutor nicht im Zimmer der sympathischen Dame, die er als spirituelle Tochter liebte, um sich dort ohne Vorbehalte der Arbeit christlichen Beistands hinzugeben?" Als ich jedoch seinen Einsatz bei der Lösung des Problems sah, das den Gegner emotional belastete, begann ich allmählich durch die Handlung des großherzigen Tutors die bewegende und erhabene Schönheit der Lektion aus dem Evangelium zu erfassen: „Liebe deinen Feind, bete für jene, die dich verfolgen und verleumden, vergib siebzigmal siebenmal."

Unter unserem bewegten Blick streichelte Gúbio den drei leidenden Wesen die Stirn und schien jeden Einzelnen von den schweren Fluiden zu befreien, die sie in tiefer Niedergeschlagenheit lahmgelegt hatten. Nachdem eine halbe Stunde der magnetischen, eindeutig belebenden Einwirkung vergangen war, richtete er erneut den Blick auf Margaridas Henker, welcher seine kleinsten Gesten mit doppelter Aufmerksamkeit verfolgte, und fragte:

„Saldanha, hättest du etwas dagegen, wenn ich laut beten würde?"

Die Frage erzielte die Wirkungen eines Schocks.

„Oh! Oh! ...", entfuhr es dem Angesprochenen überrascht, „glaubst du an einen solchen Hokuspokus?"

Aber als er auf einmal unseren unendlichen guten Willen zu spüren bekam, stammelte er, durcheinander:

„Ja... ja... wenn ihr wollt..."

Unser Lehrmeister nutzte jenen Moment der Sympathie und indem er den Gedanken in die Höhe richtete, flehte er demütig:

„Herr Jesus!

Unser Göttlicher Freund...

Es gibt immer jemanden, der für die Verfolgten bittet,

aber wenige denken daran, den Verfolgern beizustehen!

197

Überall hören wir Bitten zugunsten derer, die sich fügen,

jedoch ist es schwer,

eine inständige Bitte

zugunsten derer anzutreffen die gebieten.

Es gibt viele, die für die Schwachen beten,

damit diese rechtzeitig gerettet werden;

indessen flehen nur sehr wenige Herzen

um göttlichen Beistand für die Starken,

damit sie gut geführt werden.

Herr, deine Gerechtigkeit fehlt nicht.

Du kennst jenen, der verletzt und jenen, der verletzt wird.

Du urteilst nicht nach dem Muster unserer launischen Wünsche,

denn deine Liebe ist perfekt und unendlich...

Nie hast du dich lediglich

zu den Blinden geneigt, zu den Kranken und vom Schicksal Entmutigten,

denn du unterstützt in der passenden Stunde

auch diejenigen, die die Blindheit, die Krankheit und die Niedergeschlagenheit verursachen...

Wenn du wahrlich die Opfer des Bösen rettest,

suchst du ebenso die Sünder, die Untreuen und die Ungerechten.

Du setztest die Großspurigkeit der Doktoren nicht
herab

und unterhieltst dich liebevoll mit ihnen

im Tempel von Jerusalem.

Du verurteiltest die vom Glück Begünstigten nicht,
sondern segnetest ihre nützlichen Werke.

Im Hause Simons, des stolzen Pharisäers,

verachtetest du die vom Weg abgekommene Frau
nicht,

du halfst ihr mit brüderlichen Händen.

Du ließest die Übeltäter nicht im Stich,

du akzeptiertest die Gesellschaft von zwei Verbre-
chern am Tag des Kreuzes.

Wenn du, Meister,

der Unbefleckte Bote,

so auf der Erde vorgegangen bist,

wer sind wir,

verschuldete Geister,

um uns gegenseitig zu verfluchen?

Entzünde in uns das Licht eines neuen Verständnisses!

Hilf uns, die Schmerzen des Nächsten als unsere
eigenen Schmerzen zu verstehen.

Wenn wir misshandelt werden,

lass uns die Schwierigkeiten jener spüren, die uns
misshandeln,

damit wir die Hindernisse in deinem Namen zu
überwinden wissen.

Barmherziger Freund,

lass uns nicht ohne Orientierung,

der Begrenzung unserer eigenen Empfindungen
überlassen...

Stärke unseren wankenden Glauben,

offenbare uns die gemeinsamen Wurzeln des Lebens,

damit wir endlich verstehen,

dass wir alle Geschwister sind.

Lehre uns, dass es kein anderes Gesetz

außer dem Opfer gibt,

das uns das ersehnte Wachstum

hin zu den göttlichen Welten ermöglichen kann.

Bring uns zum Verständnis des erlösenden Dramas,

mit dem wir verbunden sind.

Hilf uns, den Hass in Liebe umzuwandeln,

denn wir wissen in unserem niederen Zustand nur,

wie man die Liebe in Hass umwandelt,

wenn sich deine Absichten uns gegenüber verändern.

Wir haben das Herz verwundet und die Füße verletzt,

auf dem langen Weg durch die Unverständigkeiten, die uns eigen sind,

und unser Geist strebt daher

nach dem Klima des wahren Friedens,

mit derselben Ruhelosigkeit,

mit welcher der entkräftete Reisende in der Wüste

reines Wasser ersehnt.

Herr,

gib uns die Gabe ein,

uns gegenseitig zu unterstützen.

Du begünstigtest diejenigen, die nicht an Dich glaubten,

Du schütztest diejenigen, die Dich nicht verstanden,

Du erschienst den Jüngern wieder, die vor Dir geflohen waren,

Du vermachtest den Schatz

des göttlichen Wissens

denen, die Dich kreuzigten und vergaßen…

Aus welchem Grund sollten wir anderen,

verglichen mit Dir

armselige Schlammwürmer gegenüber einem
himmlischen Stern,

davor zurückschrecken, jenen Geschwistern gebende Hände auszustrecken,

die uns noch nicht verstehen?!…"

Der Lehrmeister ging in den letzten Momenten des
Gebets in eine berührende Tonlage über.

Elói und ich hatten Tränen in den Augen, ebenso
wie Saldanha, der erschrocken in einen der dunklen Winkel der traurigen Zelle zurückgewichen war.

Gúbio verwandelte sich schrittweise. Die kraftvollen Schwingungen jener inständigen Bitte, die er aus dem
eigenen Herzen holte, vertrieben die dunklen Partikel, mit
denen er sich bedeckt hatte, als wir in die Strafkolonie eingetreten waren, in welcher wir Gregório kennengelernt
hatten. Ein himmlisches Licht strahlte jetzt auf seinem Gesicht, auf dem die Tränen der Liebe und der tiefen Traurigkeit mit unbeschreiblicher Schönheit glitzerten. Er
schien eine geheime Lichtquelle in der Brust und der Stirn
zu verbergen, welche leuchtende Strahlen in intensivem
Blau aussandten, während ihn vor unseren erstaunten Augen gleichzeitig ein wunderschönes Band unergründlichen
Lichts mit der Höhe verband.

Nach dieser Unterbrechung lenkte er die gesamte Helligkeit, die ihn umhüllte, auf die drei Geschöpfe, die auf seinem Schoß lagen und flehte:

„Für sie, Herr,

für die, die hier in dichten Schatten rasten,

bitten wir inständig um deinen Segen!

Binde sie los, Meister der Barmherzigkeit und des Mitgefühls,

befreie sie, damit sie ihr Gleichgewicht finden und sich erkennen...

Hilf ihnen,

sich in den Gefühlen der heiligenden Liebe zu vervollkommnen

und die niederen Leidenschaften für immer zu vergessen.

Mögen sie deine

hingebungsvolle Zuneigung spüren,

denn sie lieben dich und suchen dich ebenfalls,

unbewusst,

obgleich sie gequält

im tiefen Tal

der dunklen und erniedrigenden Empfindungen verbleiben...“

An dieser Stelle unterbrach der Tutor sein Gebet. Strahlen intensiven Lichts projizierten sich um ihn herum, von Händen ausgesandt, die für unsere Augen unsichtbar waren. Mit spürbarer Rührung übertrug Gúbio magnetische Passes auf jeden der drei Unglücklichen und sprach anschließend zu dem inkarnierten jungen Mann:

„Jorge, steh auf! Du bist frei für die erforderliche Neuausrichtung."

Der Angesprochene riss die Sehorgane auf und schien von einem bedrückenden Albtraum zu erwachen. Beunruhigung und Traurigkeit verschwanden auf der Stelle von seinem Gesicht. In einem maschinenartigen Impuls kam er der erhaltenen Anordnung nach und erhob sich mit absoluter Kontrolle des Denkvermögens.

Das Eingreifen des Wohltäters zerbrach die Bindeglieder, die ihn an die desinkarnierten Angehörigen ketteten und befreite seine psychische Struktur.

Saldanha wohnte dem Geschehen bei und schrie unter Tränen:

„Mein Sohn! Mein Sohn! ..."

Der Kranke bemerkte die aus dem väterlichen Enthusiasmus entsprungenen Ausrufe nicht, sondern suchte das schlichte Bett, auf dem er sich mit unerwarteter Gelassenheit beruhigte.

In seinen besten Gefühlen besiegt, näherte sich Margaridas Scharfrichter unserem Leiter mit dem Benehmen eines gedemütigten Kindes, das die Überlegenheit des Meisters anerkennt, aber bevor er dessen Hände nehmen konnte, um sie womöglich zu küssen, bat Gúbio ihn freimütig:

„Saldanha, beruhige dich. Unsere Freundinnen werden jetzt aufwachen."

Er streichelte Iracemas Kopf. Jorges unglückliche Mutter kam zu sich und stöhnte:

„Wo bin ich...?!"

Als sie jedoch die Gegenwart des Ehegatten neben sich wahrnahm, sprach sie ihn mit einem zärtlichen Kosenamen der Familie an und schrie, wirr vor Ergriffenheit:

„Hilf mir! Wo ist unser Sohn? Unser Sohn?"

Bald darauf ging sie zu der vertrauten Ausdrucksweise derjenigen über, die ein geliebtes Wesen nach langer Abwesenheit wiedertreffen.

Der Besetzer der Kranken, die uns näher interessierte, war in den innersten Fasern seines Wesens berührt, vergoss jetzt reichliche Tränen und suchte instinktiv Gúbios Blick, wobei er ihn ohne Worte um rettende Maßnahmen bat.

„In welchem schlechten Traum war ich so lange?", fragte die unglückselige Schwester, während sie krampfartig weinte, „was für eine schmutzige Zelle ist das? Ist es etwa wahr, dass wir das Grab schon durchquert haben?"

Und in einem Anfall von Verzweiflung fügte sie hinzu:

„Ich habe Angst vor dem Teufel! Ich habe Angst vor dem Teufel! Oh mein Gott! Rette mich, rette mich...!"

Unser Lehrmeister richtete ermutigende Worte an sie und zeigte ihr den Sohn, der gleich neben uns ausruhte.

Sie kam langsam wieder zu Kräften und fragte Saldanha, warum er schwieg und nicht wie in früheren Zeiten ein liebevolles und zuversichtliches Wort übrig hatte, worauf Margaridas Henker bedeutungsvoll antwortete:

„Iracema, ich habe noch nicht gelernt nützlich zu sein... Ich weiß niemanden zu trösten."

An dieser Stelle begann die leidende Mutter, inzwischen wach, sich für ihre Unglücksgefährtin zu interessieren, deren rechte Hand sich über den Hals bewegte. Sie konnte kaum glauben, dass es sich um die Schwiegertochter handelte, die für sie nicht wiederzuerkennen war, und flehte verzweifelt:

„Irene! Irene!"

Gúbio griff mit der Macht des Aufweckens ein, die ihm eigen war, und verteilte kraftvolle Energien auf die Hirnzentren der Kreatur, die weiterhin niedergeschlagen dalag.

Nach einigen Augenblicken richtete sich Saldanhas Schwiegertochter mit einem furchtbaren Schrei auf.

Sie spürte Schwierigkeiten, ihre Stimme zu artikulieren. Sie verschluckte sich lautstark, in einer unendlichen Qual verstrickt.

Konzentriert hielt unser Tutor mit der Rechten ihre beiden Hände fest und applizierte mit der Linken magnetische, wie ein Balsam wirkende Mittel auf die Glottis und vor allem entlang der Geschmackspapillen, wodurch er sie etwas beruhigen konnte.

Obwohl sie erwacht war, zeigte die Selbstmörderin kein relatives Bewusstsein ihrer selbst. Sie hatte nicht die leiseste Ahnung, dass sich ihr physischer Körper im Grab zersetzt hatte. Sie war wie eine perfekte Schlafwandlerin, die plötzlich erwacht.

Sie begab sich in Richtung des Gatten, dessen eigene Fähigkeiten wieder hergestellt waren, und rief aus voller Kehle:

„Jorge, Jorge! Nur gut, dass mich das Gift nicht getötet hat! Verzeih mir die unbedachte Handlung... Ich werde gesund werden um dich zu rächen! Ich werde den Richter ermorden, der dich zu solch grausamen Leiden verurteilte!"

Als sie bemerkte, dass der Ehemann entgegen ihrer Erwartungen nicht reagierte, flehte sie:

„Hör! Sprich mit mir! Wo habe ich so lange geschlafen? Unsere Tochter! Wo ist sie?"

Der Angesprochene jedoch, der von ihrem direkten Einfluss auf die perispirituellen Zentren abgeschnitten war, verblieb in derselben phlegmatischen und schwerfälligen Haltung desjenigen, der nur mit Mühe seine eigene Situation einschätzt.

Es war erneut Gúbio, der sich Irene näherte und erläuterte:

„Beruhige dich, meine Tochter!"

„Ruhig werden? Ich?", protestierte die Unglückliche, „Ich kann nicht! Ich will zurück nach Hause... Dieses Gitter erstickt mich... Herr, wer immer Sie sind! Bringen Sie mich zurück nach Hause. Mein Mann ist ungerechterweise inhaftiert... Er ist mit Sicherheit verwirrt... Er hört mich nicht, er reagiert nicht auf mich. Meinerseits fühle ich meinen Hals durch ein tödliches Gift zerfressen... ich will meine Tochter und einen Arzt!"

Unser Tutor jedoch antwortete ihr mit trauriger Stimme, wobei er ihre erschrockene Stirn streichelte:

„Tochter, die Türen deines irdischen Hauses schlossen sich für deine Seele gleichsam mit den Augen des Körpers, den du verloren hast. Dein Gatte ist der Verpflichtungen der fleischlichen Ehe ledig, und deine Tochter wurde vor langer Zeit in einem anderen Zuhause aufgenommen. Es ist daher unabdingbar, dass du wieder zu Kräften kommst, damit du ihnen jede Hilfe zukommen lassen kannst, die du wünschst."

Das trostlose Geschöpf rutschte auf Knien und schluchzte.

„Also bin ich gestorben? Der Tod ist eine schlimmere Tragödie als das Leben?", rief sie verzweifelt aus.

Der Tod ist ein einfacher Wechsel der Kleidung", erklärte Gúbio ruhig, „wir sind, was wir sind. Nach der Grabstätte finden wir nicht mehr als das Paradies oder die Hölle, die wir selbst erschaffen haben."

Und indem er der Stimme einen lieblicheren Ton gab, um in der Position des Vaters zu sprechen, setzte er bewegt fort:

„Warum hast du die rettende Medizin weggeworfen und das heilige Gefäß, das sie enthielt, zerschlagen? Hast du nie das Weinen derjenigen gehört, die mehr litten als du selbst? Hast du dich nie gebückt, um die Schmerzen zu bemerken, die von weiter unten herrührten? Warum hast du das stille Martyrium derer nicht näher beleuchtet, die keine Hände haben um zu reagieren, keine Beine um zu laufen, keine Stimme um zu flehen?"

„Der Zorn hat mich zerfressen…", erklärte die Unglückselige.

„Ja", bestätigte der Lehrmeister zuvorkommend, „ein Moment der Auflehnung bringt ein Schicksal in Gefahr, genau wie ein winziger Rechenfehler die Stabilität eines ganzen Gebäudes bedroht."

„Ich Unglückliche!", seufzte Irene, während sie die bittere Realität akzeptierte, „wo war Gott, der mir nicht rechtzeitig zu Hilfe kam?"

„Die Frage ist unangebracht", erläuterte unser Leiter gütig. „Hast du eher herauszufinden versucht, wo du dich befandest, dass du Gott so abgrundtief vergessen hast? Die Güte des Herrn verlässt uns nie. Wie sie aus der gesegneten irdischen Gelegenheit hervorschien, die dich zum spirituellen Sieg geführt hätte, wohnt sie auch jetzt den Tränen der Reue inne, die dich auf den Weg der heilsamen Erneuerung bringen. Ich gehe davon aus, dass du in Kürze einen solchen Segen erreichen kannst; jedoch hast du einen enormen Abgrund zwischen deinem Gewissen und der göttlichen Harmonie gegraben, den du zu überwinden hast, indem du an der Wiederherstellung deiner selbst arbeitest. Einige Zeit lang wirst du die Konsequenzen der unbedachten Handlung spüren. Eine unreife Frucht zu ernten ist eine Form der Ausübung von Gewalt. Du vergiftetest die feine Materie, auf der sich die Stoffe der Seele anordnen, und wenige Umstände mildern die Schwere deines Fehlers. Verlier jedoch nicht die Hoffnung und lenke die Schritte in Richtung des Guten. Wenn der Horizont manchmal auch weiter entfernt scheint, wird er doch nie unerreichbar sein."

er: Und indem er sie väterlich ermunterte, versicherte

„Du wirst es schaffen, Irene; du wirst es schaffen."

Die Gesprächspartnerin schien, zwischen Enttäuschung und Auflehnung, nicht daran interessiert, die gerade gehörten erhebenden Ideen zu bewahren. Als sie die Aufmerksamkeit von der Wahrheit abwandte, welche sie tief verletzte, gewahrte sie die Anwesenheit Saldanhas und begann verängstigt zu schreien.

Gúbio griff ein und beruhigte sie.

Die kindliche Furcht unter Kontrolle, kehrte Jorges Partnerin jedoch zur geistigen Zügellosigkeit zurück, richtete die gepeinigten Augen auf den Schwiegervater und fragte:

„Schatten oder Gespenst, was suchst du hier? Warum hast du den unglücklichen Sohn nicht gerächt? Lässt dich so viel unsinnige Niedertracht kalt? Hast du denn keine Waffen, mit denen du den seelenlosen Richter verletzen kannst, der unser Leben geschändet hat? Hört also die Zuneigung der Eltern mit dem Tod auf? Ruhst du dich etwa in irgendeinem Himmel aus und betrachtest Jorge, wie er zu einem Wrack geschrumpft ist? Oder kennst du die grausame Realität nicht? Welche Gründe nötigen dich dazu, stumm wie eine Statue dazustehen? Warum hast du nicht ohne Rast die Gerechtigkeit Gottes gesucht, die auf der Erde nicht zu finden ist?"

Die Fragen kamen wie Schläge mit glühendem Eisen.

Margaridas Verfolger empfing sie im Inneren als Peitschenhiebe, denn eine extreme Empörung ließ sein Gesicht erblassen. Er zögerte in Bezug auf die Haltung, die er einnehmen sollte, aber als er sich im Angesicht eines liebevollen und weisen Dirigenten erkannte, suchte er Gúbios Blick und bat ihn im Stillen um Unterstützung. Unser Lehrmeister ergriff für ihn das Wort:

„Irene", rief er melancholisch aus, „flößt die Gewissheit, dass das Leben den Tod besiegt, deinem Herzen keinen Respekt ein? Glaubst du etwa, dass wir einer Macht untergeordnet sind, die keine Kenntnis von uns nimmt? Bemerkst du in Anbetracht der neuen Wahrheit, die deine Seele überrascht, nicht die unendliche Weisheit eines Höchsten Spenders sämtlichen Segens? Wo befindet sich das Glück der Rache? Das Blut und die Tränen unserer Feinde vertiefen lediglich die Wunden, die sie in unseren Herzen aufrissen. Glaubst du, dass sich die wahre Aufopferung eines Vaters durch die Vernichtung oder den Mord, die Verfolgung oder die Wut ausdrücken sollte? Saldanha kam aus Liebe in dieses Gefängnis und ich glaube, dass seine edelsten Errungenschaften an die Oberfläche seiner Persönlichkeit zurückkehren – triumphierend und erneuernd…! Stürze seine väterliche Fürsorge nicht in den Abgrund der Verzweiflung, vor dessen Finsternis du vergeblich zu fliehen versuchst."

Die unglückselige Frau verstummte schluchzend, während der Schwiegervater die Tränen trocknete, die Gúbios großzügige Anmerkungen bei ihm hervorgerufen hatten.

In dem Moment erklärte sich Iracema für erschöpft und flehte um die Gabe eines Bettes.

Unser Tutor lud Saldanha ein sich zu äußern.

Auch wenn es Jorge besser ging, erforderten beide desinkarnierte Frauen eine dringende Hilfeleistung. Es wä-

211

re nicht richtig, sie jenem Klima des Zerfalls der besten moralischen Energien zu überlassen.

„Absolut", stimmte Margaridas Besetzer enorm verändert zu, „ich kenne die Frevler, die sich hier versammeln, und jetzt wo Iracema und Irene ihr eigenes Bewusstsein wiedererlangt haben, beunruhigt mich der Ernst der Angelegenheit."

Unser Leiter erklärte ihm, dass wir sie in einer nicht weit entfernten Rettungseinrichtung unterbringen könnten, aber um eine solche Maßnahme auszuführen, dürften wir seine Erlaubnis nicht übergehen.

Saldanha stimmte erleichtert zu und bedankte sich ergeben. Er fühlte sich durch das herzliche Wort unseres Tutors zum Guten ermuntert und zeigte sich entschlossen, nicht die geringste Gelegenheit zu verpassen, um dessen brüderliche Zuwendung zu erwidern.

Nach einigen Minuten verließen wir das Hospiz und führten die kranken Schwestern zu einer passenden Unterkunft, wo Gúbio sie mit dem gesamten Ansehen seiner himmlischen Tugenden internierte – unter dem sichtbaren Erstaunen Saldanhas, der nicht wusste, wie er die Anerkennung ausdrücken sollte, von der seine Seele überquoll.

Als wir zurückkehrten, fragte Margaridas Verfolger schüchtern, mit gesenktem Kopf und gedemütigt, welches die richtigen Waffen bei einer Rettungstätigkeit seien, worauf unser Tutor aufmerksam erwiderte:

„An allen Orten kann eine große Liebe die kleinere Liebe aufbauen, indem sie ihre Grenzen erweitert und sie zu den Höhen emporschwingt, und überall kann der große Glaube, siegreich und erhaben, dem kleinen und wankenden Glauben helfen und ihn zu den Gipfeln des Lebens ziehen."

Saldanha ergriff nicht mehr das Wort und wir legten den größten Teil des Weges in bedeutendem Schweigen zurück.

13

EINLADUNG ZUR FAMILIENZUSAMMENKUNFT

Als wir die große Residenz erreichten, in der Margarida darniederlag, richtete Gúbio das Wort an Saldanha, dessen enormen Respekt er nun gewonnen hatte. Bevor wir uns wieder bei der Kranken einfanden, erwog er die Möglichkeit, mit dem Richter zu sprechen und die Situation von Jorges Töchterchen zu analysieren, die dort Zuflucht gefunden hatte.

Der Magistrat wohnte mit den Angehörigen im zentralen Flügel des großen Gebäudes, in welchem Gabriel und seine Frau Margarida ein kleines Nebengelass nutzten. Bis dahin waren wir noch nicht zu dem Trakt des Hausherrn gelangt.

„Es ist möglich", teilte unser Lehrmeister mit, „dass es uns gelingt, eine erfolgreiche Versammlung einzuleiten und einige Inkarnierte zu einer klärenden Aussprache aufzurufen. Der Richter verfügt gewiss über einen Raum, in dem wir ein paar Minuten lang zusammenkommen können."

Saldanha stimmte einsilbig zu, wie ein Lehrling, der sich in der Pflicht sieht, dem Meister einmütig beizupflichten.

„Die Nacht ist vorteilhaft", fuhr der Lehrmeister in hilfsbereiter und schlichter Weise fort, „und wir befinden uns gerade in den ersten Minuten des Morgengrauens."

Wir traten respektvoll ein, jedoch war mir sofort klar, dass der Schlaf des Richters beileibe nicht so ruhig sein konnte, wie er es sich wohl wünschte - aufgrund der großen Anzahl von leidenden Wesen, die an seine inneren Türen klopften. Einige flehten laut schreiend um Hilfe. Die Mehrzahl allerdings forderte Gerechtigkeit.

Wir wollten gerade die privaten Gemächer des Hausherrn besuchen, als ein inkarnierter Junge vor uns erschien und sich vorsichtig auf den Weg zum unteren Geschoss begab.

Saldanha berührte Gúbio leicht am Arm und flüsterte ihm zu:

„Dies ist Alencar, Margaridas Bruder und Verfolger meiner Enkelin."

„Schauen wir ihn uns an", rief der Angesprochene aus und wir änderten prompt unsere Richtung.

Wir folgten dem Jugendlichen, der unsere Gegenwart nicht im Entferntesten bemerkte und beobachteten, dass er sich, nachdem er ein paar Stufen hinabgestiegen war, vor die Tür eines bescheidenen Zimmers stellte und versuchte sie aufzubrechen.

Er trübte sein Umfeld mit einer lasterhaften Atemluft, welche verriet, dass der Jugendliche von einem großen Trinkgelage kam.

„Jede Nacht", kommentierte Saldanha besorgt, „versucht er unser armes Mädchen zu missbrauchen. Er hat nicht den geringsten Respekt vor sich selbst. Im Hinblick auf Lias Widerstand verstärkt er den Prozess der Verfolgung mit verschiedenen Bedrohungen, und ich glaube, dass er die unwürdigen Ziele, die er sich gesetzt hat, nur deshalb noch nicht erreichen konnte, weil ich strenge Wache halte und bei der Verteidigung mit der Brutalität vorgehe, die mich charakterisiert."

Beeindruckt bemerkten wir den Ton der Demut, der in den Worten des kräftigen Henkers erkennbar war.

Saldanha erschien nunmehr im Innersten verwandelt. Die Achtung, die er Gúbio zollte, offenbarte uns die plötzliche Transformation, die sich in ihm vollzogen hatte. In ehrfürchtigen Gesten drückte er Verständnis und Sanftmut aus.

Unser Tutor hörte ihn an und stimmte ohne jegliche Spur von Überlegenheit zu:

„Dieser Junge, Saldanha, zeigt sich in der Tat von erniedrigenden Kräften beherrscht und benötigt energische Unterstützung, die ihm dabei hilft, sich um die geistige Hygiene zu bemühen."

Anschließend übertrug er konzentriert magnetische Passes auf die Sehorgane des Nachtwandlers.

Nachdem einige Minuten verstrichen waren, zog sich Alencar etwas taumelnd, mit halbgeschlossenen Lidern, in sein Schlafzimmer zurück. Saldanha glaubte, dass ihm eine harmlose Krankheit ab sofort behilflich sein könnte, ein paar Tage lang über die Pflichten eines rechtschaffenen Menschen nachzusinnen.

Margaridas Besetzer brachte eine nicht zu verbergende Zufriedenheit zum Ausdruck.

Bald darauf begaben wir uns in Begleitung unseres loyalen Tutors zur Privatwohnung des Richters.

216

Der Magistrat ruhte seinen Körper auf der weichen Matratze aus, jedoch zeigte sich sein Geist unruhig, gequält.

Gúbio gestattete, dass ich seine Stirn berührte und seine tiefsten Gedanken erforschte.

In jener fortgeschrittenen nächtlichen Stunde überlegte der ergraute Herr: „Wo mochten wohl die höchsten Interessen des Lebens konzentriert sein? Wo war der ersehnte spirituelle Frieden, den er in über einem halben Jahrhundert aktiver Erfahrung auf der Erde nicht errungen hatte? Warum bewahrte er dieselben Träume und Bedürfnisse des Mannes von fünfzehn Jahren im Herzen, wo er schon die Sechzig überschritten hatte? Er war herangewachsen, hatte studiert, geheiratet. All die Kämpfe hatten seine Persönlichkeit im Grunde nicht verändert. Er hatte die Titel erobert, die in der Welt die Würdenträger des Rechts kennzeichneten, und hunderte Male hatte er den Talar getragen, um in schwierigen Prozessen zu urteilen. Er hatte unzählige Urteile verkündet und das Schicksal vieler Familien und ganzer Gemeinschaften besiegelt, nach seinem Ermessen. Er hatte Ehrungen von Armen und Reichen, Großen und Kleinen im Verlauf der Reise durch das aufgewühlte Meer der irdischen Erfahrung erhalten – dank der Position, die er auf dem geschmückten Schiff des Gerichts genoss. Er pflegte auf tausende von Konsultationen in Fragen der gesellschaftlichen Harmonie zu antworten, aber im Innern hatte eine eigentümliche Wüstenei seine ganze Seele eingenommen. Ihm dürstete zwar nach Brüderlichkeit gegenüber den Menschen, aber der Besitz des Goldes und die hohe Stellung in der öffentlichen Tätigkeit erlegten ihm große Hindernisse auf, um die Wahrheit in der Maske seiner Nächsten zu lesen. Er durchlebte einen unerklärlichen Hunger nach Gott, jedoch entfernten die Dogmen der sektiererischen Religionen und die Kontroversen zwischen ihnen seinen Geist von jeglichem Einklang

217

mit dem Glauben, wie er in der Welt praktiziert wurde. Auf der anderen Seite hatten die negativistischen und verstockten Theorien der Wissenschaft sein Herz ausgetrocknet. Sollte sich die gesamte Existenz tatsächlich auf simple mechanische Phänomene innerhalb der Natur beschränken? Wenn man diese Hypothese annähme, hätte das ganze menschliche Leben die Wichtigkeit einer Seifenblase, die im Wind zerplatzt. Er fühlte sich zerrissen, unterdrückt, erschöpft. Er, der so viele über die edelsten Normen des persönlichen Verhaltens aufgeklärt hatte, wie sollte er sich jetzt selbst erhellen? Mit den ersten Altersanzeichen des fleischlichen Körpers konfrontiert, hatte er verbittert auf das schrittweise Auslöschen seiner organischen Energien reagiert. Wozu die Gesichtsfalten, das Ergrauen des Haars, die Schwächung des Sehvermögens und der Abbau des Speichers der Lebensenergie, wenn die Jugend weiterhin in seinem auf Erneuerung brennenden Geist vibrierte? Sollte der Tod nur die Nacht ohne Morgendämmerung sein? Welche geheimnisvolle Kraft verfügte derart über das menschliche Leben und führte es zu unerwarteten und obskuren Zielen?"

Ich bemerkte, dass die Augen der respektablen Amtsperson feucht waren und zog die rechte Hand zurück.

Gúbio näherte sich und legte ihm die Hände auf die Stirn, wobei er uns mitteilte, dass er ihn auf ein baldiges Gespräch vorbereiten würde, indem er seine Intuition zu den Erinnerungen an den Prozess führte, an dem Jorge beteiligt war.

Ein paar Augenblicke darauf beobachtete ich, dass die Augen des Richters einen veränderten Ausdruck aufwiesen. Sie schienen weit entfernte Szenen zu betrachten, mit unsagbaren Qualen, und wirkten angsterfüllt, voller Schmerz...

Der Lehrmeister empfahl mir, die psychische Untersuchung wieder aufzunehmen und ich legte erneut die rechte Hand über sein Gehirn.

Dank der zunehmenden Verbesserung meiner allgemeinen Wahrnehmungsfähigkeiten verfolgte ich seine neuen Gedanken.

„Aus welchem Grund", überlegte Margaridas Vater, „besann er sich an jenen, aus seiner Sicht seit langem abgeschlossenen Prozess und verwundete dadurch das eigene Herz? Jahre waren seit dem dunklen Verbrechen ins Land gezogen, jedoch war die Angelegenheit in seinem Kopf wieder aufgelebt, als würde ihm das Gedächtnis tyrannisch und erbarmungslos eine Schallplatte mit dem Ablauf jenes Verfahrens unter sonderbaren moralischen Leiden aufdrängen. Welche Hintergründe brachten ihn dazu, sich einen gerichtlichen Akt mit derartiger Kraft in Erinnerung zu rufen? Er sah Jorge im Geiste, im Abgrund des Unbewusstseins begraben, und erinnerte sich an die vehementen Worte, mit denen dieser seine Unschuld beteuert hatte. Er konnte nicht erklären, welche überzeugenden Gründe ihn dazu bewegt haben mochten, seine Tochter aufzunehmen und sie in die eigene Familie einzuführen. Vergeblich suchte er den verborgenen Beweggrund, der ihn dazu brachte, sich in dieser Nacht unerklärbarer Schlaflosigkeit länger mit der Angelegenheit abzugeben. Er rief sich ins Bewusstsein, dass der Verurteilte seinerzeit den Beistand der besten Freunde verlor, dass die Ehefrau sich voller Verzweiflung sogar das Leben nahm... Warum indessen sollte er sich mit jenem unbedeutenden Fall beschäftigen? Er, der Richter, zu unzähligen Prozessen berufen, hatte viel verflochtenere und wichtigere Straffälle gelöst. Es gelang ihm aber nicht, sich die Erinnerungen an jenen ärmlichen Verurteilten, der Angeklagter eines gewöhnlichen Verbrechens gewesen war, zu erklären..."

In diesem Moment empfahl der Lehrmeister Elói und mir, aufzubrechen und Jorge, außerhalb der fleischlichen Hülle, zur Residenz des Magistrats zu bringen, während er für letzteren die teilweise Abtrennung vom Körper durch den Schlaf vorbereiten würde.

Der Gefährte und ich kehrten zur Zelle des Besetzten zurück, welcher sich stark erschöpft jenseits des physischen Gefäßes befand.

Ich übertrug wiederherstellende Fluide auf seinen perispirituellen Organismus und wir brachten ihn zur genannten Residenz.

Zu diesem Zeitpunkt befanden sich der Hausherr und Saldanhas Enkeltochter, vorübergehend von den physiologischen Ketten befreit, bereits neben Gúbio, welcher Jorge mit liebevoller Fürsorglichkeit empfing. Er vereinte die drei, als würde er sie an einen starken Magnetstrom anschließen und übertrug ihnen durch fluidische Einwirkungen mentale Kräfte, damit sie ihn, im Geiste erwacht, so gut wie möglich hören konnten. Da bemerkte ich, dass das Erwachen für die drei nicht gleichartig war. Es variierte gemäß der Entwicklungsstufe und des geistigen Zustands eines jeden. Der Magistrat war wegen der Gewandtheit der Gedanken am klarsten bei Verstand; die junge Lia nahm wegen der ausgeprägten Qualitäten des Intellekts den zweiten Platz ein; Jorge begab sich angesichts der Entkräftung, in der er sich befand, in eine niedrigere Position.

Als er sich dem früheren Angeklagten und der Tochter gegenüber sah, die er sofort erkannte, fragte der hochrangige Vertreter des Gerichts verwirrt, von einem unkontrollierbaren Erstaunen eingenommen:

„Wo sind wir? Wo sind wir?"

Niemand von uns wagte es, zu antworten.

Gúbio betete indessen im Stillen, und als ein wundervolles Licht aus seiner Brust und seinem Gehirn strahlte, welches uns zu verstehen gab, dass das Gefühl und die Vernunft in ihm in himmlischer Helligkeit vereint waren, sprach er zu dem erschrockenen Gesprächspartner, dessen Schultern er freundlich berührte:

„Richter, das Zuhause der Welt ist nicht nur ein Heim für Körper, die durch die Zeit verändert werden. Es ist ebenfalls das Nest der Seelen, wo sich der Geist mit dem Geist verständigen kann, wenn der Schlaf die fleischlichen Lippen versiegelt, die für Lügen anfällig sind. Wir versammeln uns unter deinem eigenen Dach zu einer Audienz mit der Realität."

Das Oberhaupt jenes häuslichen Refugiums hörte perplex zu.

„Der auf der Erde inkarnierte Mensch", fuhr Gúbio fesselnd fort, „ist eine ewige Seele, die sich eines vergänglichen Körpers bedient, eine Seele, die über jahrtausendealte Wege zur Vereinigung mit der göttlichen Wahrheit kommt – wie der Kieselstein, der über die Jahrhunderte hinweg vom Gipfel des Berges zum unergründlichen Schoß des Meeres hinunterrollt. Wir alle sind Schauspieler des erhabenen Dramas der universellen Evolution, durch die Liebe und den Schmerz… Ungebührend ist unser Eingreifen in das menschliche Schicksal, wenn unsere Füße auf rechten Wegen laufen. Wenn sie jedoch von der adäquaten Strecke abgekommen sind, ist der Aufruf der Liebe angemessen, damit der Schmerz gelindert wird."

Der Magistrat brachte die gehörten Ideen mit der Anwesenheit Jorges im Raum in Verbindung und fragte getroffen:

„Appellieren sie etwa zugunsten dieses Verurteilten?"

„Ja", antwortete unser Lehrmeister ohne zu zögern. „Glaubst du nicht, dass dieses offensichtliche Opfer eines uneingestandenen gerichtlichen Fehlers den Kelch des verborgenen Martyriums inzwischen ausgetrunken hat?"

„Sein Fall ist jedoch erledigt."

„Nein, Richter, niemand von uns ist am Ende der bereinigenden Prozesse angelangt, die uns betreffen. Jorge, ein büßender Beschuldigter, wäre nicht der einzige Verurteilte, der einer Unterbrechung der schmerzhaften Läuterungsphase nicht würdig wäre."

Der Gesprächspartner machte große Augen, zeigte einen gewissen verletzten Stolz und entgegnete fast sarkastisch:

„Aber ich war der Richter des Straffalls. Ich konsultierte die einschlägigen Gesetzestexte, bevor ich das Urteil verhängte. Das Verbrechen war erwiesen, die Gutachten der Sachverständigen und die Aussagen der Zeugen verurteilten den Angeklagten. Ich kann im Vollbesitz meiner geistigen Kräfte keine Einmischungen, auch keine nachträglichen, ohne eine ausgewogene und angemessene Argumentation akzeptieren."

Gúbio betrachtete ihn voller Mitleid und trug vor:

„Ich verstehe deine Ablehnung. Die Fluide des Fleisches weben einen zu dichten Schleier, um durch diejenigen, die noch nicht den täglichen Kontakt mit der höheren Spiritualität pflegen, mühelos gelüftet zu werden. Du führst deine Eigenschaft als Würdenträger des Gesetzes an, um das Schicksal eines Arbeiters zu zertrümmern, der schon alles verlor, was er besessen hatte, damit seine Fehler der entfernten Vergangenheit nachhaltig ausgeglichen werden konnten. Du beziehst dich auf den Titel, den dir die menschlichen Konventionen verliehen, indem sie zweifellos Verfügungen der Göttlichen Macht umsetzten; jedoch scheinst du mir den sublimen Fundamenten deiner erhabenen Mission in der Welt nicht angemessen zu sein, denn ein Mensch, der die Annehmlichkeiten auf dem Gebiet der materiellen oder spirituellen Güter des Planeten akzeptierte, beruft sich nie auf seine Überlegenheit, wenn er sich der Pflichten bewusst ist, die ihm obliegen. Er versteht nämlich unter der treuen Ausübung seines Amtes einen Weg der eigenen Vervollkommnung, selbst wenn dieser ihn durch extremes moralisches Leiden führt. Wer zugleich Liebe und Gerechtigkeit auf der heutigen Erde vergibt, wo die Mehrheit der Geschöpfe solche Gaben gering schätzt, überlädt sich mit Schmerzen. Nimmst du an, dass der Mensch lebt, ohne Rechenschaft ablegen zu müssen - selbst jener, der sich dazu befähigt glaubt, unumstößlich über den Nächsten zu urteilen? Meinst du, dass dein Verstand bei allen Unklarheiten des Pfades richtig gelegen hat? Hast du bei allen Entscheidungen unparteiisch gehandelt? Glaube das nicht... Der Gerechte Richter wurde an ein Kreuz mit rechten Winkeln geschlagen, weil er sich auf der Welt der vollkommenen Wahrheit verschrieben hatte. Wir alle haben auf der jahrhundertealten Straße des aufbauenden Wissens viele Male den Wunsch über die Pflicht gestellt und unsere Laune zum Ritter der erlösenden Prinzipien gemacht, deren Einhaltung uns obliegt. Bei wie vielen Gelegenheiten ist dein Mandat schon den Falschheiten der spaltenden Politik der Menschen entgegengekommen, die nach vorübergehender Macht gieren? In wie vielen Prozessen erlaubtest du, dass sich deine Gefühle im kriminellen Personalismus trübten?"

Der Mann, in dessen Anwesenheit Saldanha einen gefährlichen Feind gesehen hatte, erschien unendlich durcheinander. Eine Leichenblässe bedeckte sein Gesicht, über das dicke Tränen zu laufen begannen.

„Richter", fuhr Gúbio mit fester Stimme fort, „wenn das göttliche Erbarmen deiner Arbeit nicht verschiedene unsichtbare Helfer zur Seite stellen würde, die deine Handlungen aus Liebe zu der Gerechtigkeit, die du repräsentierst, unterstützen, würden die Opfer deiner fahrlässigen Fehler und der verblendenden Leidenschaften derer, die dich umgeben, deinen Verbleib im Amt nicht erlauben. Der Palast, in dem du residierst, ist voller Schatten. Vom Tode eingeholt, schaffen es viele der Männer und Frauen, die du in mehr als zwanzig Jahren der Rechtsprechung schon verurteilt hast, nicht weiterzugehen, da sie an den Auswirkungen deiner Entscheidungen festhaften; sie halten sich in deinem Haus auf und erwarten angemessene Erklärungen von dir. Missionar des Gesetzes, ohne die Gewohnheit des Gebets und der Meditation – der einzigen Mittel, durch die du die Arbeit der Aufklärung, die dir zusteht, abkürzen könntest – große Überraschungen hält die letzte Trance des Körpers für dich bereit!"

Während sich eine längere Pause ergab, äußerten die Augen des Magistrats einen undefinierbaren Schrecken. Er fiel auf die Knie und flehte:

„Wohltäter oder Rächer, lehre mich den Weg! Was soll ich zugunsten des Verurteilten tun?"

„Du wirst die Revision des Prozesses ermöglichen und ihm die Freiheit zurückgeben."

„Er ist also unschuldig?", fragte der Gesprächspartner und forderte solide Grundlagen für künftige Schlussfolgerungen.

„Niemand leidet ohne Bedarf angesichts der Himmlischen Gerechtigkeit und das Universum wird durch eine so große Harmonie regiert, dass sich unsere eigenen Übel in Segnungen verwandeln. Wir werden alles erklären."

Und indem er uns zu verstehen gab, dass er dem Geist des Richters all das einprägen musste, was an vorsorglichen Maßnahmen von ihm erwartet wurde, fuhr er fort:

„Du wirst dich nicht auf die genannte Aktion deines Amtes beschränken. Du wirst seine Tochter, die heute aus Gefälligkeit in deinem Haus untergebracht ist, in einer angemessenen Einrichtung unterstützen, in der sie die erforderliche Bildung erhalten kann."

„Aber", schritt der Jurist ein, „dieses Mädchen ist nicht meine Tochter."

„Du würdest durch uns nicht zu einer solchen Aufgabe berufen, wenn du sie nicht erfüllen könntest. Glaubst du also, dass das verfügbare Geld lediglich die Ansprüche jener erfüllen soll, die sich mit uns innerhalb der Blutsverwandtschaft zusammengeschlossen haben? Befreie das Herz, mein Freund! Atme in einem höheren Klima. Lerne, Liebe zu säen auf dem Boden, auf den du trittst. Je herausragender das Geschöpf in der menschlichen Erfahrung positioniert wurde, desto intensiver kann seine Anstrengung bei der eigenen Erhebung werden. Auf der Erde setzt die Justiz Gerichte ein, um das Verbrechen in seinen verschiedenen Aspekten zu untersuchen und spezialisiert sich auf die Feststellung des Bösen; im Himmel jedoch enthüllt die Harmonie wahre Heiligtümer, sie würdigt unsere Güte und Tugend und widmet sich der Huldigung des Guten, in der Vielfältigkeit seiner göttlichen Ausdrucksformen. Darum mache, so lange noch Zeit ist, aus Jorge einen Freund

und aus seiner Tochter eine Kampfesgefährtin, die dir eines Tages die weißen Haare liebkost und dir später das Licht des Gebets schenken wird, wenn dein Geist genötigt wird, das dunkle Tor des Grabes zu durchschreiten."

Der Richter fragte weinend:

„Wie soll ich mich also verhalten?"

„Morgen", teilte der Lehrmeister ruhig und überzeugend mit, „wirst du ohne die vollständige Erinnerung an unser jetziges Gespräch aus dem Bett aufstehen, denn das fleischliche Gehirn ist ein zartes Instrument, das nicht dazu in der Lage ist, die Bürde zweier Leben zu ertragen; aber neue Ideen in Bezug auf das Gute, das du ausführen musst, werden dir wunderbar und klar aufleuchten. Die Intuition jedoch, der fantastische Speicher des Bewusstseins, wird frei auf dich einwirken und dir die Vorschläge dieser Stunde des Lichts und des Friedens erneut übertragen, wie ein Beet des Segens, das dir duftende und natürliche Blumen anbietet. Wenn dieser Moment gekommen ist, erlaube nicht, dass dir die Berechnung den Impuls der guten Werke unterdrückt. Im zögerlichen Herzen kämpft der gewöhnliche Verstand gegen das erneuernde Gefühl und trübt dessen reinen Strom mit der Befürchtung von Undankbarkeit oder mit der verhängnisvollen Unterwerfung gegenüber bestehenden Vorurteilen."

Vor Saldanha, der die Szene verfolgte und ein unbeschreibliches Wohlbefinden zum Ausdruck brachte, tauschten Jorge und die Tochter Blicke voller Freude und Hoffnung aus.

Der Magistrat betrachtete sie nachdenklich, wobei seine Absicht erkennbar war, neue Nachfragen an unseren Lehrmeister zu richten. Von den Emotionen des Moments jedoch dominiert, schwieg er ergeben und demütig.

Gúbio hingegen, der seine Gedanken ergründete, berührte seine Stirn leicht mit beiden Händen und sprach mit fester Stimme:

„Du möchtest, dass ich mich hinsichtlich der Schuld des Angeklagten äußere, damit dein Gewissen eines Richtenden bestimmte Tatbestände konsolidieren kann, die bereits in dem Prozess, auf den wir uns beziehen, vorgebracht wurden. In Wahrheit sind Jorges Hände hinsichtlich des Delikts, dessen er derzeit beschuldigt wird, rein. Hingegen ist die menschliche Existenz wie ein kostbarer Stoff, von dem die sterblichen Augen lediglich die Rückseite sehen. In den Leiden von heute tilgen wir die Schulden von gestern. Damit möchten wir nicht sagen, dass unsere Fehler, die häufig aus der jetzigen Trägheit oder Verbohrtheit herrühren und verheerende Ergebnisse für uns selbst sowie für andere hervorbringen, Mittel der Vorsehung zur Begleichung fremder Schulden seien, denn so würden wir die Vorherbestimmung zur Herrin der Welt erküren, während wir zu jeder Zeit Ursachen und Konsequenzen durch unsere täglichen Handlungen erschaffen. Die Wesen, die an deiner Tür Tränen vergießen, weinen nicht ohne Grund und früher oder später wird der Talar, den du vorübergehend trägst, mit all denen abrechnen, die sich um ihn herum beklagen. Jorge hingegen, der sich hier nicht zum Beschweren aufhält, sondern durch uns zu einer hilfreichen Unterredung gebracht wurde, hat sich von einem gewissen Teil seiner schmerzhaften Vergangenheit befreit."

Gúbio machte an dieser Stelle eine lange Pause in seinen Erläuterungen, sah dem Gesprächspartner tiefer in die Augen und fuhr mit einem ernsten Tonfall fort:

„Richter: Menschen und Erfolge, die unser Bewusstsein auf besondere Weise berühren, stellen keine gewöhnlichen Objekte auf dem Entwicklungsweg des Lebens dar. Bis auf weiteres unterliegt dein Geist dem biologi-

227

schen Schock der Rückkehr ins Fleisch und du könntest uns bei der Ausgrabung der jüngeren Vergangenheit nicht folgen. Doch habe ich bereits deine geistigen Archive untersucht und ich sehe die Bilder, die die Zeit nicht zerstört. Im vergangenen Jahrhundert hattest du die Besitzurkunde über einen ausgedehnten Streifen Erde inne und du warst stolz auf die Position des Herrn dutzender Sklaven, die derzeit, in der Mehrzahl reinkarniert, Teil der Mitarbeiterschar bei den gewöhnlichen Arbeiten sind, zu denen du dich durch die Dienstmaschinerie genötigt fühlst. Ihnen allen schuldest du Beistand und Zuneigung, Hilfe und Verständnis. Jedoch vermischen sich nicht alle Diener der Vergangenheit in demselben Beziehungsgeflecht mit deinem Geist. Einige hoben sich in dem Drama, das du durchlebtest, hervor und kehren zu deinem Weg zurück, wo sie dein Herz berühren. Der heutige Jorge war gestern dein Sklave, obwohl er beinahe unter demselben Dach geboren ist, wo deine ersten Schreie verklungen sind. Er war nach den irdischen Rechtsnormen dein Diener und vor den göttlichen Gesetzen dein leiblicher Bruder, auch wenn er durch eine andere Mutter gewiegt wurde. Niemals verziehst du ihm eine derartige Annäherung, die in deinem Hause als entwürdigende Beleidigung des Familiennamens betrachtet wurde. Als ihr beide bei der Aufgabe der Vaterschaft angelangt wart, brachte dein damaliger und heutiger Sohn Jorges Tochter aus der Vergangenheit und dem Heute vom Weg ab, und als eine solche Bitternis unter höchstem Spott und Hohn über eine versklavte und traurige Familie kam, entschiedest du, mit verachtenswerten Maßnahmen einzugreifen. Diese gipfelten in der unfassbaren Verzweiflung des Jorge aus früheren Zeiten, der aufgelöst und halb verrückt nicht nur dem Körper deines Sohnes, der in sein geregeltes Zuhause eingefallen war, das Leben raubte, sondern auch seiner eigenen Existenz unter dramatischen Umständen ein Ende setzte. Jedoch löschen weder der Schmerz noch der Tod die Leiden der Verantwortung aus, welche nur die Rückkehr zur Gelegenheit der Versöh-

228

nung heilen kann. Und hier befindest du dich erneut vor dem Verurteilten, dem du immer mit offener Antipathie begegnet bist, und neben der Jugendlichen, der du versprochen hast, sie als von Herzen geliebte Tochter zu unterstützen. Arbeite, mein Freund! Nutze die Jahre, denn Alencar und dein Schützling werden zum Segen der Ehe hingezogen werden. Handle, so lange du kannst. Jede gute Tat wird dein eigenes Glück vergrößern, denn es existiert kein anderer Weg zu Gott - neben dem aufbauenden Verständnis, der aktiven Herzensgüte, dem erlösenden Verzeihen. Gedemütigt und ernüchtert, löschte Jorge den verwerflichen Wahnsinn aus, indem er ein unaussprechliches moralisches Martyrium in wenigen Jahren der ungerechtfertigten Anschuldigung und qualvollen Verhaftung ertrug, samt Witwerschaft, Krankheiten und Entbehrungen jeglicher Art."

Unser Tutor schaute ihn während der mehr oder weniger langen Pause, die sich ergab, mitfühlend an und schloss:

„Möchtest du dich nicht zu den Zeugnissen der Rettung entschließen?"

Eine heilsame Erschütterung, die unserer Bewertung verborgen blieb, mochte in diesem Moment den Geist des Magistrats zutiefst bewegen; sein Gesichtsausdruck zeigte sich extrem verwandelt. Wir sahen, wie er sich unter Tränen taumelnd erhob. Die magnetische Kraft unseres Lehrmeisters hatte seine innersten Fasern berührt, denn seine Augen schienen durch eine plötzliche Entschlossenheit erleuchtet.

Er ging zu Jorge, streckte ihm die rechte Hand zum Zeichen der Brüderlichkeit entgegen, die Saldanhas Sohn, ebenfalls weinend, küsste und anschließend trat er zu der

Jugendlichen, öffnete einladend die Arme und rief bewegt aus:

„Von nun an wirst du meine Tochter sein, für immer...!"

Ein unbeschreibliches Glücksgefühl breitete sich in dem unvergesslichen Moment in uns allen aus.

Gúbio half den Anwesenden, in Richtung der häuslichen Räumlichkeiten aufzubrechen, und als wir uns anschickten, Jorge in die Heilanstalt zurückzuführen, in welcher der ruhende Körper ihn erwartete, ging Saldanha - durch eine geheimnisvolle Freude, die seinen Gesichtsausdruck erneuerte, vollkommen verändert - auf unseren Lehrmeister zu und flüsterte:

„Ich hätte nie gedacht, eine so glorreiche Nacht wie diese zu erleben!"

Er wollte sich in Worten der Anerkennung ergießen, aber Gúbio drängte ihn ganz natürlich dazu sich zu mäßigen und fügte hinzu:

„Saldanha, nach der Liebe Gottes ist keine Glückseligkeit so groß wie jene, die wir in der spontanen Liebe eines Freundes ernten. Eine solche Freude ist uns in diesem Moment geschenkt, denn wir spüren deine edle und aufrichtige Freundschaft im Herzen."

Und eine Umarmung liebevoller Brüderlichkeit krönte die berührende und unvergessliche Szene.

14

EINE EINZIGARTIGE BEGEBENHEIT

Als wir das Schlafgemach betraten, in dem Margarida ruhte, erwarteten uns dort die beiden in die Arbeit vertieften Hypnotiseure.

Gúbio richtete einen bedeutsamen Blick an Saldanha und bat ihn in mit diskreter Stimme:

„Mein Freund, jetzt möchte ich auch um etwas bitten. Vergib mir, dass ich mich in Bezug auf die Ziele, die uns hier halten, so spät zu erkennen gebe, vielleicht zu spät aus deiner Sicht."

Und indem seine Stimme eine tiefe Rührung verriet, erklärte er:

„Saldanha, diese kranke Dame ist eine Tochter meines Herzens aus lang vergangener Zeit. Ich empfinde für sie die Zärtlichkeit, mit der du dich bis jetzt um deinen Jorge gekümmert hast, den du mit deinen verfügbaren Kräften verteidigtest. Ich weiß, dass der Kampf spitze Stacheln in deinem Herzen hinterlassen hat, aber ich hege ebenfalls väterliche Gefühle. Verdiene ich denn nicht deine Sympathie und Hilfe? Wir sind Brüder in der Hingabe zu den Kindern, Gefährten desselben Kampfes."

Daraufhin beobachtete ich eine bewegende Szene, die mir Minuten zuvor unglaublich erschienen wäre.

Der Verfolger der Kranken betrachtete unseren Lehrmeister mit dem Blick eines reumütigen Sohnes. Dicke Tränen quollen aus seinen einst so kalten und gefühllosen Augen. Angesichts der Ergriffenheit, die seine Kehle eingenommen hatte, erschien er unfähig zu antworten, jedoch legte Gúbio brüderlich den Arm um ihn und fügte hinzu:

„Wir haben erhabene Stunden der Arbeit, des Verständnisses und Vergebens erfahren. Möchtest du nicht jenen, die dich verletzt haben, verzeihen und dadurch schließlich diejenige frei lassen, die meinem Geist so lieb ist? Es kommt immer ein Moment in der Welt, in dem uns die eigenen Fehler zuwider werden. Unsere Seele badet in der reinigenden Quelle der erneuernden Tränen und wir vergessen alles Böse, damit wir alles Gute wertschätzen lernen. Zu einer anderen Zeit war ich es, der andere verfolgte und demütigte. Ich glaubte nicht an gute Werke, die nicht meinen Händen entstammten. Ich hielt mich für überlegen und unbesiegbar, während ich nicht mehr war als unglücklich und unvernünftig. Ich betrachtete alle, die meine gefährlichen Launen nicht verstanden und meine Torheit nicht lobten, als Feinde. Ich empfand ein teuflisches Vergnügen, wenn der Gegner meinen Stolz um Mitleid anbettelte und ich übte gern die demütigende Großzügigkeit dessen aus, der ohne Konkurrenz diktiert. Aber das Leben, das selbst auf dem Stein, mithilfe des Wassertropfens, Wege zeichnet, zerschnitt mir mit der Klinge der Minuten das Herz, wodurch es mich langsam verwandelte, bis der Despot in mir erstarb. Der Titel des Bruders ist heute der einzige, auf den ich tatsächlich stolz bin. Sag mir, mein Freund Saldanha, ob der Stolz auch in deinem Geist tot ist; lasse mich wissen, ob ich mit der gesegneten Mitwirkung deiner Hände rechnen kann."

Elói und ich vergossen angesichts dieser bewegenden und unerwarteten Lektion brennende Tränen.

Saldanha trocknete seine Augen, richtete sie demütig auf den gütigen Gesprächspartner und versicherte auf ergreifende Art:

„Niemand hat bisher so mit mir gesprochen wie du... Deine Worte sind durch eine göttliche Kraft geheiligt, die ich nicht kenne, denn sie gelangen zu meinen Ohren, während ich bereits durch deine überzeugenden Taten erschüttert bin. Mach aus mir, was du möchtest. Du hast in dieser Nacht alle Verwandten, in deren Erinnerung ich noch lebe, als Kinder deines Herzens angenommen. Du hast meinem geisteskranken Sohn beigestanden, meiner halluzinierenden Frau geholfen, dich um meine unglückliche Schwiegertochter gekümmert, meine schutzlose Enkelin gerettet und diejenigen zurechtgewiesen, die mich ohne gerechten Grund bedrängten... Wie sollte ich jetzt meine Hände nicht mit deinen zur Rettung der armen Frau vereinen, die du als Tochter liebst? Selbst wenn sie selbst mich tausendmal geschlagen hätte – deine Bitte würde sie, nach dem Guten, das du mir getan hast, in meinen Augen retten...“

Und während der ehemalige Verfolger nur mit Schwierigkeiten die Tränen zurückhielt, die ihm spontan in die Augen stiegen, hob er mit respektvollem Ausdruck hervor:

„Mächtiger Geist und guter Freund, der du mich als unauffälliger Diener aufgesucht hast, um meine im Eis der Rache erstarrten Kräfte aufzuwecken, ich bin bereit dir zu dienen! Ich bin ab jetzt dein!“

„Wir werden für immer Jesus gehören!“, berichtigte Gúbio ohne Anmaßung.

Er umarmte ihn herzlich und führte ihn anschließend in ein benachbartes Zimmer, zweifellos um einen effizienten und schnellen Handlungsplan aufzustellen.

Erst dann erinnerte ich mich daran, dass wir uns in der Gegenwart beider Hypnotiseure befanden, die ihre Arbeit an dem schlafenden Ehepaar verrichteten. Einer von ihnen war unruhig und zeigte offen sein Verständnis der Situation; er bemerkte, dass etwas Außergewöhnliches geschah, aber er wagte es nicht, vielleicht wegen eines Gelübdes der Disziplin, das Wort an uns zu richten. Der andere hingegen zeigte keinerlei Gefühlsregung. Er befand sich weiterhin jenseits des Dramas, das wir erlebten. Er schien wie ein laufender Automat und beeindruckte mich besonders durch die Gefühllosigkeit in seinem Blick.

Einige Minuten waren schwerfällig vergangen, als Gúbio und Saldanha an den Ort des Geschehens zurückkehrten.

Margaridas ehemaliger Verfolger war erkennbar verändert, fast imposant. An seiner Körperhaltung sah man die Erneuerung seiner inneren Zielsetzung.

Gewiss hatte er mit Unterstützung unseres Leiters ein neues Programm für den Kampf aufgestellt, denn er bat den lebhafteren Hypnotiseur zu einem Gespräch unter vier Augen.

Ganz in meiner Nähe entwickelte sich die Unterredung deutlich vernehmbar.

„Leôncio", sagte Saldanha enthusiastisch, „unser Projekt hat sich geändert und ich zähle auf deine Mitarbeit."

„Was ist passiert?", fragte sein Gegenüber neugierig nach.

„Ein großes Ereignis."

Und er fuhr verwandelt fort:

„Wir haben hier einen Vertreter des göttlichen Lichts."

Er umriss ihm kurz die Erfolge der Nacht in einer bewegenden Zusammenfassung und endete, indem er an ihn appellierte:

„Können wir auf dich zählen?"

„Absolut", erklärte der Gefährte, „ich bin der Freund meiner Freunde, ungeachtet der Risiken des Unterfangens."

Und indem er mit dem Blick auf den anderen Magnetiseur wies, der maschinenmäßig an Margaridas Seite weiterarbeitete, wandte er ein:

„Jedoch ist bei Gaspar jede Vorsicht geboten, da er nicht dazu in der Lage ist, sich anzuschließen."

„Sei beruhigt", erläuterte Saldanha freundlicher, „wir werden für alles sorgen."

Leôncio hatte einen sonderbaren Glanz in den Augen und sprach flehend zu dem ehemaligen Folterchef:

„Hör zu! Du kennst mein Problem. Wo du schon durch den Himmelsboten gerettet wurdest, könnte ich meinerseits nicht auch von seinem Beistand profitieren?

Ich habe auf der Erde eine verblendete Ehefrau und einen dem Tode geweihten Sohn."

Indem er der Stimme einen unvergesslichen Unterton gab, bemerkte er:

„Saldanha, es ist dir nicht unbekannt, dass ich zwar ein Verbrecher, aber immer noch ein Vater bin... Wenn ich meinen lieben Sohn von der Auflehnung und dem Grab befreien könnte, so lange noch Zeit ist, würde ich mich höchst glücklich schätzen. Du weißt, dass ein Verurteilter nicht dasselbe Schicksal für die Sprösslinge des Herzens wünscht!"

Angesichts des schmerzvollen Appells zögerte Saldanha nicht:

„Gut", erwiderte er ein wenig verlegen, „suche den Wohltäter Gúbio auf und trage ihm den Fall ehrlich vor."

Leôncio ließ sich nicht lange bitten.

Er ging respektvoll zu unserem Lehrmeister und erklärte sich einfach und unverblümt:

„Mein Freund, ich habe gerade erfahren, mit welcher Hingabe du deine Kraft zugunsten von Geschöpfen mobilisierst, die vom Guten abgekommen sind wie wir, die wir uns gegenüber allen verachtenswert fühlen. Daher komme ich ebenfalls, um dich um umgehende Unterstützung anzuflehen."

„Womit können wir nützlich sein?", fragte der Tutor höflich.

„Ich wechselte vor sieben langen Jahren hier herüber und hinterließ auf der Welt meine Frau und ein neugeborenes Söhnchen. Ich kehrte noch sehr jung zurück, erstickt in der Erschöpfung durch die übermäßige Arbeit auf der Jagd nach dem leichten Geld. Ich erlangte tatsächlich, was ich verfolgt hatte – einen Vorrat an umfangreichen Bankeinlagen, mit denen sich die Ehefrau noch bis heute unterhält und alle Bedürfnisse abdeckt. Die Verzweiflung, das nutzlose Sehnen nach der Rückkehr in den Körper, den ich verlassen hatte, die verletzte Eitelkeit verwandelten mich in den unmenschlichen Mitarbeiter, auf den Gregório, unser Vorgesetzter, so stolz ist… Wehe mir jedoch, der ich mich als ausschließlicher Herr über die Reize der Frau fühlte, die ich anbetete! Seit zwei Jahren nun hört meine unglückliche Avelina auf die trügerischen Ränke eines Krankenpflegers, der die organische Anfälligkeit meines Söhnchens ausnutzte, um sich in das Gemüt der armen Mutter, verwitwet und jung, einzuschmeicheln. Als er gerufen wurde, um dem Jungen nach einem bedeutungslosen Vorfall Hilfe zu leisten, bemerkte der Pfleger die materiellen Schätze der begehrenswerten Beute. Seitdem belästigt er meine Frau ohne Unterlass und er fing an, einen grausamen Plan verfolgend, meinen Kleinen Schritt für Schritt mithilfe von Betäubungsmitteln zu vergiften, die er ihm verabreicht. Im Laufe der Zeit erreichte er bei Avelina alles, was er wollte: Geld, Illusionen, Genüsse und ein Eheversprechen. Ich glaube, dass der Bund innerhalb von wenigen Tagen geschlossen werden wird und ich habe mich mit einem solchen Geschehen schon abgefunden, denn die inkarnierte Seele atmet unter dem groben Gewebe aus Albträumen und Ansprüchen; aber der getarnte Verfolger, der in meinem Sohn einen starken Konkurrenten hinsichtlich der Güter sieht, die ich anhäufte, versucht ihn ohne Eile zu vernichten, indem er ihm, berechnend und hinterhältig, die Gelegenheit raubt, für eine würdige und glückliche Zukunft zu leben."

Er unterbrach einige Momente lang und fuhr bewegt fort:

„Offen gestanden schäme ich mich, um einen Gefallen zu bitten, den ich nicht verdiene, aber der pervertierte Geist, wie ich, der um rettende Maßnahmen für die geliebten Wesen bittet, ist sich des eigenen Ungemachs im Bösen bewusst, welches er dazu auserkor, ihm den Weg zu inspirieren... Wohltäter, hab Mitleid! Mein unglückseliger Ângelo befindet sich am Rande des Grabes... Ich gehe davon aus, dass das Ableben des Körpers in den nächsten Tagen erfolgen wird, wenn befreundete und mitfühlende Hände uns nicht unserer Not entsprechend zu Hilfe kommen. Ich habe schon alles getan, was in unseren Möglichkeiten stand, jedoch bin ich Teil einer Gruppe von boshaften Wesen, und das Böse vermag weder zu retten, noch irgendjemanden zu bessern.

Gúbio wollte antworten, aber zu unserer großen Überraschung ergriff Elói das Wort und fragte hastig:

„Und der Name des Krankenpflegers? Wer ist dieser angehende Kindesmörder?"

„Es ist Felício de..."

Als der Familienname ausgesprochen wurde, stützte sich unser Gefährte auf mich, um nicht umzufallen.

„Das ist mein Bruder!", rief er, „Das ist mein Bruder..."

Eine starke Gefühlsregung ließ sein Gesicht erblassen und eine beunruhigende Spannung machte sich bei uns breit.

Aber Gúbio, mit der erhabenen Gelassenheit, die seine Wesensart charakterisierte, umarmte Elói und fragte ruhig:

„Wo befindet sich der Unglückliche, der nicht unser bedürftiger Bruder wäre?"

Der intelligente und gütige Satz beruhigte den deprimierten und atemlosen Freund.

Unser Lehrmeister lud uns dazu ein, den kranken Jungen zu besuchen, ohne Zeit zu verlieren – wohl von dem Wunsch geleitet, die Wolken aufzulösen, die sich in jenem Domizil verdichteten und es in ein gesegnetes Heiligtum zu verwandeln.

Saldanha wies auf die seltsame Gestalt Gaspars, der gegenüber dem, was vor sich ging, taub und gefühllos zu sein schien, und erinnerte:

„Lassen wir ihn ein paar Stunden lang allein. Wir benötigen ohnehin mindestens einen Tag, um unsere Verteidigungsvorkehrungen zu verstärken. Gregórios Streitkräfte werden uns nicht verzeihen."

Unser Lehrmeister lächelte still und wir entfernten uns.

Es wehte ein sanfter und frischer morgendlicher Wind und eine lastende Grabesstille herrschte in den Vorortstraßen, die wir schnellen Schrittes überquerten.

Leôncio, der vorweg lief, zeigte uns ein komfortables Haus und teilte mit:

„Genau hier."

Wir traten ein.

In getrennten Zimmern schliefen die Dame des Hauses und der Krankenpfleger jeweils allein, während ein sympathischer Junge fast unmerklich stöhnte und Schmerzen sowie Unwohlsein ausdrückte.

Man merkte ihm die Zerstörung an, die durch die permanenten Giftstoffe verursacht wurde. Eine tiefe Melancholie prägte seinen Blick.

Leôncio, der gefürchtete Hypnotiseur, umarmte ihn und erläuterte:

„Das subtile Gift, das er in winzigen und systematischen Dosen aufnimmt, breitet sich in seinem Körper und seiner Seele aus."

Unsichtbare magnetische Ströme verbanden nun Vater und Sohn, denn trotz der Erschöpfung, die von ihm Besitz ergriffen hatte, betrachtete der Junge entzückt, in einer rührenden Bewegung, das große Bild des Papas, das an der Wand hing und sprach leise flehend:

„Papa, wo bist du...? Ich habe Angst, große Angst..."

Bittere Tränen folgten seinem unerwarteten Gebet und Margaridas Hypnotiseur, der uns bis dahin als schrecklicher Charakter erschienen war, begann bewegend zu weinen.

Gúbio entfernte sich für einige Momente und kehrte mit Felício, dem vorübergehend vom physiologischen System getrennten Krankenpfleger, zurück. Obwohl der junge Mann halb unbewusst war, versuchte er in einem Impuls deutlichen Schreckens zurückzuweichen, als er Elói neben dem kleinen Kranken sah, aber unser Leiter hielt ihn sanft fest.

Mein Kollege ging mit einem bereits veränderten Gesichtsausdruck zu ihm und versuchte, das Wort an ihn zu richten.

Der Lehrmeister hingegen legte den rechten Arm um ihn und warnte:

„Elói, misch dich nicht ein. Du bist emotionell nicht dazu in der Lage, mit Erfolg zu arbeiten. Die gefühlsbedingte Auflehnung würde deine vorübergehende Unfähigkeit, eine solche Art von Dienst zu leisten, verraten. Du wirst am Ende tätig werden."

Anschließend übertrug Gúbio aufweckende Passes auf Felício, damit sein Geist der Lektion jener Stunde im höchstmöglichen Bewusstseinsstadium folgen könne. Es war erkennbar, dass der Patient begann, uns mit mehr Klarheit, beschämt und erschreckt, anzusehen. Er schaute Elói voller Angst an und als er bemerkte, dass Leôncio den kleinen Sohn beweinte, machte er erneut eine zurückweichende Bewegung, wobei er jedoch fragte:

„Was? Dieses Monster weint also?"

Gúbio nutzte die brutal gestellte Frage, um gelassen einzugreifen:

„Gestehst du einem Vater das Recht nicht zu, angesichts des verfolgten und kranken Söhnchens ergriffen zu sein?"

„Ich weiß lediglich, dass er mir ein unerbittlicher Feind ist", kommentierte Elóis Bruder mit ungezügelter Animosität, „und ich erkenne ihn aus der Nähe wieder. Er ist Avelinas Mann... Zu Beginn sah ich ihn auf den widerlichen Bildern, von denen es in diesem Haus wimmelt...

danach begann er, mich in den Stunden des Schlafes zu geißeln..."

„Hör zu!", sagte der Tutor in einem liebevollen Tonfall zu ihm, „Wer hat wohl zuerst die Position eines Gegners eingenommen? Sein Herz, in seinen höchsten Gefühlen gedemütigt und verletzt, oder deines, das ein abstoßendes Projekt zur sentimentalen Eroberung einer wehrlosen Witwe eingefädelt hat? Seines, das in der beunruhigenden Sorge eines Vaters leidet oder deines, das in dieser Familie mit der dunklen Absicht erscheint, seinen kleinen Sohn zu töten?!"

„Aber Leôncio gehört zu den ‚Toten'!", seufzte der Krankenpfleger geknickt.

„Und wirst du eines Tages nicht zu ihnen gehören", entgegnete unser Leiter, „wenn du den fleischlichen Körper zum Inventar des Staubes zurückgegeben hast?"

Und da der Gesprächspartner, verwirrt durch die spaltenden Kräfte der Schuld, nichts einwenden konnte, führte unser Lehrmeister weiter aus:

„Felício, warum bestehst du auf der gewissenlosen Intrige, mit der du ein derart berechnetes Verbrechen vorbereitest? Hast du etwa kein Erbarmen mit einem kranken Kind, ohne sichtbaren Vater? Du betrachtest Leôncio als Monster, weil er den zerbrechlichen Sprössling seines Herzens verteidigt, wie ein Vogel, der – wenn auch hilflos – angreift, in der Inbrunst, das Nest zu erhalten... Was soll man jedoch zu dir sagen, mein Bruder, der du nicht zögerst, in dieses Heiligtum einzufallen, einzig und allein mit dem Instinkt des Vergnügens und der Macht? Wie ist deine beklagenswerte Handlung als Krankenpfleger zu interpretieren, der die göttliche Gabe des Linderns und Heilens ausnutzt, um zu stören und zu verletzen? Felício, im Vergleich zur Ewigkeit, in der sich das Bewusstsein bewegen wird, ist die menschliche Erfahrung ein einfacher Traum oder Albtraum weniger Minuten. Warum sollte man der Zukunft im Tausch gegen den illusorischen Komfort einiger Tage Abbruch tun? Diejenigen, die Dornen pflanzen, ernten in der eigenen Seele Dornen und erscheinen vor dem Herrn mit Händen, die sich in abscheuliche Krallen verwandelt haben. Diejenigen, die um die Füße der anderen herum Steine auslegen, werden später durch die Versteinerung und die Lähmung des eigenen Herzens überrascht werden. Hast du wohl eine hinreichende Vorstellung von der Verantwortung, die du auf dich lädst? Im Herzen verfügst du noch immer über erkennbare Reste der Güte, wie sie jene haben, die sich im Schoß einer gesegneten und großen Familie niederlassen, in der die Solidarität seit den Ursprüngen des Kampfes kultiviert wird. Ich sehe, dass der jugendliche Enthusiasmus in deinem Geist nicht gänzlich erloschen ist. Warum gibst du den Verlockungen des Verbrechens nach? Bewegt dich das Siechtum des Jungen nicht, dem du den schleichenden Tod aufzuzwingen versuchst? Überleg einmal! Leôncios Drama beschränkt sich nicht auf den Konflikt eines ,Toten', wie du in deinem gestörten Verstand annimmst. Untersuche sein Herz, das ein liebendes und hingebungsvolles Vaterherz ist! Du wirst darin die innige und reine Zuneigung finden, wie einen Brillanten, der im harten und erschlagenden Geröll verborgen ist."

Elóis Bruder richtete die ängstlichen und erschütterten Augen auf unseren Lehrmeister.

Nach einer kurzen Pause fuhr Gúbio fort:

„Tritt näher. Komm zu uns. Hast du die Fähigkeit zu lieben verloren? Leôncio ist dein Freund, unser Bruder."

Felício schrie mit dem Ausdruck sichtlicher Bangnis:

„Ich will gut sein, aber ich kann nicht... Ich versuche mich zu bessern und schaffe es nicht..."

Er fügte mit schluchzender Stimme hinzu:

„Und das Geld? Wie begleiche ich die eingegangenen Schulden? Ohne die Heirat mit Avelina ist die Lösung ausgeschlossen!"

Unser Leiter umarmte ihn und führte aus:

„Und glaubst du, dass du finanzielle Probleme dadurch löst, dass du dir moralische Schulden aufbürdest, die dich auf unbestimmte Zeit peinigen werden? Niemand verbietet dir die Hochzeit; nicht einmal Leôncio, der die materiellen Güter zusammentrug, über die du nach Gutdünken zu verfügen beabsichtigst, könnte dich dazu veranlassen, Abstand von diesen Plänen zu nehmen. Die Handlungen jedes Mannes und jeder Frau erbauen ihr jeweiliges Schicksal. Wir sind für alle Entschlüsse verantwortlich, die wir uns hinsichtlich der Programme des Ewigen zu eigen machen, und wir könnten nicht in deinen freien Willen eingreifen – aber wir bitten um deine Mithilfe zugunsten dieses zerbrechlichen Lebens, das weitergehen soll... Du willst Geld, finanzielle Mittel, die dich von anderen Menschen respektiert oder gefürchtet machen sollen. Glaube mir jedoch, dass das Vermögen eine zu schwere Krone für den Kopf ist, der sie nicht tragen kann und gemeinhin all jene durch die Erschöpfung und die Desillusion in den Staub wirft, die es ohne die weiten Horizonte der Arbeit und des Verdienstes erobert haben. Es ist somit unbedeutend, dass du über die wertvollen Guthaben aus Gold und Silber herrschst, die Leôncio rücksichtslos anhäufte, denn du wirst mit den Jahren lernen, dass das Glück nicht in

Tresoren steckt, die der Rost zerfrisst. Jedoch interessieren wir uns, Felício, für dein Versprechen zugunsten dieses, durch das Leiden entkräfteten Kindes. Verschone seinen zarten Körper und warte auf die Zukunft! Bringe ein solches Delikt nicht in das Reich des Todes, das deinen Geist in finstere Höhlen der erneuernden Sühne einschließen würde."

Angesichts der Unterbrechung, die sich ganz natürlich ergab, wollte Felício irgendetwas zu seiner Rechtfertigung sagen, aber er konnte nicht.

Gúbio hingegen fuhr gelassen fort:

„Heirate, verschleudere die kostbaren Rücklagen dieser Familie, wenn du nicht rechtzeitig die heilige Mission des Geldes verstehen kannst, steige zu den Gipfeln des vergänglichen gesellschaftlichen Lebens hinauf, schmücke dich mit den konventionellen Titeln, mit denen die niedere Welt die scharfsinnigen Geschöpfe zu prämieren pflegt, welche den steilen Pfad der nutzlosen oder zerstörerischen Vorherrschaft emporklettern, ohne in der Öffentlichkeit an ihre Vorurteile anzuecken; denn die Zeit wird dich immer mit meisterlichen Lektionen erwarten. Hilf jedoch ohne zu zögern dem Kleinen, wieder zu Kräften zu kommen."

Und indem er einen mitfühlenden Blick an Margaridas Hypnotiseur richtete, unterstrich er:

„Ist es nicht genau das, was wir wünschen, Leôncio?"

„Ja", bestätigte der arme Vater unter rührenden Tränen, „das Geld ist nicht wichtig, und jetzt erkenne ich, dass Avelina ebenso frei ist wie ich selbst. Aber wenn mein Söhnchen weiter auf der Erde bleibt, habe ich Hoffnung auf meine eigene Regeneration. Ich werde in ihm einen mit meiner Erinnerung verbundenen Gefährten und einen Freund haben, dessen Fähigkeit zu dienen ein gesegnetes Feld für meine eigene spirituelle Tätigkeit sein wird. Dieser Junge ist bis auf weiteres das einzige Mittel, über das ich verfüge, um den Glauben an das Gute wiederzufinden, von dem ich mich entfernt hatte."

Gúbio erkannte, welch schmerzliche Anstrengung es ihn kostete, in dieser Stunde zu sprechen und zu bitten. Daher umarmte er ihn, richtete ihn auf und sagte:

„Leôncio, Jesus glaubt an die Kooperation der Menschen – so sehr, dass er unsere störrischen Unvollkommenheiten toleriert, bis wir die Notwendigkeit unserer persönlichen Verwandlung hin zum höchsten Guten akzeptieren. Warum sollten wir dann nicht glauben? Ich vertraue auf Felícios Erneuerung. Von heute an wird dein Söhnchen nicht mehr durch einen Verfolger überwacht, sondern durch einen fürsorglichen Wohltäter geschützt werden, der unseres brüderlichen Beistands würdig ist!"

Durch derartige Worte besiegt, ging der Krankenpfleger vor uns auf die Knie und schwor:

„Im Namen der Göttlichen Gerechtigkeit verspreche ich, dieses Kind wie ein echter Vater zu betreuen!"

Anschließend erhob er sich wieder und versuchte, Gúbios Hände zu küssen, aber unser Lehrmeister vermied taktvoll, die Ehrung zu erhalten und empfahl Elói und mir, dass wir den Patienten zum physischen Körper führten, während er selbst dem kleinen Kranken stärkende Passes übertragen würde.

Felício legte die Arme um uns beide, und nachdem wir ihm geholfen hatten, sich in der fleischlichen Apparatur wieder zurechtzurücken, wachte er von Tränen überströmt im Bett auf.

Doch die Begebenheit endete dort vorerst nicht.

Um der Situation mehr Gewicht zu verleihen, übertrug Elói intensive magnetische Energie auf Felícios Augenbereich, sodass der völlig verstörte Bruder in der Lage war, uns beide einige Sekunden lang zu sehen.

Erschüttert und verschreckt wusste er nicht, was er sagen sollte, aber Elói ging zu ihm und ermahnte ihn schonungslos, während eine förderliche Empörung in seinen Augen funkelte:

„Wenn du diesen Jungen tötest, werde ich selbst dich bestrafen."

Der Krankenpfleger stieß einen schrecklichen Schrei aus und ließ den beinahe ohnmächtigen Kopf auf das Kopfkissen fallen, während er uns aus den Augen verlor.

In diesem Augenblick glaubte ich aufrichtig, dass Felícios Versprechen vollständig eingelöst würde.

15

ENDLICH HILFE

Vom Auftreten unseres Lehrmeisters begeistert, ergoss sich Saldanha in Gesten von fast naiver Demut, und sowohl er als auch Leôncio begannen, uns aktiv bei den Vorbereitungen für die Lösung zu unterstützen, nach der wir suchten.

Beide baten darum, die bisherige Organisation des Ambiente beizubehalten, damit wir nicht leichtfertig die Wut der unwissenden Wesen auf uns zögen, deren Haltung gegensätzlich zu unserer war. Sie könnten sich in einem bedrohlichen Kommando organisieren und unsere besten Pläne durchkreuzen. Sie kannten Prozesse der Hilfeleistung, die unserem Vorhaben ähnelten und waren über das Potential des feindlichen Gebietes gut informiert, aus dessen Zentrum urplötzlich hunderte von Gegnern in Massen jene Wohnstätte angreifen könnten, die keineswegs darauf vorbereitet war, einer Einkreisung dieser Art zu widerstehen.

Während ich ihre Äußerungen hörte, achtete ich auf die Situation Gaspars, ohne mein gerechtfertigtes Erstaunen zu verbergen. Der Hypnotiseur, von äußerst unangenehmer Erscheinung aufgrund der abstoßenden Fluide, die er absonderte, nahm weiterhin keine Notiz von unseren Gesprächen. Sein fast glasiger Blick, unfähig uns anzusehen, vermittelte den Eindruck, dass seine Seele gelähmt, dass seine Gedanken versteinert waren.

Da ich meine Neugier nicht länger zurückhalten konnte, fragte ich Gúbio, was ihm zugestoßen sei. Was bedeutete jene psychologische Maske eines Magnetiseurs des Schattens? Er verharrte taub, fast blind, völlig gefühllos. Auf noch so lange und wichtige Fragen antwortete er einsilbig, vage und zeigte hinsichtlich der Drangsalierung des Opfers eine unverminderte Hartnäckigkeit.

Der Tutor, der jetzt frei sprechen konnte, erklärte bereitwillig:

„André, es gibt Besetzer mit ausgesprochen verhärtetem Herzen, die unter dem Einfluss von noch stärkeren und perverseren Verfolgern, als sie selbst es sind, praktisch versteinern. Furchterregende Intelligenzen der Schattenregionen absorbieren gewisse Zentren des Perispirits von bestimmten Wesen, die sich als pervertiert und undankbar gegenüber dem Guten erweisen und benutzen sie als Werkzeuge für die Verbreitung des Bösen, das sie als Saatbeet für das Leben ausgewählt haben. Gaspar befindet sich in dieser Situation. Durch Herren der Anarchie hypnotisiert, durch betäubende Strahlen gelähmt, verlor er vorübergehend die Fähigkeit zu sehen, zu hören und erhebende Gefühle aufzubringen. Er befindet sich – wie ein gewöhnlicher Mensch - in einem quälenden Albtraum, in welchem die Vernichtung Margaridas für ihn zu einer fixen, ihn völlig einnehmenden Idee geworden ist."

„Aber könnte er den Besitz der natürlichen Sinne nicht wiedererlangen?", fragte ich stark beeindruckt.

„Absolut. Der Magnetismus ist eine universelle Kraft, die die Richtung annimmt, die wir ihr vorgeben. Passes, die der lähmenden Beeinflussung entgegenwirken, werden ihn der Normalität wiedergeben. Eine solche Operation erfordert jedoch einen passenden Moment. Dabei sind intensive erneuernde Kräfte erforderlich, die bei arbeitenden Gruppen gefunden werden können, in denen die

Mitwirkung vieler sich zugunsten eines Einzelnen ver- zahnt, wenn es notwendig ist."

In diesem Augenblick trat Saldanha zu uns und bat freimütig um Anweisungen.

„Mein Wohltäter", sagte er mit Hochachtung zu Gúbio, „ich verstehe, dass durch das sofortige Aufzeigen der neuen Situation unsere Anstrengungen der schreckli- chen Reaktion all derer, die uns erbarmungslos überwa- chen werden, ausgesetzt würden. Offen gestanden sehe ich mich auf einem neuen Feld und kenne den Weg nicht, auf dem ich wieder beginnen soll."

Der Angesprochene stimmte gütig zu:

„Ja, Saldanha, du wirst gut inspiriert. Wir sind zu schwach, um als Einheit zu kämpfen. Es ist unerlässlich, dass sich Margaridas Zustand zunächst einmal spürbar verbessert. Warten wir auf den Abend. Ich hoffe, den Fall in einem Zentrum brüderlicher Liebe unterbringen zu können. Bis dahin ist es ratsam, dass wir die häusliche Umgebung ohne Veränderungen belassen, auch weil Gaspar ein weiterer Kranker ist, der besondere Aufmerk- samkeit erfordert: seine perispirituelle Hülle ist krank und süchtig, sie bedarf barmherziger Hilfe."

Die Beobachtung hatte kaum geendet, als Gabriel das Schlafzimmer betrat und auf die mutlose und niederge- schlagene Ehefrau zuging.

Gúbio, der jetzt Herr der Lage war, näherte sich dem jungen Mann unprätentiös und legte ihm die väterli- che rechte Hand auf die Stirn. Dadurch beherrschte er die Bereiche der direkten Inspiration in seinem Gehirn und lenkte ganz natürlich magnetische Kräfte, die das Problem der Hilfeleistung einer günstigen Lösung zuführen sollten.

Ich bemerkte, dass Margaridas Ehemann unter dem geistig anregenden Einfluss begann, die Partnerin liebevoll zu betrachten. Mit aufrichtiger Zärtlichkeit nahm er ihre Hände und sagte spontan:

„Margarida, es schmerzt mich, dich so zu sehen, wie du von einer derart starken Niedergeschlagenheit eingenommen bist."

Eine kurze Pause lastete auf beiden; jedoch sprach der Gatte, dessen Augen von unbeschreiblicher Hoffnung erleuchtet waren, nach einigen Momenten weiter:

„Hör zu! Eine plötzliche Idee ist in meinen Gedanken aufgekeimt. Seit vielen Tagen werden wir durch heftige Medikamente und drastische Maßnahmen überrollt, die dir nicht mit der erforderlichen Effizienz geholfen haben. Bist du damit einverstanden, dass ich die Hilfe eines Freundes, der sich für den christlichen Spiritismus interessiert, für uns erbitte?"

Durch jene Welle von gesegneter Zuneigung berührt, die unmerklich von Gúbio über Gabriel zu ihr floss, öffnete die Kranke die Augen, die – wie bei jemandem, der unverhofft einen rettenden Pfad findet - von neuem Interesse erfüllt waren und stimmte glücklich zu:

„Ich bin bereit. Ich akzeptiere jedes Mittel, dass du als richtig und würdig ansiehst."

Von Hoffnung übermannt verließ der Gatte überstürzt das Zimmer, begleitet durch Gúbio, der uns empfahl, zur Vorbereitung der Arbeit für den nahenden Abend an Saldanhas Seite zu bleiben.

Mit dem ehemaligen Verfolger nunmehr allein, verlor ich keine Zeit.

Ich hatte eine Tätigkeit übernommen, die absolut neu für mich war und wollte meine Kenntnisse und Fähigkeiten erweitern. Ich war der Ansicht, dass ein unvollkommener Arbeiter in meiner Position stets lernen muss, und so näherte ich mich dem zu einem Freund gewordenen Scharfrichter und fragte:

„Saldanha, wie lässt sich eine derartige Furcht unsererseits vor den weniger entwickelten Gefährten erklären?"

Er sah mich mit einem überraschten Blick an und erklärte:

„Mein Teurer, ich kenne dieses Kapitel zur Genüge. Wenn wir uns entschließen sollten, offen zu kämpfen und diese kranke junge Dame, deren physische Widerstandskräfte gering sind, bei uns zu behalten, wäre der Misserfolg unserer Absicht ihr zu helfen eine Frage von wenigen Minuten. In den niederen Kreisen, in denen wir uns befinden, ist die Boshaftigkeit eine fast überall dominierende Kraft, deren Akteure uns von allen Seiten überwachen, und es ist nicht leicht für uns, ihren Angriffen zu entkommen. Um das Böse zu bekämpfen und zu besiegen, ist es unabdingbar, die Vorsicht und die Hingabe der Engel zu besitzen. Anderenfalls verliert man nur Zeit und gerät, wehrlos und unbeholfen, in gefährliche Schlingen der Schattenregion."

Der neue Verbündete ließ den Blick durch das Zimmer wandern, um sich davon zu überzeugen, dass wir nicht durch gemeinsame Gegner gehört würden und fuhr fort:

„Gleich nach meiner Ankunft tat ich selbst alles, um vor dem Bösen zu fliehen, aber vergeblich. Alte, durch meinen Mund formulierte Gebete, die ich in den Winkeln des Zuhauses gelernt und die die Zeit nicht gänzlich aus meinem Geist verdrängt hatte, ernteten den grausamen Sarkasmus der Feinde des Guten. In Wahrheit bevölkerten weniger würdige Gedanken meinen Kopf, aber der aufrichtige Wunsch mich zu bessern war in meinem Herzen vorhanden. Ich bemühte mich auf gewisse Weise, reagierte so gut ich konnte; jedoch war mein Impuls zum wahren Guten im Grunde ein schwacher Hauch gegenüber einem Wirbelsturm. Durch den Kontakt zu diesen unglücklichen und rachsüchtigen desinkarnierten Menschen verlor ich den Rest der moralischen Gesinnung, die ich vergeblich zu erhalten versuchte. Wenn die vom fleischlichen Körper befreite Seele nicht auf – gefühlten und gelebten - starken Prinzipien heiligender Tugend begründet wird, ist es fast unmöglich, siegreich aus den dunklen Fallen herauszukommen, die uns gestellt werden."

„Ist diese Haltung", wandte ich ein, „jedoch nicht ein reiner Reflex der verheerenden Unwissenheit?"

„Ich gebe zu, dass dies so ist", erläuterte der veränderte Besetzer, der mich durch die Klarheit der Argumentation überraschte, „hingegen ist dir nicht unbekannt, dass die größte Schwierigkeit nicht aus der Unwissenheit selbst entspringt, sondern aus unserer Härte, mit der wir uns gegen die unerlässliche Kapitulation stemmen. Die Weisheit schlägt die Unkenntnis, die Güte demütigt die Perversität, die wahre Liebe kreist den Hass in einem Eisenring ein; jedoch bedienen jene, die im Bereich der niederen Schwingungen überrascht werden, freiwillig tausend Waffen der Auflehnung, der Verleumdung, des Neids, der Eifersucht, der Lüge und der Zwietracht gegen das Gute und rufen dadurch Verwirrung und Mutlosigkeit hervor."

Nachdem ich seine derart aufgeklärten Worte in mir aufgenommen hatte, deren Gewandtheit und Prägnanz mich erstaunten, erwog ich:

„Dein eigener Fall ist ein lebendiges Beispiel. Der Aufbau deiner intelligenten Kommentare überrascht mich. Auf keinen Fall kannst du ein Unwissender sein."

„Oh, ja!", erwiderte der einstige Henker lächelnd, „An Intelligenz fehlt es mir nicht, ebenso wenig an Lektüre. Ich bin in Bezug auf die allgemeinen Pflichten, die mir obliegen, absolut informiert. Es fehlte mir allerdings die Gesellschaft von jemandem, der mir die Effizienz und die Sicherheit des Guten inmitten von so viel Bösem hätte zeigen können. Stell dir einen Hungernden vor, der Vorträge hört. Glaubst du, dass die Worte die Bedürfnisse seines Magens befriedigen? Genau dies ist mit mir geschehen. Voller Sorge um die Ehefrau und die Schwiegertochter, die in einer schrecklichen Verstörtheit desinkarnierten, gequält durch den verrückten Sohn und die in Gefahr befindliche Enkelin, gab es in meinem Kopf keinen „mentalen Platz", um mich erlösenden Theorien lobend zuzuwenden. Lehrmeister Gúbio hat mir hingegen gezeigt, dass das Gute mächtiger ist als das Böse. Das genügte mir vollkommen. Wenn wir zweifeln, vermittelt ein Akt wahrhaftiger Nächstenliebe segensreiche Aufklärung."

Er sah sich mit extremem Misstrauen im Blick um und hob hervor:

„Ich weiß jedoch aus eigener Erfahrung, wer die Bösewichte sind, in deren Gruppe ich bis gestern arbeitete. Offen gestanden, weiß ich noch nicht mit Sicherheit, was aus mir wird. Sie werden mich ohne Unterlass verfolgen. Wenn sie können, werden sie mich in das Tal des Elends und der Not führen. Ich bemerke jedoch, dass jetzt eine heilsame Verwandlung von meinem Geist Besitz ergriffen hat. Ich bin nunmehr davon überzeugt, dass das Gute das Böse besiegen kann und ich hoffe, dass unser Lehrmeister mich nicht verlässt. Selbst wenn ich leiden sollte, werde ich ihn begleiten. Ich beabsichtige nicht, auf den verwerflichen Weg zurückzukehren, den ich gegangen bin."

Leôncio, der uns aufmerksam anschaute und unserem Gespräch folgte, bekundete seinerseits:

„Ich kann ebenfalls nicht mehr in den Reihen der Rache dienen. Ich habe es satt..."

Ich versicherte beide unserer Sympathie und versprach ihnen im Namen unseres Tutors, dass es ihnen nicht an Beistand aus höheren Sphären fehlen würde.

Sie lächelten zufrieden, als Gúbio in das Gemach der Kranken zurückkehrte und mitteilte, dass das Problem gelöst worden sei. Margarida und der Gatte würden am selben Abend bei einer familiären Zusammenkunft erscheinen, einem wichtigen Sektor der medialen Hilfe.

Die inkarnierte Kranke und Gaspar, der traumatisierte Hypnotiseur, würden effiziente Mittel erhalten.

Unruhig warteten wir auf den Einbruch der Dunkelheit.

Hin und wieder legte Gúbio die rechte Hand auf die Stirn der Kranken, als wollte er ihre allgemeine Widerstandskraft stärken.

Gegen zwanzig Uhr erwartete ein Auto das Paar, das durch uns und die große Anzahl von „Ovoiden" begleitet wurde, die noch immer durch den Prozess der Magnetisierung mit dem Kopf der Kranken verbunden waren.

Saldanha lenkte sorgsam alle störenden Gefährten ab, die uns zu folgen versuchten. Er beruhigte sie mit freundlichen Worten und bekräftigte, übrigens völlig zu Recht, dass die Angelegenheit in guten Händen sei.

Wir erreichten ein einladendes Anwesen und wurden bewundernswert empfangen.

Herr Silva, der Hausherr, nahm Gabriel und die Gattin mit unmissverständlichen Bekundungen der Zuneigung auf und Sidônio, spiritueller Leiter der Arbeiten, die dort ausgeführt würden, streckte uns brüderliche Arme entgegen.

Dort drinnen begannen vier Herren und drei Damen - die regelmäßigen Teilnehmer des häuslichen Kreises, wie man uns mitteilte – Ideen mit den Besuchern auszutauschen, sie aufzumuntern und sie anzuleiten, bis die Uhr den exakten Moment für die Dienste des Abends anzeigen würde.

Auf Gúbios Nachfrage erläuterte Sidônio sehr sicher:

„Unsere Gruppe arbeitet zufriedenstellend; jedoch könnte sie eine umfangreichere Ernte an Segnungen einfahren, wenn das Vertrauen in das Gute und das Ideal zu dienen bei unseren Mitarbeitern auf der physischen Ebene ausgeprägter wären. Wir wissen, dass das Werkzeug bei jeder Arbeit wesentlich ist. Der Arm ist der Übersetzer des Gedankens, der Arbeiter ist die Ergänzung des Verwalters, der Schüler ist das Vehikel des Meisters. Wie lässt sich die höhere Spiritualität auf der Erdkruste ohne inkarnierte Gefährten, die unseren Zielsetzungen in der heiligenden Arbeit nachkommen, errichten? In der Tat fanden wir Geschwister, die zur brüderlichen Hilfeleistung bereit sind, auch wenn man sagen muss, dass die Mehrheit die spektakuläre Medialität erwartet, um mit uns zu kooperieren. Sie versuchen nicht herauszufinden, dass wir alle Medien einer guten oder schlechten Kraft durch unsere rezeptiven Fähigkeiten sind. Sie akzeptieren die Verpflichtung der Dienstleistung nicht, welche uns empfiehlt, die substanzielle Entwicklung in der Selbsterleuchtung durch den Dienst an unseren Nächsten zu suchen, und sie gehen so weit, medianimische Talente einzufordern, als ob diese wundersame Prämien wären, die willfährig jenen zugestanden würden, die sich anhand des alten „Zauberstabs" um ihre Wohltaten bewerben. Sie vergessen, dass es sich bei der Medialität um eine Energie handelt, die allen eigen ist, in einem größeren oder kleineren Grad der Äußerung; diese Energie ist den Prinzipien der Lenkung und dem Gesetz der Anwendung unterworfen. Genauso verhält es sich mit der Hacke, die dazu eingesetzt werden kann zu dienen oder zu verletzen, abhängig von dem Impuls, der sie anleitet, und die stets besser wird, wenn sie in einer methodischen Arbeit eingesetzt ist, oder die sich mit erstickendem und zerstörendem Rost überzieht, wenn sie kontinuierlich ausruht. Unsere Freunde erkennen den Wert einer unerschrockenen und beständigen Haltung des festen Glaubens, der allen Gefahren auf dem lobenswerten Weg zu widerstehen vermag, leider nicht. Obwohl wir uns voller Hingabe um ihre Gesinnung kümmern - mit derselben Fürsorge, die der achtsame Landarbeiter der zarten Pflanze widmet, die die Hoffnungen der Zukunft in sich trägt – reicht es aus, dass störende oder boshafte Geister sie besuchen, ganz unauffällig, wie Stare in einem Reisfeld, und schon sind die höheren Keime, die wir dem Boden ihrer Herzen unablässig anvertrauen, dahin. Von einem Augenblick auf den anderen zweifeln sie unsere Aufbietung an, misstrauen sich selbst, verschließen die Augen vor der Größe der Gesetze, die sie in allen Winkeln der irdischen Natur umgeben, und die geistigen Energien, die sie in einer aktiven und heiligenden Erbauung im Hinblick auf die eigene Vervollkommnung zentralisieren sollten, werden fast täglich durch die lügenhafte Argumentation undankbarer und für das Gute wenig empfänglicher Geister verschwendet."

Da sich eine spontane Unterbrechung ergab, wagte ich zu betrachten:

„Die Ausführungen beziehen sich auf eine Gruppe, die so harmonisch zusammengesetzt ist wie diese? Ist es zu glauben, dass die Gruppe, die auf so heilsamen Absichten gegründet ist, den entmutigenden Kräften derart leichten Zugang gewährt?"

Der geistige Direktor des Hauses lächelte gut gelaunt und antwortete unumwunden:

„Ja, als Gruppe betrachtet, versammeln sie sich jetzt unter diesem freundlichen Dach und suchen unsere spiritualisierende Gesellschaft. Dies geschieht jedoch sechs Stunden lang – in den einhundertachtundsechzig Stunden jeder Woche. Solange sie bei uns sind, lassen sie sich von den sanften Ausstrahlungen des Friedens und der Freude, des guten Willens und der Hoffnung einhüllen und bemerken unsere erbaulichen Schwingungen, von denen wir wünschten, dass sie sie permanent und unanfechtbar in der allgemeinen Sphäre des menschlichen Kampfes beibehielten. Sobald sie sich jedoch in geringer Entfernung zu unseren Türen befinden, akzeptieren oder provozieren sie tausende von subtilen Anregungen, die sich von unseren unterscheiden. Schockreaktionen von Gedanken, die unserem Programm abträglich sind und dem Geist Inkarnierter oder Desinkarnierter entspringen, plagen uns ohne Erbarmen. Wenige überzeugen sich davon, dass der Glaube einen Segen darstellt, der unendlich vergrößert werden muss und flüchten vor dem Dienst, den der Erhalt, die Festigung und das Wachstum dieser Gabe uns allen anbietet. Außerdem, wenn dieser oder jener Bruder fortgeschrittenere Gesinnungen zeigt, um dem Wohle aller, zugunsten des Reichs des Lichts zu dienen, wird er während der Stunden des physischen Schlafes normalerweise prompt durch Wesen besucht, die unnachgiebig in der Ausübung des Bösen verharren und daran interessiert sind, die Herrschaft der Schatten auszuweiten. Sie untergraben Überzeugungen und beginnende Absichten mit weniger würdigen Anregungen, wenn sich der Geist des Arbeiters nicht hinreichend in dem festen Wunsch verankert, sich weiterzuentwickeln, sich zu befreien und voranzuschreiten."

Die Ausführung war sehr interessant und ich hätte alles für weitere Erläuterungen zum Thema getan, aber die Uhr zeigte den Moment unserer aktiven Mitarbeit an und wir nahmen Aufstellung.

Für die Tätigkeiten der Versammlung, die neun irdische Menschen vereinte, waren einundzwanzig spirituelle Mitarbeiter in unserem Handlungsbereich tätig.

Gúbio und Sidônio nahmen mit vereinten Kräften magnetische Operationen rings um Margarida vor und trennten endlich die „ovoiden Körper" ab, die einer Kommission von sechs Gefährten übergeben wurden, welche sie vorsichtig zu Rettungsinstitutionen führten.

Kurz darauf, während das Gebet und die evangelischen Studien zu vernehmen waren, wurde im Rahmen der Kooperation unseres Kreises ein großer Umfang an neuraler Kraft über den Mund, die Nasenlöcher und die Hände der inkarnierten Assistenten extrahiert, was durch die Versorgung mit belebenden Fluiden aus unserer Sphäre entsprechend kompensiert wurde. Diese Kraft übertrugen Gúbio und Sidônio auf Margarida und Gaspar in der offenkundigen Absicht, die perispirituellen Energien wiederherzustellen.

Die junge Dame begann, gesegnete Anzeichen der Erleichterung aufzuweisen und Gaspar, der eben noch ausdruckslos gewesen war, fing an zu stöhnen, als wäre er aus einem intensiven und langen Albtraum erwacht.

Zu diesem Zeitpunkt bereitete unser Tutor Frau Isaura vor, Dame jenes häuslichen Heiligtums und Medium des familiären Kults, indem er ihre Fähigkeit zur Inkorporation mithilfe magnetischer Passes auf den Kehlkopf und insbesondere auf das Nervensystem stärkte. Als die Stunde der christlichen Liebe zu den Desinkarnierten begann, brachten die Mentoren Gaspar zur medianimischen Organisation, damit er einen Nutzen aus dem Kontakt zu den in der physischen Erfahrung materialisierten Gefährten ziehen könne, die ihn mit belebenden Energien versorgt hatten, so wie es mit den Blumen geschieht, die, ohne es zu bemerken, die wertvolle Tätigkeit der Arbeiterbienen unterstützen.

Ich beobachtete, dass die Sinne des gefühllosen Verfolgers eine unerwartete Wahrnehmung erreichten. Seh-, Hör-, Gefühls- und Geruchsvermögen wurden plötzlich in ihm erweckt und intensiviert. Er wirkte wie ein erwachender Schlafwandler. Je weiter sich seine Kräfte mit den Energien des Mediums vereinten, desto stärker wurde das Phänomen der sensorischen Wiederauflebung. Als er sich vorübergehend der organischen Kräfte Frau Isauras in einem sichtbaren Prozess der „psychischen Eingliederung" bemächtigte, schrie und weinte der Hypnotiseur wehleidig. Er vermischte Flüche und Tränen, bewegende Worte und weniger würdevolle Worte, zwischen Reue und Sturheit. Er hörte jetzt mit geschärftem Sinn und unterhielt sich ausgedehnt mit dem Instruktor. Herr Silva, Ehemann des Mediums, ließ ihn die Notwendigkeit der spirituellen Erneuerung in einer erbaulichen Lektion spüren, die unsere innersten Fasern berührte, und nach sechzig Minuten ermüdender emotioneller Erschütterung wurde Gaspar durch zwei Diener unserer Gruppe zu dem Ort geführt, der ihm entsprach, d. h. in die Position eines Dementen, der schrittweise wieder zu Verstand kommt.

Als die aktiven Arbeiten beendet waren, wurde die Versammlung geschlossen, wobei zu merken war, dass eine riesige Freude aus allen Herzen strömte.

Margarida war endlich erleichtert, und unter Tränen bat sie den Gatten, dass er persönlich für die erhaltenen Gaben danke.

Gúbio jedoch erwog, als er den erschrockenen Saldanha sah:

„Der wesentliche Triumph hat sich noch nicht eingestellt. Margarida hat erste Hilfe erhalten, aber jetzt müssen wir ihr in ihrem Hause beistehen, bis sie selbst die hier aufgenommenen Linderungen in ihrer eigenen Individualität dauerhaft verinnerlicht."

Er lächelte gütig und fügte hinzu:

„Damit eine Pflanze tatsächlich kostbar wird, reicht es nicht aus, dass sie schön und duftend im schützenden Gewächshaus steht. Es ist notwendig, externe Hilfe zu erhalten und die eigene Widerstandskraft zu festigen, um Nützliches für das Gemeinwohl zu produzieren."

Anschließend verständigte er sich mit Sidônio und akzeptierte die – für einen Zeitraum von zehn aufeinanderfolgenden Tagen angelegte - Kooperation von zwölf spirituellen Gefährten, die der Gruppe zugeordnet wurden, deren Aufgabe die Verstärkung der Aktivitäten zur Verteidigung von Gabriels Wohnung war, denn laut Saldanha und Leôncio stünden wir vom folgenden Tag an im offenen

Krieg mit Gregórios Bediensteten, die sich natürlich auf uns stürzen würden - furchteinflößend und hartnäckig.

16

IM BANNE NÄCHTLICHER BLENDER

Als die Zusammenkunft beendet war, bemerkte ich, dass das Medium Frau Isaura Silva deutlich verwandelt war.

Solange die Arbeiten andauerten, boten glänzende Strahlen im Bereich ihres Gehirns einen sympathischen Anblick; nach dem Abschluss der Sitzung jedoch umgab sie sich mit Ausstrahlungen einer dunkelgrauen fluidischen Substanz, als ob um sie herum eine unsichtbare Lampe plötzlich zum Erlöschen gekommen wäre.

Beeindruckt und mit natürlicher Neugier wandte ich mich an Sidônio, worauf dieser mir zuvorkommend antwortete:

„Die Arme befindet sich in einem wahren Gewitterregen von bösartigen Fluiden, welche durch unaufgeklärte Wesen auf sie gerichtet werden, mit denen sie sich leichtfertig durch die schwarzen Bande der Eifersucht synchronisiert hat. Solange sie unter unserem direkten Einfluss steht, insbesondere in der gemeinschaftlichen spirituellen Arbeit, bei der sie als Durchflussventil für die allgemeinen Kräfte der Assistenten dient, wird sie mit guter Stimmung und Freude gesegnet, denn das Medium ist während des Dienstes stets als gebende und empfangende Quelle zwischen den beiden Ebenen tätig; wenn jedoch die Aufgabe beendet ist, kehrt Isaura zu dem traurigen Zustand zurück, in den sie sich selbst verbannt hat."

„Gibt es denn kein Mittel um ihr zu helfen?", fragte ich wissbegierig.

„Ohne Zweifel", erläuterte der Mentor der kleinen und sympathischen Institution, „und nur weil wir sie nicht sich selbst überlassen haben, hat sie noch nicht den Halt verloren. In einer derartigen Situation ist es jedoch unabdingbar behutsam vorzugehen, ohne sie zu demütigen und zu verletzen. Wenn wir einen zarten Trieb schützen wollen, von dem in der Zukunft eine wertvolle Ernte erwartet wird, ist es erforderlich, die einfallenden Würmer zu bekämpfen, ohne ihn in Mitleidenschaft zu ziehen. Den heutigen Spross zu verbrennen bedeutet, die Ernte von morgen zu verlieren. Unsere Schwester ist eine geschätzte Mitarbeiterin mit bedeutenden und würdevollen Qualitäten, jedoch hat sie die Idee der Exklusivität hinsichtlich des Lebens des Partners noch nicht verloren, und durch diese Bresche, die sie zu gewaltigen Schwingungen der Wut verleitet, verliert sie ausgezeichnete Gelegenheiten zu dienen und sich zu erheben. Heute erlebte sie einen ihrer unglücklichsten Tage, da sie sich dieser Art von innerer Qual völlig auslieferte. Sie benötigt heute Nacht unsere aktive Hilfe, denn jeder zum Guten erwachte Arbeiter, der sich tagsüber auf eine bestimmte Ebene niederer Schwingungen begibt, vereinbart fast immer ein persönliches Treffen für die Nacht - mit den Wesen und den Kräften, die diese Ebene bevölkern."

Er gab seinem Gesicht einen bedeutsamen Ausdruck und fügte hinzu:

„So lange die Kreatur ein durchschnittliches Leben führt und sich nicht durch höhere Aspirationen hervorhebt, kümmern sich die pervertierten Intelligenzen nicht um sie. Sobald sie hingegen Absichten der Besserung und Selbstheiligung aufweist, verfeinert sich ihre Schwingungsfrequenz; sie wird wegen der erhöhten Eigenschaften bemerkt und spontan durch diejenigen verfolgt, die sich in den Neid oder die stumme Auflehnung flüchten, da sie sich nicht mit dem Fortschritt anderer abfinden."

Ich war davon überzeugt, dass der Fall große Bedeutung für meine persönlichen Studien annehmen würde und vor dem Hintergrund, dass Margarida bereits tatkräftige Unterstützung erhalten hatte, bat ich unseren Lehrmeister – nach der Einwilligung Sidônios - um Erlaubnis, in jener Nacht den beunruhigenden Konflikt zwischen der Mittlerin und denen, die sich an den dunklen Gespinsten ihres Gefühls festklammerten, zu beobachten.

Gúbio stimmte lächelnd zu.

Er würde meine Rückkehr am nächsten Tag erwarten.

Unsere Gruppe entfernte sich und begleitete die Kranke und den Ehemann, beide unendlich zufrieden, während ich mich an der Seite Sidônios in ein interessantes Gespräch vertiefte.

„Bis auf weiteres", erklärte er mir an einem bestimmten Punkt des lehrreichen Dialogs, „wird diese Wohnung mit Hilfe unserer Sicherheitsmaßnahmen geschützt. Störende oder kriminelle Wesen verfügen hier über keinen Zugang, aber unsere durch die Eifersucht verwirrte Freundin läuft den schlechten Ratgebern selbst nach. Warten wir, bis sie die fleischliche Hülle unter dem Einfluss des Schlafes verlässt, und du wirst es aus der Nähe sehen."

Nachdem lediglich zwei Stunden vergangen waren, sahen wir Herrn Silva, der uns – bereits vom physischen Körper getrennt – von einer nahen Tür aus zunickte. Sidônio erhob sich und rief einen seiner Helfer, dem er empfahl, den Herrn des Hauses auf einer nutzbringenden Exkursion zu begleiten.

Bruder Silva äußerte uns gegenüber bedrückt:

„Ich wünschte so sehr, dass Isaura mitkäme, aber sie hörte nicht auf meine Appelle!"

„Lass sie!", merkte Sidônio mit einem energischen Unterton in der Stimme an, „Heute ist sie natürlich noch nicht darauf vorbereitet, den Lektionen zu folgen."

Auf dem gelassenen Gesicht des Gesprächspartners zeigte sich eine tiefe Traurigkeit, jedoch zögerte er nicht. Unverzüglich folgte er dem Mitarbeiter, der ihm vorgestellt wurde.

Einige Minuten später erschien vor unseren Augen Frau Isaura, außerhalb des fleischlichen Körpers, mit einem extrem dunklen Perispirit. Sie ging dicht an uns vorbei, ohne uns die geringste Aufmerksamkeit zu widmen, da sie einer einnehmenden, fixen Idee verhaftet schien. Sidônio richtete einige freundliche Worte an sie, die vollkommen ungehört blieben. Der Freund versuchte, sie mit der lichtvollen rechten Hand zu berühren, aber die mediale Mitarbeiterin rannte so schnell sie konnte und ließ uns spüren, dass unsere Annäherung in jenem Moment eine schmerzhafte Empfindung für sie darstellte. Sie war nicht in der Lage, unsere Anwesenheit zu bemerken; jedoch nahm sie instinktiv unsere geistigen Schwingungen wahr und zeigte, dass sie den spirituellen Kontakt mit uns fürchtete.

Sidônio erklärte mir, dass er sie dazu bringen könnte uns zu hören - wenn er sie zwingen würde, sich ohne Widerstand unserem Einfluss zu unterwerfen; allerdings würden wir mit einer solchen Handlungsweise auf unge-

rechtfertigte Art die Möglichkeiten zur Erziehung vergeben. Isaura war im Grunde Herrin ihres persönlichen
Schicksals, und innerhalb der eigenen Erfahrung hatte sie
das Recht Fehler zu machen, um besser zu lernen – der si-
cherste Weg zur Verteidigung des eigenen Glücks. Er war
dort, um ihr im Rahmen des Möglichen bei der Erhaltung
der physischen Kräfte zu helfen, aber nicht um sie an Ver-
haltensweisen zu fesseln, mit denen sie noch nicht spontan
einverstanden war, nicht einmal im Namen des Guten,
dessen Ausübung keine Sklaven einberuft, sondern freie,
zufriedene und optimistische Arbeiter.

Zu meiner großen Überraschung erklärte der hilfs-
bereite Beschützer im Folgenden, dass jene Dame tatsächlich umfangreiche Fähigkeiten für den Dienst am Nächsten
besaß. Falls sie diese vorübergehend verlieren wollte, bliebe
uns nichts anderes übrig, als sie dem Strom des eigenen
Willens zu überlassen, bis sie es eines Tages selbst schaffte,
in einer Sphäre höheren Verständnisses zu erwachen. Sie
wusste zur Genüge, dass der Gatte nicht ihr ausschließli-
ches Eigentum war, dass die irrsinnige Eifersucht sie nur in
eine gefährliche spirituelle Lage führen konnte; es war ihr
nicht unbekannt, dass das Wort des Meisters die Schüler
zur Vergebung und zur Liebe mahnte, damit sich die unglücklichsten Gefährten nicht die tiefen Abhänge am Weg-
esrand hinunterstürzten. Wenn ihre Schritte jedoch die
entgegengesetzte Richtung der Lebensbahn einschlagen
sollten, die ihr von der höheren Ebene aufgezeichnet worden war, bliebe uns nur, sie in den mentalen Sphären der
Mutlosigkeit oder der Verzweiflung zu belassen, damit die
Zeit ihr die eigene Wiederherstellung lehrte.

Sidônio schloss seine geduldigen Erläuterungen mit
einem melancholischen Lächeln:

„Erziehung kann nicht erzwungen werden. Jeder Geist verdankt sich den erhabenen Aufstieg oder den bedauernswerten Fall selbst. "

In diesem Moment begleiteten wir Frau Silva, außerhalb des fleischlichen Körpers, wie sie aus ihrer Wohnung auf die Straße floh. Sie lief schnellen Schrittes, bis sie zu einem alten unbewohnten Haus gelangte, in dessen Schatten sie zwei desinkarnierten Übeltätern begegnete – scharfsinnige Feinde der Arbeit der spirituellen Befreiung, welcher sie hingebungsvoll zu dienen pflegte. Es war offensichtlich, dass die beiden sie mit der Absicht erwarteten, ihre Gedanken zu vergiften.

Sie gingen freundschaftlich und sanftmütig auf sie zu, ohne unsere Gegenwart zu bemerken.

„Somit leiden sie also, Frau Isaura", sagte einer der Schwindler mit einem falschen Unterton des Mitgefühls in der Stimme, „erheblich in ihren respektablen weiblichen Gefühlen... "

„Ach, mein Freund", rief die Angesprochene sichtlich darüber zufrieden, jemanden getroffen zu haben, der an ihren imaginären und infantilen Schmerzen Anteil nahm, „also wissen sie es auch?"

„Wie sollte ich nicht?", kommentierte der Gesprächspartner emphatisch, „Ich bin einer der Geister, die sie ‚beschützen' und weiß, dass ihr Mann Ihnen ein seelenloser Henker ist. Um ihnen zu ‚helfen', bin ich dem Unglücklichen überallhin gefolgt und habe ihn beim Verrat an den häuslichen Verpflichtungen ertappt."

Frau Isaura vertraute sich unter Tränen dem falschen Freund an.

„Ja", schrie sie gequält, „genau das ist die Wahrheit! Ich leide unendlich… Auf dieser Welt existiert kein unglücklicheres Geschöpf als ich…"

„Ich erkenne", hob der redselige Verfolger hervor, „ich erkenne das Ausmaß ihrer moralischen Leiden, ich sehe ihre Anstrengung und Aufopferung und mir ist nicht verborgen geblieben, dass ihr Mann seine Stimme in den Gebeten während der regelmäßigen Sitzungen erhebt, um schlichtweg seine eigene Schuld zu überdecken. Manchmal gibt er sich mitten in der Andacht lüsternen Gedanken hin und richtet seine Aufmerksamkeit auf Damen, die in ihrem Zuhause ein- und ausgehen."

Er hüllte das unvorsichtige Medium in honigsüße Sätze und führte aus:

„Das ist absurd! Es schmerzt mich, sie an einen als Apostel getarnten Schurken gekettet zu sehen."

„Genauso ist es…", bestätigte die arme Dame, als wäre sie eine zarte Schwalbe, Überbringerin einer wichtigen Nachricht, die plötzlich an einer Honigwabe festklebte, „ich bin von unehrlichen Menschen umgeben. Niemals habe ich so gelitten!"

Mit Blick auf die traurige Szene teilte mir Sidônio mit:

„Als Erstes bringen die Agenten der Disharmonie ihre weiblichen Gefühle durcheinander, um anschließend ihre Fähigkeiten als Missionarin zu zerstören. Die Eifersucht und der Egoismus stellen leichte Einfallstore für die erdrückende Besetzung der guten Wesenszüge dar. Durch den emotionellen Exklusivitätsanspruch hat sich das Medium in dieser Unterhaltung bereits geistig mit den hinterlistigen Gegnern ihrer edlen Verpflichtungen verbunden."

Er ließ eine tiefe Traurigkeit erkennen und fügte hinzu:

„Sieh mal."

Der intelligente Besetzer umarmte die teilweise vom physischen Körper getrennte Dame und fuhr fort:

„Frau Isaura, glauben sie mir, dass wir ihre treuen Freunde sind. Und die wahren Beschützer sind jene, die wie wir ihre verborgenen Leiden kennen. Es ist nicht richtig, dass sie sich der Willkür ihres untreuen Ehemannes unterwerfen. Geben sie es auf, seine Gefolgschaft scheinheiliger Gefährten zu empfangen, die sich für gemeinschaftliche Gebete interessieren, welche eher sinnlosen Scherzen gleichen. Es ist gefährlich, sich der medialen Praxis hinzugeben, wie sie es in Gesellschaft von Leuten dieser Gattung tun... Nehmen sie sich in Acht...!"

Das unachtsame Medium machte große Augen, beeindruckt durch den sonderbaren Ton, der in den gehörten Worten schwang, und schrie:

„Gib mir einen Rat, großzügiger und befreundeter Geist, der mein stilles Martyrium so gut kennt!"

In der Absicht, die erhellende Zelle zu zerstören, die mit unschätzbarem Nutzen im häuslichen Heiligtum der jungen Dame arbeitete, welche er jetzt durch seine süßen und giftigen Argumente eingekreist hatte, beobachtete er boshaft:

„Sie wurden nicht mit der Berufung für die Zirkusmanege geboren. Erlauben sie nicht, dass sich ihr Haus in einen Show-Palast verwandelt. Ihr Mann und seine gesellschaftlichen Kontakte überfordern ihre Fähigkeiten. Sie benötigen noch viel Zeit, um sich ausreichend zu entwickeln."

Und indem er sie in die schweren Schleier des Zweifels einhüllte, die so viele Arbeiter mit guten Absichten entkräften, führte er aus:

„Haben sie schon näher über die unbewusste Mystifikation nachgedacht? Sind sie sich sicher, dass sie die anderen nicht täuschen? Es ist unerlässlich Vorsicht walten zu lassen. Wenn sie das ernste Thema des Spiritismus mit Intelligenz und Genauigkeit studieren, werden sie erkennen, dass die mit ihrer Hilfe geschriebenen Botschaften und die Inkorporationen von angeblich erhabenen Wesen nicht mehr sind, als blasse Einflüsse verwirrter Geister sowie zu einem großen Teil Schöpfungen ihres eigenen Gehirns und ihrer – durch die ungerechtfertigten Forderungen der Leute, die ihr Haus besuchen - aufgewühlten Sensibilität sind. Sehen sie das volle Bewusstsein nicht, mit dem sie sich dem imaginären Austausch hingeben? Glauben sie nicht an Fähigkeiten, die sie nicht besitzen. Kümmern sie sich darum, die Würde ihres Hauses zu bewahren, auch weil ihr Gatte keine andere Absicht hat, als ihre übermäßige Gutgläubigkeit auszunutzen und sie in ein trauriges Abenteuer der Lächerlichkeit zu stürzen."

Die arme Kreatur, so naiv und hilfsbereit, nahm jene Darstellung des Themas mit sichtlichem Schrecken auf.

Über die Passivität Sidônios angesichts dieses Überfalls erstaunt, richtete ich respektvoll, jedoch beunruhigt das Wort an ihn:

„Wäre es nicht vernünftig, sie zu verteidigen?"

Er lächelte verständnisvoll und erläuterte:

„Was haben wir denn vor wenigen Stunden während des Gebets und der brüderlichen Hilfe anderes getan, als sie auf die Verteidigung ihrer selbst vorzubereiten? Sie arbeitete als Medium mit uns; sie hörte eine wunderschöne und bewegende Lektion des Evangeliums, die vor den Gefahren des krankhaften Egoismus warnte; sie arbeitete entschieden, damit sich das Gute verwirkliche und sie selbst lieh uns ihre Lippen, damit wir Prinzipien der Erneuerung im Namen Christi lehrten, dem sie sich anvertrauen sollte. Nur weil ihr Mann jedoch den Damen, die seine aufklärende und brüderliche Gesellschaft suchten, die gebotene Freundlichkeit entgegenbrachte, verdunkelten sich ihre Gedanken in der zerstörerischen Eifersucht, wodurch sie das innere Gleichgewicht verlor und sich wehrlos den Wesen auslieferte, die ihre Sentimentalität ausnutzen."

Mit einer bedeutenden Geste wies er auf die desinkarnierten Übeltäter und erklärte:

„Diese zurückgebliebenen Gefährten gehen mit den Medien um wie Diebe, die – nachdem sie ein Haus leer geräumt haben – den Besitzer aufwecken, ihn hypnotisieren und ihn zwingen, ihren Platz einzunehmen, indem sie ihn nötigen, sich wie ein Lügner und Heuchler zu fühlen. Sie nähern sich dem unaufmerksamen Geist, zerstören seine Harmonie, stehlen seine Ruhe und zwingen ihn anschließend mit unmerklichem und subtilem Sarkasmus, sich für phantasierend und erbärmlich zu halten. Viele Missionare lassen sich von der hinterlistigen Argumentation, die wir gerade gehört haben, überfahren und verachten die erhabenen Gelegenheiten, das Gute durch eine wertvolle Aussaat zu verbreiten, die ihre Zukunft bereichert."

„Aber gibt es keinen Weg", fragte ich ergriffen, „derartige Übeltäter abzuwehren?"

„Ohne Zweifel", erläuterte Sidônio gutgelaunt, „überall gibt es Auseinandersetzungen und Allheilmittel, die durch schädliche Gewalt oder Arglist gewisse Umstände beheben; aber was wäre innerhalb unserer Aufgabe ratsamer? Fliegen zu verscheuchen oder die Wunde zu heilen?"

Er lächelte rätselhaft und fuhr fort:

„Derartige Schwierigkeiten sind wertvolle Lektionen, die der Geist des Mittlers zwischen Inkarnierten und Desinkarnierten in gesegneten Erfahrungen nutzen sollte, und es steht uns nicht zu, dem Schüler die Lehre wegzunehmen. So lange ein Mitarbeiter der geistigen Welt sein Ohr für Geschichten hergibt, die seiner Privatsphäre schmeicheln und daraus eine Bedingung dafür herleitet, am Werk des Guten mitzuwirken, bedeutet dies, dass er noch immer größeren Wert auf den primitiven Personalismus und die Phänomene legt, als auf den Dienst, der ihm innerhalb des göttlichen Plans obliegt. In dieser Position verbleibt er lange zwischen trägen Desinkarnierten, die sich um dieselbe Beute streiten und verliert eine kostbare Gelegenheit sich zu erheben, denn nach einer gewissen Zeit der verschwendeten Unterstützung verliert er vorübergehend die erbauliche Gesellschaft höher entwickelter Geschwister, die vergeblich alles tun, um ihn auf dem Weg wieder aufzurichten. Dann fallen seine Schwingungen auf das moralische Niveau, dem er sich angepasst hat; er lebt mit den Wesen zusammen, deren Kontakt er bevorzugt und erwacht später, um die wertvollen Stunden zu erkennen, die er ausgeschlagen hat."

Zu diesem Zeitpunkt bekräftigte Frau Isauras Besetzer listig:

„Studieren sie ihren eigenen Fall. Konsultieren sie kompetente Wissenschaftler. Lesen sie die letzten Neuigkeiten der Psychoanalyse und vergeben sie ihre Gelegenheit zur Wiederherstellung nicht, wenn sie nicht verrückt werden wollen."

Und er kommentierte blasphemisch:

„Ich spreche im Namen der Höheren Sphären zu ihnen, als treuer Freund."

„Ja ... verstehe ...", stimmte die Gesprächspartnerin schüchtern und enttäuscht zu.

In diesem Moment ging Sidônio zu der Gruppe und machte sich für Frau Isaura sichtbar, die durch die Verfolger hypnotisiert war; das Medium bemerkte seine Gegenwart mit einiger Schwierigkeit und rief aus:

„Ich sehe Sidônio, unseren ergebenen spirituellen Freund!"

Der redselige Besetzer, der unsere Nähe aufgrund des niedrigen emotionellen Niveaus, auf dem er sich befand, überhaupt nicht wahrnahm, spottete offen:

„Nichts dergleichen. Sie sehen nichts. Das ist eine reine Illusion. Geben sie die geistige Abhängigkeit auf, um größere Stürze zu vermeiden."

Sidônio kehrte etwas traurig zurück und teilte geradeheraus mit:

„Seit dem Augenblick, in dem Isaura sich in den dunklen Bereich der Eifersucht begeben hat, befindet sich ihre mentale Materie in einer schwierigen Position und sie ist nicht in der Lage mich zu verstehen. Aber wir können ihr auf andere Weise helfen."

Im Wege des schnellen Schwebens, bei dem ich ihm folgte, fand er den Ehemann der Mittlerin gemeinsam mit verschiedenen spirituellen Freunden bei einer lehrreichen Zusammenkunft und empfahl ihm, den physischen Körper unverzüglich einzunehmen, um der in Schwierigkeiten befindlichen Ehefrau beizustehen.

Bruder Silva zögerte nicht.

Sogleich kehrte er zum Ehebett zurück und nahm wieder von seinem dichten Körper Besitz.

Der Körper der Dame wand sich keuchend neben ihm hin und her, in einem unerträglichen Albtraum gefangen.

Dem Einfluss Sidônios folgend, versuchte er sie aufzuwecken, indem er ihren Oberkörper sanft schüttelte.

Bitterlich weinend kehrte Isaura prompt auf die fleischliche Ebene zurück und öffnete die erschrockenen Augen:

„Oh! Wie bin ich unglücklich!", schrie sie kummervoll, „Ich bin allein! Allein!"

Sidônio, beinahe in dem nachsichtigen und gütigen Ehemann inkorporiert, brachte ihn dazu, konstruktiv zu sagen:

„Erinnere dich, Liebes, an unseren Glauben und an all das, was wir von unseren geliebten spirituellen Mentoren erhalten haben!"

„Nichts dergleichen!", erwiderte sie gereizt.

„Wie meinst du das?", entgegnete er geduldig, „Werden wir nicht durch deine eigene Medialität derart unterstützt?"

„Niemals! Niemals...", protestierte die arme Dame, „alles ist eine Farce. Die Botschaften, die ich erhalte, sind reine Ergebnisse meiner Einbildung. Alles ist ein Ausdruck meiner selbst."

„Aber hör doch, Isaura!", führte der Gatte lächelnd aus, „Du hast nie gelogen. Ich weiß schon - du bist in die Schlingen unserer unglücklichen Brüder gefallen, die dich zum Fegefeuer der schrecklichen Eifersucht führen, aber Jesus wird uns bei der gebotenen Neuausrichtung helfen."

In diesem Moment drehte sich Sidônio zu mir um und entsann sich:

„Ich denke, André, dass du bereits dem Höhepunkt der Lektion beigewohnt hast. Und das jetzige Gespräch wird noch lang anhalten. Mit der wunderbaren Unterstützung der Stunden werden wir den Geist der respektablen, aber exklusivistisch denkenden und unachtsamen Dienerin beruhigen. Kehre zu deinem Arbeitsumfeld zurück und bewahre die Lektion dieser Nacht."

Tief berührt von dem, was ich gesehen hatte, dankte ich und zog mich zurück.

17

BRÜDERLICHER BEISTAND

Am zweiten Tag unseres abschließenden spirituellen Dienstes der Hilfeleistung für Margarida erfüllte uns ein erhabener Enthusiasmus während der Arbeit in dem häuslichen Heiligtum, welches sich wieder mit der lieblichen Helligkeit des Friedens umgab.

Das Haus verwandelte sich.

Seit dem Vorabend waren Saldanha und Leôncio die Ersten, die um Arbeitsanweisungen baten.

Sie wiederholten immer wieder, dass die Gegner des Guten erneut zum Angriff übergehen würden. Sie kannten die Grausamkeit der ehemaligen Gefährten und weil viele von Gregorios Gefolgsleuten überprüfen würden, ob der Prozess, durch den Gabriels Ehefrau in den Wahnsinn getrieben werden sollte, seinen regulären Gang ginge, begann Gúbio wirkungsvolle Grenzen um das Haus herum zu ziehen, die von jenem Moment an durch die Mitarbeiter bewacht wurden, die Sidônio uns freundlicherweise zur Verfügung gestellt hatte.

Während wir alles zur Verteidigung vorbereiteten, sonnte sich das junge Paar in der Freude, die in ihre Herzen zurückgekehrt war.

Margarida fühlte sich leicht, positiv gestimmt und dankte dem Ewigen für das „Wunder", das ihr widerfahren war. Der Gatte formulierte tausend Versprechen spirituellen Einsatzes – mit der Euphorie eines Neubekehrten, der von erhabener Hoffnung trunken ist.

Auf unserer Seite jedoch begann die Verantwortung zu wachsen.

Entsprechend Gúbios Anweisungen begab sich Saldanha in das Innere des Hauses und brachte, anhand der indirekten Beeinflussung, eine ältere inkarnierte Hausangestellte mit sich, die die Möbel entstaubte, Dekorationsgegenstände polierte und die Fenster öffnete, wodurch kräftige Ströme frischer Luft einfließen konnten.

Das Gebäude schien sich der Harmonie zu erschließen.

Die Reinigungstätigkeiten waren bereits vorangeschritten, als raue Stimmen zu vernehmen waren, die von der Straße her kamen.

Angehörige von Gregórios Streitkräften riefen nach Saldanha, der geknickt und ein wenig verzagt zu uns trat. Unser Lehrmeister empfahl ihm väterlich:

„Geh, mein Freund, und zeige ihnen die neue Richtung. Hab Mut und widerstehe dem giftigen Fluid der Wut. Gehe mit Gelassenheit und Fingerspitzengefühl vor."

Deutliche Spuren der Dankbarkeit spiegelten sich in Saldanhas Gesicht, als er den Neuankömmlingen entgegentrat.

Eines der Wesen mit schrecklichem Gesichtsausdruck stemmte die Hände in die Hüften und schrie ihn respektlos an:

„Also? Was ist hier los? Verweigerst du den Befehl?"

Der Angesprochene, den die jüngsten Erfolge tiefgründig verändert hatten, antwortete demütig, aber entschlossen:

„Meine Verpflichtungen wurden mit dem eigenen Gewissen eingegangen und ich glaube, über das Recht zu verfügen, meinen Weg auszuwählen."

„Aha!", sagte der andere sarkastisch, „Du hast jetzt das Recht... Das werden wir sehen..."

Und indem er versuchte, sich geradewegs durchzusetzen, schrie er:

„Lass mich rein!"

„Ich kann nicht", erklärte der ehemalige Verfolger, „das Haus folgt jetzt einem anderen Kurs."

Der Gesprächspartner warf ihm einen Blick maßloser Empörung zu und fragte polternd:

„Wo hast du deinen Kopf?"

„Am rechten Platz."

„Fürchtest du etwa nicht die Konsequenzen deiner unbedachten Handlung?"

„Ich habe mir nichts vorzuwerfen."

Der Besucher verzog das Gesicht in extremer Verärgerung und stieß drohend aus:

„Gregório wird davon erfahren."

Und er zog sich in Begleitung der anderen zurück.

Nachdem einige Augenblicke vergangen waren, tauchten andere furchterregende und unverfrorene Gefolgsleute am Eingang auf, wo sich dieselben Bilder wiederholten.

Kurze Zeit später entwickelten sich jedoch andere Szenen.

Gúbio brachte lichtvolle Zeichen an den Fenstern an, welche die neue Situation jenes häuslichen Zufluchtsortes anzeigten und sich den finsteren Gebilden der Schatten entgegensetzten, die aus dem Innern drangen. Leidende und verfolgte Geister mit guten Absichten wurden spontan durch die Symbole angezogen und erschienen in großer Anzahl.

Das erste Wesen, das sich näherte, war eine Dame, die am Eingang auf die Knie fiel und flehte:

„Erhabene Wohltäter, die ihr euch in diesem Hause zur Arbeit des Lichts versammelt, befreit mich von meinem Schmerz…! Erbarmen! Erbarmen…!"

Unser Lehrmeister ging sofort auf sie zu und gewährte ihr Einlass. Und im nahegelegenen Innenhof erzählte sie unter Tränen, dass sie sich seit langem in einem Gebäude in der Nachbarschaft aufhielt, durch gefühllose Henker festgehalten, die ihre früheren krankhaften Neigungen zur Sucht ausnutzten. Sie war der Fehler jedoch müde und sehnte sich reumütig nach einer wohltuenden Veränderung. Sie wollte ein anderes Leben, eine andere Richtung. So bat sie inständig um Aufnahme und Hilfe.

Der Tutor tröstete sie gütig und versprach ihr Beistand.

Bald danach kamen zwei alte Männer und baten um Obdach. Beide waren in extremer Not in einem Krankenhaus desinkarniert. Sie waren von einer riesigen Angst eingenommen. Sie hatten sich nicht mit dem Tod abgefunden. Sie fürchteten das Unbekannte und bettelten um Erläuterungen. Offensichtlich litten sie an wahrhaftigem Wahnsinn.

Eine merkwürdige Dame erschien und bat um Maßnahmen gegen einen großen Zusammenschluss pervertierter und störender Geister, die ihren Sohn zur Trunkenheit anstifteten und ihr nicht erlaubten, sich ihm zu nähern.

Eine andere kam mit der Bitte um Schutz vor den schlechten Gedanken eines rachsüchtigen Geistes, der ihr keine Gelegenheit zum Gebet gab.

Der Strom der Bittenden war bei weitem noch nicht beendet.

Ich hatte den Eindruck, dass sich Gúbios Mission plötzlich zu einer fortgeschrittenen spirituellen Erste-Hilfe-Station wandelte.

Dutzende von desinkarnierten Wesen, die in den niederen Kreisen verhaftet waren, reihten sich jetzt neben Gabriels Residenz auf und warteten gemäß Gúbios Anleitung auf den Abend, an welchem die allgemeinen Dienste des Gebets stattfinden würden.

Bevor sich der Tag jedoch dem Ende zuneigte, erschienen auch verschiedene Angehörige von Gregórios

Streitkräften und bekannten, dass sie zur Erneuerung des Weges bereit seien.

Sie kamen genau aus jener Siedlung, die wir besucht hatten, und einer von ihnen verkündete zu meinem großen Erstaunen sehr deutlich die Beweggründe, welche ihn inspirierten.

„Rettet mich vor den grausamen Richtern!", flehte er in einer Stimmlage, die uns berührte, „Ich kann nicht mehr! Ich ertrage die Gräueltaten nicht länger, zu denen ich gezwungen werde. Ich habe gehört, dass selbst Saldanha sich verwandelt hat. Ich kann nicht im Irrtum verharren! Ich fürchte die Verfolgung durch Gregório, aber wenn es notwendig ist, den größten Qualen ins Auge zu sehen, nehme ich sie gern auf mich und ertrage lieber ihren vernichtenden Schlag als zurückzugehen. Helft mir! Ich strebe nach einem neuen Weg, auf der Seite des Guten."

Appelle wie dieser wurden viele Male wiederholt.

Unser Tutor teilte die von edlen und aufrichtigen Bestrebungen erfüllten Leidenden, die uns auf dem großen Grundstück erreichten, in Reihen ein und regte an, dass Elói und ich uns ihnen zur Verfügung stellten, sie geduldig anhörten und ihnen die mögliche Unterstützung zukommen ließen, damit sie sich geistig auf die Gebete des Abends vorbereiteten.

Ich bekenne, dass ich diese Aufgabe gern übernahm.

Wir teilten uns also in zwei unterschiedliche Sektoren auf.

Ich vereinte die Geschwister, zu denen ich in einer brüderlichen Versammlung sprechen sollte; da jedoch weiterhin neue Bedürftige hinzukamen und die Gruppe vergrößerten, war es erforderlich, mehr Plätze für die zahlreichen Zuhörer zu schaffen.

Viele aus dem Gleichgewicht geratene Wesen verlangten dort draußen Eintritt, indem sie bewegende Bitten vortrugen; unser Tutor riet jedoch, nur diejenigen Geister einzulassen, die sich der eigenen Bedürfnisse bewusst waren.

Schon lange zuvor hatte ich gelernt, dass ein größerer Schmerz stets einen kleineren Schmerz zu lindern vermag und beschränkte mich daher darauf, kurze Sätze zu formulieren, damit sich die dort versammelten Unglücklichen gegenseitig Mut zusprächen, ohne dass eine Belehrung durch mich notwendig gewesen wäre.

Im Zuge dieser Vorgehensweise bat ich eine der anwesenden Schwestern, deren Perispirit sich in einem bedauernswerten Zustand befand, uns freundlicherweise die Erfahrung vorzutragen, die sie durchlebt hatte.

Die Unglückselige zog wegen der großen Verletzungen, die sie auf dem nunmehr erhobenen Gesicht zeigte, die Aufmerksamkeit aller auf sich.

„Wehe mir!", begann sie herzzerreißend, „Wehe mir, die durch die Leidenschaft erblindete und kläglich versagte, da sie mich in den Selbstmord trieb! Als Mutter zweier Kinder ertrug ich die Einsamkeit nicht, die mir die Welt mit dem Tod meines tuberkulosekranken Ehemannes auferlegte. Ich verschloss die Augen vor dem Feld der Pflichten, die mich zur Einsicht aufforderten und unterdrückte die Gedanken über die Zukunft, die uns bevorstand. Ich vergaß das Zuhause, die Kinder, die eingegangenen Verpflichtungen und stürzte mich in das tiefe Tal unaussprechlicher Leiden. Seit genau fünfzehn Jahren irre ich ohne Rast umher, wie ein unbedachter Vogel, der das eigene Nest zerstört hat... Ich war so verantwortungslos! Als ich sah, dass ich allein und scheinbar verlassen war, gab ich meine Kinder in die Obhut gutherziger Verwandter und schlürfte in geistiger Umnachtung das Gift, das meinen vernachlässigten Körper vernichten würde. Ich nahm an, dass ich den lieben Gatten wiedertreffen oder mich in den Abgrund der Nichtexistenz stürzen würde; jedoch überraschten weder die eine noch die andere Erwartung mein Herz. Ich erwachte unter einem dicken Dunst aus Schlamm und Asche und rief angesichts der Qualen, die mich erstickten, vergeblich um Hilfe. Von Wunden übersät, als ob das tödliche Gift die feinsten Stoffe meiner Seele angreifen würde, schrie ich ohne ein bestimmtes Ziel!"

Da ihre Stimme vor tiefer Erregung versagte, griff ich an dieser Stelle ein und fragte, um daraus eine Lehre zu ziehen:

„Und haben sie es nicht geschafft, in das häusliche Heiligtum zurückzukehren?"

„Oh, ja! Ich ging hin", teilte die Angesprochene mit und versuchte sich zu beherrschen, „aber um meine Qual zu verstärken, rief die Berührung durch meine Zärtlichkeit bei den geliebten Kindern, die ich den nahen Verwandten anvertraut hatte, Kummer und Krankheit hervor. Die Ausstrahlungen meines Schmerzes erreichten ihre zarten Körper und vergifteten ihr empfindliches Fleisch über die Atmung. Als ich verstand, dass meine Gegenwart ihnen einen ‚fluidischen Virus' übertrug, ergriff ich entsetzt die Flucht. Ich ertrage lieber die Strafe meines eigenen isolierten und ziellosen Bewusstseins als die Schuld, grundloses Leiden in ihnen hervorzurufen. Ich hatte Angst und Schrecken vor mir selbst. Seitdem irre ich ohne Trost und ohne Richtung umher. Deswegen komme ich hierher und flehe um Linderung und Sicherheit. Ich bin müde und besiegt…"

„Sei versichert, dass du die Heilmittel, nach denen du verlangst, mithilfe des Gebets erhalten wirst", erläuterte ich und versprach ihr die effiziente Mitwirkung Gúbios.

Die Arme wurde ruhiger und setzte sich; als ich bemerkte, dass einer der anwesenden Brüder versuchte hervorzutreten, um uns von der Erfahrung zu berichten, der er zum Opfer gefallen war, bat ich um Aufmerksamkeit für die Worte, die er aussprechen würde.

Ich betrachtete ihn wachsam und bemerkte den eigentümlichen Glanz in seinen Augen. Er wirkte halluziniert, niedergeschlagen.

Mit dem typischen Ausdruck des chronischen Wahnsinns sprach er kummervoll:

„Gestattest du mir eine Frage?"

„Selbstverständlich", antwortete ich überrascht.

„Was ist der Gedanke?"

Ich hatte die Frage, die mir gestellt wurde, nicht erwartet, aber indem ich meine rezeptiven Fähigkeiten konzentrierte, um ihm eine korrekte Antwort geben zu können, erläuterte ich so gut ich konnte:

„Der Gedanke ist zweifelsohne eine schöpferische Kraft unserer eigenen Seele und daher die Fortsetzung unserer selbst. Durch ihn wirken wir in der Umgebung, in der wir leben und handeln, wobei wir die Muster unseres Einflusses, sei es im Guten oder im Bösen, gestalten.

285

„Ah!", entgegnete der sonderbare Herr ein wenig kummervoll, „Die Erklärung bedeutet, dass unsere geäußerten Ideen Bilder erschaffen, die so lebendig sind, wie wir es wünschen?"

„Absolut."

„Was müssen wir dann tun, um unsere eigenen Werke zu zerstören, wenn wir fälschlicherweise in die Gedankenwelt der anderen eingegriffen haben?"

„Hilf uns deinen Fall einzuschätzen und erzähle uns etwas von deiner Erfahrung", bat ich mit brüderlichem Interesse.

Vermutlich durch den Ton meiner liebevollen Bitte berührt, stellte der Gesprächspartner die Unruhe, die sein Inneres verwirrte, mit schneidenden, vor Aufrichtigkeit und Schmerz glühenden Sätzen dar:

„Ich war ein Mann der Geisteswissenschaften, aber ich interessierte mich nie für die ernste Seite des Lebens. Ich kultivierte den schlüpfrigen Witz und mit ihm den Gefallen an der Wollust, wobei ich meine Schriftstücke auch an die damalige Jugend richtete. Es gelang mir nicht, eine herausgehobene Position in den Galerien des Ruhms zu erreichen; jedoch beeindruckte ich stärker, als ich es mir je hätte vorstellen können, den Geist vieler Jugendlicher auf zerstörerische Weise und jagte ihnen gefährliches Gedankengut ein. Seit meinem Übergang werde ich unablässig durch die Opfer meiner subtilen Anspielungen aufgesucht, die mich nicht in Ruhe lassen, und während dies geschieht, behelligen mich andere Wesen und formulieren Anweisungen und Vorschläge bezüglich unwürdiger Handlungen, die ich nicht annehmen kann. Ich habe erkannt, dass ich seit der irdischen Existenz mit einer riesigen Bande von perversen und zuchtlosen Geistern verbunden war, die mich als achtlosen Apparat für ihre abstoßenden Manifestationen benutzten. Im Grunde bewahrte ich selbst genügend leichtsinniges und anstößiges Material in meinem Geist, das sie in großem Umfang ausnutzten, indem sie meinen Fehlern die größeren Fehler hinzufügten, die sie ohne meine aktive Mitwirkung vergeblich umzusetzen versucht hatten. Seit ich jedoch meine Augen für die Wahrheit in der Sphäre öffnete, in der wir heute atmen, versuche ich umsonst, mich an edlere Prozesse des Lebens anzupassen. Wenn ich nicht durch Frauen und Männer drangsaliert werde, welche behaupten, durch die Ideen, die ich ihnen eingeflößt hatte, auf dem fleischlichen Weg Schaden genommen zu haben, belästigen gewisse sonderbare Formen meine innere Welt, als wären sie mit meiner eigenen Vorstellungskraft verwoben. Sie ähneln selbständigen Persönlichkeiten, auch wenn sie nur für meine Augen sichtbar sind. Sie reden, gestikulieren, machen mir Vorwürfe und lachen über mich. Ich erkenne sie ohne Schwierigkeiten. Sie sind lebendige Bilder all dessen, was meine seichte Vorstellungskraft und meine schreibende Hand erschaffen haben, um die Würde meiner Nächsten zu betäuben. Sie greifen mich an, schreien mich nieder und schmähen mein Ehrgefühl, als wären sie aufmüpfige Kinder, die gegen einen verbrecherischen Vater vorgehen. Ich habe ohne Orientierung gelebt, wie ein Geistesgestörter, den niemand versteht. Wie sind jedoch die Albträume zu verstehen, die mich einnehmen? Sind wir das lebendige Domizil der Gedanken, die wir erzeugen oder sind unsere Ideen Stützpunkte und Manifestationskanäle der guten oder bösen Geister, die mit uns harmonieren?"

Trotz der vorherrschenden Ruhe befanden sich die Zuhörer in einer gespannten Erwartungshaltung.

Wankend hörte der Unglückliche auf zu sprechen. Er wurde durch Energien dominiert, die nicht aus seinem Inneren stammten, er schien verrückt und zitterte. Er heftete die von einer eigenartigen Angst vernebelten Augen auf mich, rannte in meine Arme und schrie:

„Das ist er! Das ist er, der durch mein Inneres erscheint... Es ist einer meiner Charaktere in der obszönen Literatur. Wehe mir! Er schuldigt mich an! Sein Lachen ist ironisch und seine Hände sind zusammengekrallt! Er wird mich erwürgen...!"

Er fasste sich mit der rechten Hand an die Kehle und behauptete verzweifelt:

„Ich werde ermordet! Hilfe! Hilfe...!"

Die anderen dort anwesenden verwirrten und leidenden Gefährten gerieten bekümmert in Aufregung.

Einige versuchten zu fliehen, aber mit nur einem Satz unterband ich den beginnenden Tumult.

Der arme desinkarnierte Belletrist wand sich in meinen Armen, ohne dass ich seinen irregeleiteten und verletzten Geist hätte retten können.

Sicherheitshalber sandte ich einen Boten zu Gúbio, der in wenigen Sekunden erschien.

Er untersuchte den Fall und bat um die Anwesenheit Leôncios, dem ehemaligen Hypnotiseur Margaridas. Dem neu Hinzugekommenen zeigte er den in einem Anfall begriffenen Kranken und veranlasste bestimmt, aber gütig:

„Arbeite, indem du linderst."

„Ich? Ich?", sprach der Bekehrte, halb verwirrt, „Verdiene ich die Gnade, Linderung zu verschaffen?"

Gúbio jedoch entgegnete ohne zu zögern:

„Der konstruktive Dienst und die destruktive Aktivität sind lediglich eine Frage der Richtung. Der fließende, zerstörende Strom, der niederreißt und tötet, kann auch Turbinen mit erbaulicher Kraft antreiben. In Wahrheit, mein Freund, sind wir alle Schuldner, so lange wir uns in den Reihen des Bösen befinden. Es ist jedoch unbestrittene Tatsache, dass das Gute unsere rettende Tür ist. Der größte Verbrecher kann viele Jahre der Strafe abkürzen, indem er sich der eigenen Rehabilitation durch den hilfreichen Dienst am Nächsten widmet."

Er zerstreute die Zweifel seines Gegenübers und betonte in einem liebevollen Ton:

„Beginne heute, hier und jetzt, mit dem Christus. In deiner Entschiedenheit zu helfen verbirgt sich die Lösung des Geheimnisses deines eigenen Glücks."

Leôncio zögerte nicht mehr.

Er magnetisierte den Geisteskranken, der wenige Minuten darauf verstummte und in einen tiefen Schlaf fiel.

Seit diesem Augenblick wich mir der ehemalige Verfolger während der Tätigkeiten des Tages nicht mehr von der Seite und erfüllte die Rolle eines ausgezeichneten Gefährten.

Die Versammlung wuchs allerdings Stunde um Stunde an.

Wesen mit guter Gesinnung suchten uns auf, nach Frieden und Aufklärung dürstend, aber offen gestanden schmerzte es mich, jenseits des körperlichen Todes so viel Unwissenheit vorzufinden.

Beim größten Teil der Anwesenden war nicht die leiseste Spur eines Verständnisses der Spiritualität vorhanden. Die Gedankengänge und Gefühle klebten am irdischen Boden fest, verbunden mit Interessen und Leidenschaften, Kummer und Enttäuschungen.

Und unser Tutor war bei den jüngsten Informationen, die er übermittelt hatte, sehr deutlich gewesen. Die folgende Nacht würde das Ende unseres Aufenthalts in Margaridas Zuhause kennzeichnen, und es oblag uns, all diejenigen, die uns im Hunger nach heiligendem Wissen aufsuchten, auf die Dienste des Gebets vorzubereiten, die er für den Abend eingeplant hatte. Es empfahl sich nicht, dass wir sie ohne hilfreiche und aufbauende Hinweise bezüglich der Pflichten und Hoffnungen, die sie entwickeln sollten, wieder entließen.

Daher schaltete ich mich in die Gespräche ein und vermittelte die Erläuterungen, die ich geben konnte.

Als es dunkel wurde, waren alle Gesichter von Ergebenheit und Freude gekennzeichnet. Unser Lehrmeister versprach, die Gefährten des guten Willens in eine übergeordnete Sphäre zu führen und sagte ihnen den Aufstieg in einen höheren Zustand zu, woraufhin ein seliges Glücksgefühl in allen Blicken durchschimmerte.

In der Lobpreisung des Glaubens und des Vertrauens, die uns beseelten, bat mich eine sympathische Dame um Erlaubnis, eine evangelische Hymne zu singen, was ich mit Freude begrüßte. Ein wunderbares Notenwerk spiegelte sich in der Schönheit der vorgetragenen Melodie, die alle Herzen verzauberte.

Froh und bestärkt durch die Ausführung der Arbeit, die uns übertragen worden war, füllten sich meine Augen mit Tränen, als während der letzten Strophen des hoffnungsvollen Lobgesangs eine junge Dame mit traurigem Gesichtsausdruck auf mich zukam und mit flehender Stimme sagte:

„Mein Freund, von heute an werde ich eine neue Richtung einschlagen. In dieser Umgebung der Brüderlichkeit fühle ich, dass das Böse uns unweigerlich in die Finsternis stürzen wird."

Sie heftete die tränenerfüllten Augen auf meine und bat, nach einer bewegenden Unterbrechung:

„Versprich mir jedoch den Segen des Vergessens in der ‚Sphäre des Neubeginns'[7]! Ich war Mutter zweier Kinder, so schön und so rein wie zwei Sterne, aber der Tod entriss mich der Familie sehr früh. Jedoch war der Tod nicht der einzige Scharfrichter, der mich erbarmungslos verletzte... Mein Mann vergaß in sechs Monaten die Versprechen vieler Jahre und übergab meine beiden Engel einer seelenlosen Stiefmutter, die sie grausam behandelt... Seit zwanzig Monaten kämpfe ich gegen sie, von einer unbändigen Entrüstung eingenommen; jedoch habe ich den Hass satt, der mein Herz zusammenschnürt! Ich muss mich zum Guten erneuern, um nützlicher zu sein. Allerdings, mein Freund, sehne ich mich nach dem Vergessen. Hilf mir, um Himmels willen. Binde mich irgendwo fest, wo meine bitteren Erinnerungen in Ruhe sterben können. Überlasse mich nicht länger den unbeherrschten Launen, die mich mitreißen. Meine Neigung zum Guten ist ein unbedeutender Lichtstrahl inmitten der Nacht des Bösen, die mich umgibt. Erbarme dich und hilf mir! Ich kann

---

[7] *In den Kreisen, die der menschlichen Existenz näher sind, bedeutet „Sphäre des Neubeginns" Reinkarnation. (Bemerkung des spirituellen Autors)*

noch nicht ohne die tobende und entwürdigende Eifersucht lieben! Hingegen weiß ich, dass sich der Göttliche Meister dem Kreuz in extremer Entsagung gefügt hat! Erlaube nicht, dass meine erhabenen Bestrebungen dieser Stunde untergehen!"

Die Bitten und Tränen jener Frau riefen in mir die lebendige Erinnerung der eigenen Vergangenheit wach.

Ich hatte auch intensiv gelitten, um mich von den niederen Banden des Fleisches zu lösen. Gerührt erkannte ich in ihr eine Schwester im Herzen, die ich aufklären und unterstützen musste.

Ich umarmte sie bewegt, als wäre sie eine Tochter und weinte nunmehr auch. Und indem ich über die Schwierigkeiten all jener nachsann, die die enthüllende Reise des Todes antreten, ohne dass in den zurückbleibenden Herzen die Grundlagen wahrer Liebe und wirklichen Verständnisses vorhanden sind, rief ich aus:

„Ja, ich werde alles tun, was in meiner Macht steht, um dir zu helfen. Konzentriere dich auf Jesus und ein mildes Vergessen des wirren irdischen Feldes wird deinen Geist wie ein Balsam einhüllen und dich auf den Flug zu den himmlischen Türmen vorbereiten. Ich werde dein Freund und beschützender Bruder sein."

Sie umarmte mich voller Vertrauen, wie ein kleines Kind, wenn es sich sicher und glücklich fühlt.

18

WORTE EINES ERLEUCHTETEN WESENS

Die abendliche Zusammenkunft hielt eine freudige Überraschung für uns bereit.

Im Schein des lieblichen Mondlichts übernahm Gúbio die Leitung der Arbeiten und versammelte uns in einem großen Kreis.

Er war wirklich bis in die kleinsten Gesten ein unschätzbarer Mentor, der uns zu den Gipfeln der geistigen Erhebung führte.

Er empfahl uns, die alten Fehler zu vergessen und legte uns die innere Einstellung der sublimen Hoffnung ans Herz, eingerahmt von erneuerndem Optimismus, damit sich unsere edelsten Energien dort ausdrücken könnten. Er erläuterte, dass ein Fall der Hilfeleistung, der den Prinzipien des Evangeliums folgt, wie es bei Margaridas Problem zutraf, stets das Potenzial hat, vielen Menschen Linderung und Erleuchtung zu bringen. Weiterhin erklärte er, dass wir uns dort befanden, um den Segen der Höheren Sphären zu erhalten; jedoch war es dafür unerlässlich, eine eindeutige Position moralischer Erhebung einzunehmen, denn der Gedanke setze in einer Versammlung wie jener individuelle Kräfte höchsten Ranges frei, die zum Erfolg oder Misserfolg des Unterfangens beitragen würden.

Aus allen Gesichtern strahlten Freude und Vertrauen, als unser Tutor die Stimme in dem Kolloquium der Brüderlichkeit erhob, um demütig und bewegend zu beten:

„Herr Jesus, bitte segne uns, deine Jünger, denen nach den lebendigen Wassern des Himmelreiches dürstet!

Wir sind hier als Schüler guten Willens zusammengekommen, um auf deine geheiligten Anweisungen zu warten.

Wir wissen, dass du uns nie den Zugang zu den Speichern der göttlichen Gnade verwehrt hast und uns ist bekannt, dass dein Licht, wie das der Sonne, auf Heilige und Sünder, Gerechte und Ungerechte fällt... Aber wir, Herr, sind aufgrund der eigenen Achtlosigkeit zurückgeblieben. Unsere Brust ist durch den Egoismus ausgetrocknet, unsere Füße sind in der Gleichgültigkeit festgefroren, wir kennen unseren eigenen Weg nicht. Allerdings, Meister, sind die Taubheit, die unsere Ohren einnimmt und die Blindheit, die unsere Blicke verzehrt, nicht so stark wie das Leiden, das wir uns aus eigenem Verschulden durch die extreme Versteinerung in der Eitelkeit und im Stolz zufügten, die wir über viele Jahrhunderte zu unseren Anführern in den Abgründen des Schattens und des Todes auserwählt hatten; aber wir vertrauen Dir, dessen heiligender Einfluss stets Erneuerung und Rettung bringt.

Mächtiger Freund, der du den Schoß der Erde durch den Willen des Höchsten Vaters mit glühender Lava öffnest, befreie unseren Geist aus den alten Kerkern des ‚Ichs', selbst wenn wir dafür den Vulkan des Leidens durchschreiten müssen. Lass uns nicht in den Abgründen der Vergangenheit zurück. Zeige uns die Zukunft auf und tauche unsere Seele in die Atmosphäre der Güte und der Entsagung ein.

In der unendlich langen Nacht, die wir selbst durch den Missbrauch der Gnaden, die du uns botest, erschaffen haben, verbleibt uns einzig die schwach flackernde Laterne des guten Willens, die der Sturm der Leidenschaften von einem Moment zum nächsten erlöschen kann.

Oh Herr! Befreie uns von dem Bösen, das wir im Heiligtum unserer eigenen Seele angehäuft haben! Erbarme dich und öffne uns den rettenden Weg, der uns deines göttlichen Erbarmens würdig macht. Offenbare uns deinen erhabenen und barmherzigen Willen, damit wir ihn ausführen und eines Tages die Glorie der wahrhaftigen Auferstehung erreichen können.

Lass uns, die wir im Moment vom fleischlichen Körper entfernt sind, nicht im Egoismus und der Zwietracht dahinsiechen.

Sende uns, oh edelmütiger Meister, die Boten deiner unendlichen Güte, damit wir das Grab unserer früheren Illusionen verlassen können!"

In diesem Moment erhielten die stillen Tränen des betenden Tutors eine himmlische Antwort, denn eine Myriade diamantener Strahlen begann sich über ihn zu ergießen, als würde eine geheimnisvolle und unsichtbare Kraft göttliche Ströme puren Lichts für uns fließen lassen.

Seine Stimme verstummte, aber das erhabene Bild rührte uns auf unbeschreibliche Weise zu Tränen. Es gab nicht einen der Anwesenden, dessen Gesicht nicht von den Spuren jener gesegneten Ekstase, die vollends von unseren Herzen Besitz ergriffen hatte, geprägt wäre.

Trotz des strahlenden Scheins, der glanzvoll seinen ehrwürdigen Kopf umgab, wirkte der Lehrmeister zögerlich.

Er rief mich leise und eröffnete mir:

„André, leite die Arbeiten der Versammlung, während ich versuche, Mittel zur Materialisierung unserer Wohltäterin Matilde zur Verfügung zu stellen. Ich sehe sie an unserer Seite und sie erklärt, dass die durch ihr Mutterherz lang ersehnte Nacht gekommen sei. Vor dem Wiedersehen mit Gregório im Beisein seliger Wesen, die sie unterstützen, beabsichtigt sie, sich für uns sichtbar zu machen und all jene zu ermutigen, die sich heute hier für den Vorbereitungsdienst zum Eintritt in höhere Kreise bewerben."

Angesichts der Anweisung erzitterte ich, aber ich zögerte nicht.

Unverzüglich nahm ich seinen Platz ein, während der weise Mentor sich zwei Schritte von uns entfernt in eine tiefe Meditation zurückzog.

Wir bemerkten in der Stille, dass ein leuchtendes und liebliches Licht aus seiner Brust, seinem Gesicht und seinen Händen in einer Kadenz von glanzvollen Wellen flutete, wie subtile stellare Materie, denn die Strahlen schwebten gezielt umher und schienen stellenweise ihren ureigenen Bewegungen Einhalt zu gebieten. In wenigen Augenblicken nahm jene zarte und leuchtende Masse klare Umrisse an, wobei uns der Eindruck vermittelt wurde, dass unsichtbare Arbeiter ihr die Fülle menschlichen Lebens einhauchten.

Einige Augenblicke später erschien Matilde, würdevoll und bildschön, vor uns.

Das Phänomen der Materialisierung eines erhabenen Wesens vollzog sich dort wundervoll vor unseren Augen, in einem Verfahren, das jenem ähnelt, welches sich in den fleischlichen Kreisen vollzieht.

Von einer überwältigenden Rührung beherrscht, verbeugten sich verschiedene der anwesenden Frauen tief vor der Erschienenen – eine spontane Reaktion, die uns nicht überraschte, denn wir befanden uns in der Tat im direkten Kontakt mit einem glorreichen Engel, in Form einer Frau.

Die hingebungsvolle Beschützerin richtete eine Geste des Segens an die Versammlung und sprach nach einer kurzen Begrüßung mit bedächtiger und bewegender Stimme:

„Meine Freunde, ihr alle wartet auf die glückliche Stunde der gesegneten Rückkehr in die ‚Sphäre des Neuanfangs‘; jedoch ist die Gabe der fleischlichen Hülle ein unschätzbarer göttlicher Segen.

Erstrebt die Inkarnation nicht nur auf der Suche nach dem Vergessen, in den Träumen der Welt, die die Versuchungen des niederen Bereichs in einen Albtraum verwandeln können.

Das Leben, das wir bis jetzt kennengelernt haben, ist ein ständiger Prozess der Reife und der Vervollkommnung.

Es reicht nicht, etwas zu wünschen. Es ist unerlässlich, den Wunsch in die Richtung des Unendlich Guten zu orientieren.“

Sie machte eine kurze Pause und fuhr fort, indem sie möglicherweise auf die geistige Argumentation vieler antwortete:

„Haltet mich nicht für eine außergewöhnliche Gesandte des Reichs des Lichts. Ich bin eine demütige Dienerin, mit keinem anderen Bonus gegenüber dem Ewigen

Wohltäter als dem des guten Willens. Meine Füße tragen immer noch die Merkmale einer dunklen Vergangenheit und in mein Herz kerbten sich neuere und tiefe Narben aus bitteren Erfahrungen, die der unaufhaltsame Lauf der Tage bis heute nicht auslöschen konnte.

Verleiht mir also keine Namen und Titel, die nicht mein Eigen sind. Ich bin einfach eure Schwester im Kampf und daran interessiert, Euch für die Erhabenheit der Zukunft aufzuwecken.

Unser Herz ist ein Tempel, den der Herr erschuf, um für immer bei uns zu wohnen.

Glorreiche Samen der Göttlichkeit warten auf unsere innere Einstimmung und Harmonie, um in uns selbst aufzugehen und uns in strahlende Sphären emporzuheben.

Jedoch lassen sich die erleuchtenden Tugenden nicht durch eine Blitzaktion der Seele erlangen und sie stellen sich nicht von einem Moment auf den nächsten ein.

Jeder von uns ist ein Magnet mit hoher Potenz oder ein Zentrum intelligenten Lebens, das Kräfte anzieht, welche mit unserem Energiefeld harmonieren und die unser spirituelles Domizil bilden. Die inkarnierte oder desinkarnierte Kreatur atmet, wo immer sie auch sei, zwischen den Schwingungen des höheren oder niederen Lebens, die sie rings um die eigenen Schritte projiziert, wie die Spinne, die sich in den dunklen Fäden verfängt, die sie spinnt oder die Schwalbe, die mit ihren eigenen Flügeln die Höhen des Firmaments durchstreift. Wir alle strahlen Energie aus, mit der wir uns umgeben und die uns viel stärker definiert als Worte.

Was würde Euch die Rückkehr zur Werkstatt des Fleisches ohne die Erkenntnis der Pflichten helfen, die uns gegenüber der Göttlichen Gerechtigkeit obliegen? Was würde uns das vorübergehende Vergessen der Vergangenheit ohne das Bewusstsein unserer Verantwortung nützen, die stärkste Kraft, die uns in den Kreisen der dichten Materie retten kann und die uns mit edlen und unvergänglichen Tendenzen ausstattet?

Die Rückkehr in das physische Gewand ist ein Segen, den wir dank großzügiger Fürsprachen erreichen können, wenn uns im passenden Moment die Verdienste fehlen, ihn eigenständig zu erwerben – so wie es in der Sphäre der Erdkruste möglich ist, ehrenwerte Arbeit durch das Mitwirken von Freunden zu erlangen, die uns zu den angestrebten Zielen führen. So wie es jedoch mit vielen Inkarnierten geschieht, die sich in respektablen Arbeitsbereichen einzig mit der Absicht befinden, von Rechten Gebrauch zu machen, die sie durch keinerlei Anstrengung verdient haben und dadurch die Gesetze, die unsere Handlungen regieren, eklatant missbrauchen, suchen viele Seelen das Heiligtum des Fleisches unter Abgabe vorschneller Versprechungen und vergrößern somit die eigenen Schulden, wenn sie darin eingezogen sind. Unschlüssig, leichtsinnig oder inkonsequent nutzen sie den gesegneten Aufenthalt in der Nebelregion[8], um dieselben Fehler einer anderen Epoche zu wiederholen, wodurch sie die Zeit, das Erbe des Herrn, völlig verschwenden."

Innerhalb der kurzen Pause, die Matilde in die erbauliche und barmherzige Ansprache einlegte, streckte sie uns spontan die Hände entgegen, aus denen Strahlen eines intensiven Lichts strömten und rief mütterlich aus:

---

[8] *„Nebelregion" ist ebenfalls ein Synonym für „Fleischliche Sphäre" (Anmerkung des spirituellen Autors).*

„Ihr fleht um den schützenden Schatten des Fleisches, in der Absicht, die unangenehmen Zeichen zu beseitigen, die euer spirituelles Kleid beflecken. Habt ihr jedoch schon genügend Kraft gespeichert, um das Böse zu vergessen, das euch auf der Erden angetan wurde? Erkennt ihr eure Fehler dergestalt an, dass ihr die notwendige Berichtigung akzeptiert? Habt ihr den Willen gestärkt, um die Erfordernisse für eure eigenen Lebenswege ohne halluzinatorische Leiden zu ermitteln? Habt ihr gelernt, mit dem Göttlichen Lamm zu dienen, bis hin zum persönlichen Opfer am Kreuz des menschlichen Unverständnisses, und seid ihr fähig, in eurer Seele die lasterhaften Bereiche des Einklangs mit den Mächten der Finsternis aufzulösen? Habt ihr den Gefährten auf dem Weg der rettenden Evolution schon mit der Intensität und der Effizienz geholfen, die eine Bitte um fürsprechende Unterstützung rechtfertigen? Welche guten Taten habt ihr schon vollbracht, um den Himmel um neue Mittel anzuflehen? Auf wen zählt ihr, um in den zukünftigen Erfahrungen zu obsiegen? Glaubt ihr etwa, dass der Bauer erntet, ohne zu pflanzen? Habt ihr im Herzen ausreichend Sanftmut und Verständnis angesammelt, um euch morgen auf der physischen Ebene nicht unter dem subtilen Beschuss der dunklen Strahlen der Wut, des Neids oder der unheilvollen Eifersucht zu vergiften? Habt ihr verinnerlicht, dass sich niemand an der Göttlichen Sonne wärmen wird, ohne das eigene Herz den Strömen des Ewigen Lichts zu öffnen? Wisst ihr denn nicht, dass es erforderlich ist sein Bestes zu tun, um den Segen eines fleischlichen Tempels auf der Erde zu verdienen? Welchen Freunden habt ihr beigestanden, damit ihr sie um die Zuneigung und das Opfer der Vaterschaft und der Mutterschaft auf der Welt zu euren Gunsten bitten könnt?

Täuscht euch nicht.

Nur die primitiven Geschöpfe in den wilden Kreisen der Natur kennen das Leben bisher im Dämmerungszustand des Bewusstseins, da sie noch immer an die niederen Reiche angrenzen. Sie erhalten die Reinkarnation fast wie die Irrationalen, die ihre Instinkte perfektionieren, um später in das Heiligtum des Verstandes einzutreten.

Für uns jedoch, Inhaber einer kraftvollen Intelligenz, die wir schon in hunderten von unterschiedlichen Formen geatmet und bereits verschiedene Entwicklungsbereiche durchquert haben, die wir verletzt haben und verletzt wurden, die wir liebten und hassten, richtig handelten und Fehler machten, Schulden beglichen und andere anhäuften, kann sich das Leben nicht auf einen bloßen Traum beschränken, als ob die Reinkarnation ein einfacher Prozess der Betäubung der Seele wäre.

Es ist daher unerlässlich, dass wir wieder zu Kräften kommen und unsere Schwingungsfrequenz erhöhen, unser Bewusstsein zum höchsten Guten erweitern und es in der erquickenden Lichtquelle des Himmlischen Meisters neu beleben.

Der menschliche Geist, der das himmlische Erbe ehrt, welches ihm übertragen wurde, kann nicht vor sich hin vegetieren wie ein verkümmerter Strauch, der in der Ökonomie des Planeten nichts Nützliches produziert, noch soll er den Irrationalen imitieren, der sich im Hintergrund der unvollständigen Intelligenz befindet.

Eine Existenz unter den Menschen, sei sie auch noch so bescheiden, ist für uns andere ein zu wichtiges Ereignis, als dass wir es ohne größere Aufmerksamkeit betrachten würden. Wenn wir jedoch das Prinzip der individuellen Verantwortung, das unser Streben nach Heiligung begründen sollte, nicht verinnerlichen, ist jegliches Unterfangen dieser Art riskant, denn in unserem intensiven

Lernprozess und in der Wiederholung folgt jeder Geist allein im Kreis der eigenen Gedanken, ohne dass die Weggefährten, abgesehen von seltenen Ausnahmen, seine edelsten Hoffnungen kennen und seine würdevollen Aspirationen teilen. Jedes inkarnierte Geschöpf ist im Reich seiner selbst allein, und ein starker Glaube sowie genügend Mut sind unerlässlich, damit wir siegreich unter dem unsichtbaren, rettenden Kreuz voranschreiten, das unser Leben bis zum Kalvarienberg der endgültigen Auferstehung vervollkommnet."

In diesem Augenblick machte Matilde eine längere Pause in der Ansprache, mit der sie uns in jener Stunde der Weisheit und des Lichts bereicherte, und näherte sich dem niedergebeugten und kreidebleichen Gúbio.

Sie streichelte ihn gütig unter Worten des Dankes und richtete sich anschließend - als wollte sie die Note der Feierlichkeit aufheben, die ihre Gegenwart unserer Versammlung verlieh – in einem liebevollen Ton an die Zuhörer und bat sie, sich zu den Projekten zu äußern, die sie sich für die Zukunft vorgenommen hatten.

Stimmen der Dankbarkeit erhoben sich bewegt.

Ein Herr mit glänzenden Augen trat mit einer deutlichen Anfrage hervor:

„Große Wohltäterin", sagte er ernst, „auf der letzten irdischen Pilgerschaft war ich ein zweifacher Mörder. Ich bewegte mich viele Jahre im fleischlichen Körper, als wäre ich der ruhigste Mensch der Welt, obwohl mein Gewissen schwarz vor Reue und meine Hände befleckt von menschlichem Blut waren. Ich betrog alle in meiner Umgebung durch die Maske der Scheinheiligkeit. Als ich die Schattenregionen des Grabes passierte, gequält durch bittere Erinnerungen, nahm ich an, dass mich fürchterliche Anschuldigungen erwarten würden. Eine solche Aussicht beruhigte mich auf gewisse Weise, denn der Verbrecher, der durch die Reue verfolgt wird, findet in den Demütigungen, die ihn verunglimpfen, wirkliche Hilfe. Ich traf jedoch nur Verachtung an und verabscheute mich selbst. Meine Opfer distanzierten sich von mir, vergaben mir und vergaßen mich. Ich sehe mich jedoch von strafenden Kräften provoziert, die ich niemals in den wünschenswerten Details beschreiben könnte. In meinem Gewissen existiert ein unsichtbares Gericht und vergeblich versuche ich, vor den Stellen zu fliehen, an denen ich die Pflichten des Respekts gegenüber dem Nächsten verschmäht hatte."

Er unterdrückte das Schluchzen und schloss:

„Wie beginne ich meine Bemühung um Wiederherstellung?"

Jene demütige Stimme war von einer solchen Traurigkeit durchzogen, dass wir uns alle in den innersten Fasern berührt fühlten.

Matilde hingegen antwortete ohne zu zögern:

„Andere Geschwister, die nicht weit von uns entfernt die Last derselben Schuld ertragen, pilgern unglücklich zwischen unbeschreiblichen Albträumen und Leiden. Öffne ihnen dein Herz. Als erstes wirst du ihnen dabei helfen, den erneuernden Weg zu erkennen, indem du sie mit neuen Hoffnungen und Idealen nährst und sie zur geistigen Neuausrichtung durch die beständige und bereitwillige Ausübung des Guten führen wirst. Du wirst ihre Beleidigungen, ihren Spott, ihr Unverständnis erfahren, aber du wirst einen Weg finden, sie effizient und nachsichtig zu unterstützen. Nach einer solchen Aussaat wirst du beginnen, den Segen des Friedens und des Lichts zu ernten, denn der Geist, der mit Liebe lehrt, sei er auch verbrecherisch und unvollkommen, wird letzten Endes die schwierigsten Lektionen der Verantwortung lernen, die er dadurch erwirbt, dass er anderen rettende Offenbarungen übermittelt, die nicht von ihm selbst stammen. Wenn dieser edle Dienst erfüllt ist, wirst du später in den physischen Körper zurückkehren und die Lehren wiederholen, die du in deinem erneuerungswilligen Geist gespeichert hast. Du wirst von da an wieder tausend Gründe für die gewalttätige Wut finden und die Versuchung, Gegner zu eliminieren und sie mit einem tödlichen Schlag niederzustrecken, wird dein Herz häufig erfassen. Wenn du die eigenen zerstörerischen Impulse jedoch besiegen kannst und vor allem besiegen willst, während du dich mitten im gesegneten Kampf in der ‚Sphäre des Neuanfangs' befindest und dabei Liebe und Frieden, Licht und Vervollkommnung um deine Füße herum pflanzt – dann wirst du zeigen, dass du die erhaltenen Gaben wahrhaftig und effektiv genutzt haben wirst und offenbaren, dass du für den größeren Aufstieg vorbereitet bist."

Bevor die Gesandte der Lektion neuen Glanz verleihen konnte, bat eine weinende Frau um Rat und rief gedemütigt aus:

„Große Botin des Guten, ich gestehe hier meine Fehler vor allen ein und bitte dich, mir einen rettenden Weg aufzuzeigen. So lange ich inkarniert war, wurde ich nie für meine Exzesse des Missbrauchs der Sinne bestraft. Ich hatte ein Zuhause, das ich nicht ehrte, einen Ehemann, den ich schnell vergaß und Kinder, die ich absichtlich von mir entfernte, um in vollen Zügen die Vergnügungen zu genießen, die die Jugend mir bot. Meine moralischen Verfehlungen waren in der Gemeinschaft, in der ich lebte, nicht bekannt, aber der Tod ließ die Maske verwesen, die mich vor den Augen der anderen versteckt hatte und ich begann, ein schreckliches Entsetzen vor mir selbst zu empfinden. Was werde ich tun, um wieder Frieden zu finden?

Wie soll ich die Reue ausdrücken, die meine Seele mit unendlicher Bitterkeit erfüllt?"

Margarida sah sie bedeutungsvoll an und bemerkte:

„Tausende von Wesen, des physiologischen Gewands enteignet, röcheln in einem nahegelegenen Gebiet unter der grausamen Tyrannei der Leidenschaften, an die sie sich unachtsam ketteten. Du kannst die Neuausrichtung deiner Energien anstoßen, indem du dich in den benachbarten Kreisen der Aufrichtung leidender Geschwister guten Willens widmest. Im Vergessen deiner selbst wirst du viele im Missbrauch erstarrte Geister den Sümpfen des Schmerzes entreißen, in denen sie sich winden. Du wirst in ihrem Geist neues Licht und neue Prinzipien pflanzen, sie trösten und auf dem Weg der göttlichen Harmonie umwandeln, wodurch du selbst das Recht der Wiederkehr auf das geheiligte Feld des Fleisches eroberst. Wenn du dann zur gesegneten irdischen Schule zurückgeführt wirst, erhältst du vielleicht die schreckliche Prüfung der physischen Schönheit, wodurch der Kontakt mit den Versuchungen der eigenen niederen Natur den Stahl deines Charakters härtet, insofern du es schaffst, der heiligenden Liebe die höchste Treue zu halten. Das ist das Gesetz, meine Tochter! Damit wir uns nach dem Sturz in den Abgrund wieder sicher aufrichten, ist es unerlässlich all jenen zu helfen, die sich in ihn gestürzt haben und angesichts der Schmerzen der anderen das Wissen um die Verantwortung zu verankern, das unsere zukünftigen Handlungen leiten sollte, so dass sich die Reinkarnation nicht in ein neues Bad im Egoismus verwandelt. Das einzige Mittel, um endgültig vor dem Bösen zu fliehen, ist die beständige Treue gegenüber dem Unendlich Guten."

Die Wohltäterin unterbrach die großmütigen Worte kurz, ließ den Blick über die Versammlung schweifen, die ihr erwartungsvoll zuhörte, und schloss:

„Und dass niemand von uns annimmt, der Zugang zu den ewigen Schätzen sei leicht und mühelos, nur weil wir uns derzeit von den verdienstvollen Ketten des fleischlichen Körpers befreit sehen! Der Herr erschuf unvergängliche und perfekte Gesetze, damit wir das Reich des Himmlischen Lichts nicht nach den Launen des Zufalls erreichen, und kein einziger Geist wird die weisen Voraussetzungen der eigenen Anstrengung und der Zeit umgehen! Wer die Ernte des Glücks im kommenden Jahrhundert beabsichtigt, beginne jetzt mit der Aussaat der Liebe und des Friedens."

In diesem Moment gab sich Matilde einer längeren Pause hin, und während sie im Gebet zu meditieren schien, trat aus ihrer Brust spontan eine Sequenz glorreicher Wellen aus wunderbarem Licht hervor.

19

EINE UNTERREDUNG
VON UNSCHÄTZBAREM WERT

Nachdem die edle Botin uns anderen die Lehren vermittelt hatte, zu deren Aufnahme sie uns sicher in der Lage sah, legte sie Elói nahe, Margarida in jenes von Liebe erfüllte Plenum zu holen. Dabei ließ sie durchblicken, dass sie das Gleichgewicht unserer Schutzbefohlenen zu festigen und ihre Widerstandsfähigkeit zu stärken beabsichtigte.

Nach einigen Minuten erschien im Szenarium – vom dichten Körper getrennt - Gabriels Ehefrau, die in den vergangenen Tagen unsere höchste Aufmerksamkeit genossen hatte.

Ihre Schritte waren unsicher und ihr Blick zeigte eine sonderbare Teilnahmslosigkeit, die das partielle Unbewusstsein offenbarten, in dem sie sich befand.

Mir schien, als ob ihre Augen das lichtdurchflutete Ambiente nicht wahrnehmen würden.

In jenem Augenblick charakterisierte sie sich durch impulsive Bewegungen und lief in unserer Mitte wie eine gewöhnliche Schlafwandelnde umher.

Mechanisch nahm sie in den mütterlichen Armen Zuflucht, die Matilde ihr entgegenstreckte, doch sobald sie auf dem Schoß der Wohltäterin geborgen war, welche sie mit liebevoller Zuneigung einhüllte, reagierte sie positiv und betrachtete uns nunmehr erschrocken. Sie schien allmählich zu erwachen...

In dem Bestreben, einige der wichtigen Zentren ihres geistigen Lebens aufzuwecken, begann die Beschützerin, ihr Passes entlang des Gehirns zu übertragen – Operationen, die ich nicht so gut verstehen konnte, wie ich wünschte. Ich bemerkte jedoch, dass Matilde ihr magnetische Kräfte auf die Nervenbahnen des Denkorgans sowie entlang des gesamten Bereichs des Sympathikus übertrug. Hierzu erklärte mir der Tutor später, dass der natürliche Zustand der inkarnierten Seele, je zu einem stärkeren oder schwächeren Grad, mit der Tiefenhypnose oder der temporären Anästhesie verglichen werden kann, in die der Geist des Geschöpfes durch Verlangsamung der Schwingungen hinabsteigt – zum Zwecke der Evolution, der Vervollkommnung und Erlösung, in Raum und Zeit.

Im Perispirit konnten wir eindeutige Phänomene des Metabolismus beobachten, denn Margarida sonderte über die Brust und die Hände dunkelgraue Fluide in Form eines feinen Dunstes ab, welcher sich im weiten Ozean des allgemeinen Sauerstoffs auflöste. Gleich nach dieser „Reinigungsoperation" sandten die Bereiche des endokrinen Drüsensystems diamantene Strahlen aus, die sich wie einzigartige, brillante Gebilde aus den Schattenumrissen des bis dahin opaken und durchschnittlichen Perispirits hervorhoben.

Aus Matildes Brust strömten ununterbrochen lichtvolle Wellen hervor und wir waren davon überzeugt, dass Gúbios Schützling sich in jenem Moment in einem wahren Bad göttlicher Essenzen befand.

An einem gewissen Punkt des eindrucksvollen Prozesses des Erwachens riss die junge Dame wie ein erschrockenes Kind die Augen weit auf, sah uns mit einem überraschten Ausdruck an und versuchte sich in Bewegungen des Rückzugs und des Entsetzens. Als sie sich jedoch wieder dem lieblichen und erleuchteten Gesicht der Wohltäterin zuwandte, beruhigte sie sich sanft, als wäre sie durch eine undefinierbare Liebe magnetisiert worden.

Matilde küsste sie voller Liebe und durch den Kontakt jener sublimen Lippen zeigte sich Margarida im Innersten ihres Wesens berührt, umarmte sie und brachte das höchste Verlangen nach spiritueller Vereinigung zum Ausdruck.

Sie schien plötzlich vor Freude zu taumeln und rief unter bewegenden Tränen:

„Mutter! Liebe Mama!"

„Ja, meine Tochter, ich bin es", sagte die Gesprächspartnerin und liebkoste sie mit unendlicher Zärtlichkeit, „die Liebe vergeht niemals! Die Verbundenheit der Seelen besiegt die Zeit und den Tod."

„Warum hast du mich verlassen?", fragte Gabriels Ehefrau und drückte sich in einem Anflug unbeschreiblichen Glücks an Matildes Herz.

„Ich habe dich niemals vergessen", erläuterte die Wohltäterin und umarmte sie mit noch größerer Zärtlichkeit. „Das Land des ‚fleischlichen Nebels' scheint uns häufig voneinander zu entfernen; jedoch wird kein Schatten uns je voneinander trennen können. Unser Streben und unsere Hoffnungen vereinen sich wie Lichtpunkte in der Finsternis der Trennung, so wie die Sterne strahlenden Leuchtsignalen im nächtlichen Nebel ähneln und uns die Dimension der Unendlichkeit und der Ewigkeit in Erinnerung rufen."

Durch den liebevollen Klang jener Worte schien die ehemals Besetzte immer mehr in unserer Ebene zu erwachen.

Mit bangen Augen, die sie fest auf die Beschützerin gerichtet hielt, als wäre sie durch eine unermessliche Zuneigung magnetisiert worden, erklärte sie:

„Liebe Mama, ich bin müde und unglücklich!"

„Wenn der gute Kampf gerade erst anfängt?", fragte Matilde lächelnd.

„Ich fühle mich von herzlosen Feinden eingekreist. Sicher quälen sie mich Tag und Nacht. Ich bemerke einen unüberwindlichen Widerspruch zwischen meinen Gefühlen und der menschlichen Realität. Selbst die Ehe, mit der ich meine höchsten Träume verbunden hatte, wurde für mich nicht mehr als zu einem dunklen Buch trostloser Ernüchterungen. Mein Herz ist erschöpft und bedrückt. Enttäuschung und spirituelles Verderben sind meine engen Begleiter... Daher bin ich eine schwere Last für den hingebungsvollen Ehegatten, der ein besseres Schicksal verdient..."

Starke Schluchzer hinderten sie daran fortzufahren.

Die verehrte Botin trocknete ihr die Tränen und sprach gütig:

„Margarida, im irdischen Körper zu leben und die göttlichen Pflichten zu verstehen, die uns obliegen, ist in Anbetracht der unendlichen Glorie, die wir in seiner Gesellschaft erlangen können, nicht so einfach. Wir alle haben eine schuldbeladene Vergangenheit, die wiedergutgemacht werden muss. Wir müssen uns jedoch bewusst machen, dass, wenn die menschliche Erfahrung eine schmerzhafte Lernaufgabe in persönlicher Entsagung sein kann, sie auch eine gesegnete Schule ist, in der sich der Geist mit gutem Willen zu Höhenflügen aufschwingen kann. Dafür ist es allerdings unerlässlich, dass sich das Herz dem inneren

Klima der Güte und des Verständnisses öffnet. Wir sind Rohdiamanten, die wir in dem harten Gestein unserer jahrtausendealten Unvollkommenheiten verkapselt sind und uns durch die Größe des Herrn in den Schmieden der Erde befinden. Der Schmerz, das Hindernis und der Konflikt sind gesegnete Werkzeuge der Besserung, die zu unseren Gunsten funktionieren. Was würde aus dem Edelstein, der vor den Händen des Schleifers flöhe, aus dem Ton, der den Einfluss des Töpfers ablehnte? Ändere deine innerste Einstellung in Bezug auf die Gegner. Nicht immer ist der Feind ein Bewusstsein, das freiwillig im Bösen agiert. In den meisten Fällen rühren seine Handlungen aus dem fehlenden Verständnis, wie bei jedem Beliebigen von uns; er folgt einer bestimmten Denkrichtung, denn er wähnt sich in den Schachzügen der Arbeit, die er sich in den Kreisen des Lebens vorgenommen hat, auf einem Weg, der in seinen Augen unfehlbar ist; er sieht sich – wie wir selbst – Problemen der Sichtweise gegenüber, die nur die Zeit, verbunden mit der persönlichen Anstrengung bei der Ausführung des Guten, zu lösen vermag. Der Lurch und der Vogel charakterisieren sich durch unterschiedliche Impulse, obwohl sie Abkömmlinge derselben Welt sind. Es ist notwendig, Margarida, dass wir den Feind zu nutzen wissen und unsere wohltuende Lektion in ihn legen. Streng genommen sind wir angesichts unserer niederen Position in der weniger erhabenen Sphäre, die wir derzeit durchqueren, natürliche Gegner der Werke der Engel; jedoch bestrafen die Engelhaften Mächte unsere vorübergehende Unfähigkeit nicht, die göttlichen Dienste zu verstehen, welche ihnen in der Ökonomie des Universums obliegen. Statt uns zu verurteilen, erkennen sie mitfühlend unsere Einschränkungen und strecken uns durch tausend unsichtbare und indirekte Mittel brüderliche Arme entgegen, damit wir lernen, den Berg der Erhebung auf dem Weg zu den himmlischen Gipfeln emporzusteigen."

Als sich in den mütterlichen Beobachtungen eine kurze Pause ergab, erwog die junge Dame beflügelt:

„Geliebte Mama! Könnten meine Ohren doch für immer die süße Musik deiner Worte bewahren! Leider sehe ich schon den Strudel der irdischen Schwierigkeiten voraus, zu dem ich zurückkehren muss. Jetzt ist alles Trost und Hoffnung; morgen hingegen werde ich wieder eine Gefangene im physischen Kerker sein und ich werde mit betäubter Erinnerung durch einen unablässigen Konflikt mit den Monstern wandern, die mich umzingeln."

„Dies, Tochter", fügte Matilde voller Liebe hinzu, „ist das zwingende Erfordernis der Aufgabe, die du umsetzen musst. Verliere jedoch nicht die Schätze der Zeit durch unnütze Grübeleien. Fülle deine Stunden mit hilfreicher Arbeit, in der größtmöglichen Harmonie, die Quelle aller Schönheit. Die Intelligenz, die die Begrenzungen der Animalität bereits auf bestimmte Weise hinter sich gelassen hat, befindet sich im fleischlichen Körper wie ein Recke in einem Stadion voller hilfreicher Prüfungen. Dort drinnen, in der Arena der sublimen Möglichkeiten, die die Nebelregion bietet, gibt es diejenigen, die sich nach oben bewegen und jene, die sich nach unten orientieren. Weiche dem wertvollen Hindernis während des Laufs der Vervollkommnung nicht aus und schlürfe auch nicht das tückische Elixier der Illusion, das leidenschaftlich durch all jene gebraucht wird, die sich durch die Versuchungen der Mutlosigkeit besiegen lassen haben – unfähig, die Herausforderungen anzunehmen, vor die die Welt sie stellt. Das Leben ist für jede Seele, die auf dem schroffen Pfad triumphiert, Arbeit, Bewegung, Aufstieg. Andere schwitzen und bluten im Stillen. Sie durchqueren die Szenerie der Welt ohne die Zuneigung eines Partners und ohne den Segen eines Zuhauses. Sie kennen nicht wie du die Gabe eines gesunden Körpers, noch können sie die geringsten Träume hegen, die du in deinem weiblichen Herzen errichtest. Das sind vergessene Männer und hilflose Frauen, die von der Wiege bis zum Grab unbemerkt und gedemütigt bleiben. Sie atmen in einem Schema moralischer Qual und gehen dort draußen, in den Augen der Welt, schutzlos und erniedrigt ihren Weg, wobei sie ihre eigenen Seufzer ersticken, die ihnen – wenn sie gehört würden – eine unerbittliche Strafe auferlegen würden. Jedoch setzen sie ihren Weg trotz des dichten Tränenschleiers, durch den er erschwert wird, unerschrocken fort und vertrauen auf ein immer verschwommeneres und entfernteres Morgen, das sich unbestimmt in den unendlichen Horizonten zu verstecken scheint."

Margarida, die die Argumentation gerührt aufnahm, bat flehend:

„Liebe Mama, lehre mich durchzuhalten. Ich möchte die gesegnete Gelegenheit, die ich erhalten habe, ehren!"

„Strebe nicht danach, dass all deine Wünsche erfüllt werden", sagte die Wohltäterin sanft, „sondern versuche, brüderlich allen zu dienen, die sich an deiner Schulter anlehnen wollen oder deine tatkräftige Unterstützung brauchen.

Hilf selbst, bevor du um Hilfe bittest.

Verstehe, ohne unmittelbares Verständnis zu fordern.

Verzeihe den anderen, ohne dir selbst zu verzeihen.

Stütze, ohne die Absicht gestützt zu werden.

Gib, ohne das Ziel, etwas zu erhalten.

Strebe nicht nach der Anerkennung der Menschen, die dich besser erscheinen lässt als du bist, sondern suche zu jeder Zeit und überall den göttlichen Segen der Billigung durch das eigene Gewissen.

Suche keine herausgehobene Position vor den anderen; vervollkommne vor allem deine Gefühle immer weiter, ohne deine wankenden und problembehafteten Tugenden anzupreisen.

Handle korrekt und vergiss die leeren oder giftigen Sätze der widersinnigen Verleumdung.

Wenn du dir durch die Anleitungen anderer helfen lässt, nimm dich vor den Worten in Acht, die deiner eingebildeten persönlichen Überlegenheit schmeicheln oder die dich zur Härte des Herzens verleiten.

Rufe dir im Angesicht des Überflusses oder des Mangels den Dienst in Erinnerung, zu dem der Herr dich berufen hat und bringe das Gute in seinem Namen hervor, wo immer du auch sein magst.

Erinnere dich daran, dass die Erfahrung im Fleisch äußerst kurz ist und dass dein Kopf derart voll von heiligenden Ideen sein soll wie deine Hände von heilsamer Arbeit erfüllt.

Damit du jedoch einem solchen Programm gewachsen bist, ist es unerlässlich, dass du der erneuernden Sonne des Höchsten Guten dein Herz öffnest.

Wenn deine Seele dem Interesse am Glück des Nächsten gegenüber verschlossen bleibt, wirst du niemals das eigene Glück finden.

Die Freude, die du um die Schritte der anderen herum improvisierst, wird dich an Frohsinn reicher machen.

In dem Frieden, den du säst, wirst du die Ernte des Friedens finden, den du wünschst.

Dies sind Prinzipien des strahlenden Lebens.

In der Isolierung wird niemand die höchste Freude erlangen.

Für die göttliche Weisheit ist der Hirte, der die Herde verloren hat, genauso unglückselig wie das Schaf, das den Hirten verloren hat. Das Helfen aufzugeben ist ebenso dunkel wie die Unachtsamkeit, vom Weg abzukommen.

Der Egoismus kann eine Oase erschaffen, aber er wird niemals einen Kontinent erbauen.

Es ist unabdingbar, Margarida, dass du lernst, aus dir selbst herauszugehen und die Not sowie den Schmerz jener zu ergründen, die dich umgeben."

In diesem Augenblick verstummte die Stimme der Beschützerin und, indem sie sich in dem unendlichen Licht jener unvergesslichen Momente versenkt fühlte, fragte Gabriels Gattin, trunken vor Glück:

„Oh Gott! Barmherziger Vater, wodurch habe ich den unvergesslichen Segen dieser Stunde verdient?"

Möglicherweise von dem Wunsch geleitet, der Szene, der wir beiwohnten, eine größere Vertrautheit zu verleihen, erhob sich Matilde, die spirituelle Tochter in die

Arme geschlossen, ging auf uns zu und stellte uns gegenüber Margarida als enge Freunde vor.

Es ergab sich ein freundschaftliches Gespräch, wodurch die Welle der Tränen, die uns alle angesichts der bewegenden und unvergesslichen Unterredung gleichermaßen überrollt hatte, abebbte.

Allerdings kam der Moment, in dem sich die Wohltäterin interessiert daran zeigte, sich zu verabschieden.

Vorher jedoch legte sie den kristallklaren Blick auf die frühere Besessene und sagte entschlossen zu ihr:

„Margarida, jetzt wo du im Rahmen des Möglichen über ein normales Bewusstsein deiner selbst in unserem Handlungsbereich verfügst, höre den Appell, den wir an dich richten. Glaube nicht, dass ich dich lediglich wegen der Freude dich zu trösten besuche, was dich vielleicht auf den Weg der unverantwortlichen Sorglosigkeit lenken würde, der uns niemals zum wahren Frieden führt. Der göttliche Beweggrund muss in allem die Seele unserer Handlung sein. Der Landarbeiter, der den Boden kultiviert und ihm mit einer tröstenden Bewässerung zur Hilfe kommt, erwartet etwas von der Saat, die seine tägliche Anstrengung erfordert. Der Beistand von oben, direkt oder indirekt, verborgen oder offensichtlich, ist nicht lediglich eine reine Darstellung himmlischer Macht. Die Bewohner der höheren Ebenen würden es nicht ohne erhabene Ziele auf sich nehmen, zum Domizil des inkarnierten Geistes hinabzusteigen, genauso wie die Künstler der Intelligenz kein Interesse daran hätten, intellektuelle Kulturveranstaltungen ohne erzieherische Ziele für Geschwister durchzuführen, deren Verstand und Gefühle noch rudimentär oder niedrig sind. Die Zeit ist kostbar, meine Tochter, und wir können sie nicht gering schätzen, ohne uns selbst schweren Schaden zuzufügen."

Angesichts des überraschten Ausdrucks, den Gúbios Schutzbefohlene im Gesicht trug, fuhr Matilde fort:

„In wenigen Jahren werde ich auch in den Kreis des Kampfes zurückkehren, in dem du dich schlägst."

„Du?", schrie Margarida, fassungslos im Angesicht der Perspektive der fleischlichen Wiedergeburt für das erleuchtete Wesen, das sich vor unseren Augen befand, „Warum wird dir eine solche Strafe auferlegt?"

„Verweile nicht in einem so großen Unverständnis des Gesetzes der Arbeit", fügte die Botin lächelnd hinzu, „die Reinkarnation ist nicht immer ein bloßer Prozess der Erneuerung, obwohl sie in den meisten Fällen ein Mittel zur Besserung von Geistern darstellt, die in der Unordnung und dem Verbrechen verharren. Die Erde ist mit einem riesigen Meer vergleichbar, in welchem die arbeitende Seele ewige Werte findet, wenn sie die Erfordernisse der Aufgabe akzeptiert, die uns die Göttliche Güte anbietet. Außerdem haben wir alle süße Bande des Herzens, die über viele Jahrhunderte hinweg in den Tiefen des Abgrunds verharren. Es ist unerlässlich, die verlorenen Perlen zu suchen, damit das Paradies in unseren Augen nicht ohne Schönheit bleibt. Nach Gott ist die Liebe die glorreiche Kraft, die das Leben nährt und die Welten bewegt."

Die Wohltäterin sah die junge Dame beglückt an, machte eine kurze Pause und führte aus:

„Aus diesem Grund hoffe ich, dass dir die Heiligkeit der mütterlichen Aufgabe bei der Orientierung der wiedergeborenen Geister nicht unbekannt ist. Unsere besten Möglichkeiten gehen in der ‚Sphäre des Neuanfangs' verloren, weil es an entschiedenen und bewussten Armen mangelt, die uns durch die Labyrinthe der Welt führen. An Zuneigung fehlt es im familiären Heiligtum fast nie, in welchem sich die Seele auf die Wiederholung eines kostbaren Abenteuers vorbereitet; jedoch ist die absolute Zärtlichkeit genauso schädlich wie die absolute Strenge. Du weißt, geliebte Tochter, dass das edelste Wesen, wenn es das fleischliche Kleid wieder überstreift, gezwungen ist, sich seinen Regeln zu unterwerfen. Die physiologischen Gesetze, die die Erdkruste beherrschen, machen keine Ausnahme. Sie zwingen sich den Gerechten mit derselben Härte auf, mit der sie über die Sünder herrschen. Der Engel, der in die Tiefen der Kohlemine hinabsteigt, wird natürlich weiterhin in seinem Inneren ein Engel sein; allerdings wird er dem deprimierenden Klima untertage nicht entkommen. Das vorübergehende Vergessen wird mich in den eindämmenden physischen Zellen begleiten, aber der wünschenswerte Erfolg wird mir nur dann beschieden sein, wenn ich mit deiner starken und wachsamen Orientierung rechnen kann.

Ich weiß natürlich, dass du, wenn du in die Hülle zurückkehrst, die dich mit dem allgemeinen Kreis des irdischen Kampfes verbindet, ebenfalls unser Gespräch dieser Stunde vergessen wirst. Jedoch werden die Gesundheit und die Harmonie, die deinen Weg von nun an überfluten werden, verbunden mit dem Optimismus und der Hoffnung, die in deinen Geist unauslöschliche und vage Erinnerungen an diese göttlichen Augenblicke gravieren werden, dich nicht alles vergessen lassen.

Schütze deinen Körper, als würdest du ein heiliges Gefäß für den Dienst des Herrn bewahren und erwarte mich in Kürze.

Auf der verdienstvollen Pilgerschaft werden wir enger zusammenleben.

In den gesegneten Banden der Blutsverwandtschaft werden wir Mutter und Tochter sein, damit wir die Wissenschaft der universellen Brüderlichkeit intensiver erlernen.

Meine Rückkehr, Margarida, wird für deinen schwachen und zarten Körper wirklich ein schmerzhaftes Opfer sein; hilf mir jedoch bei der erneuerten Aussaat, damit ich dir bei der sicheren Ernte nützlich sein kann.

Empfange mich nicht als verwöhnte und teilnahmslose Puppe in deinen Armen. Äußerliche Zierden bringen dem Herzen nie wahres Glück, sondern ein solider und reiner Charakter, die sichere Grundlage, auf der sich ein gesundes Bewusstsein aufbaut. Das Gewächshaus kann die schönsten Blumen der Erde ernähren, aber es bringt nicht die besten Früchte hervor. Der ertragreiche Baum kann nicht auf die Fürsorge und die Unterstützung des Obstbauern verzichten. Es ist allerdings unbestrittene Tatsache, dass er nur durch die Qual der sengenden Hitze, unter wohltuenden Regengüssen oder durch die Hiebe des heftigen Sturms stärker wird. Der Kampf und die Spannungen sind erhabener Segen, durch den wir es schaffen, unsere alten Hindernisse zu überwinden. Wir dürfen sie nicht unterschätzen, sondern müssen darin die gesegnete Gelegenheit zur Erhebung erkennen.

Verstehe meine Bedürfnisse, damit ich dich im entsprechenden Moment verstehen kann. Die menschlichen Konventionen sind achtbar, aber die spirituellen Konventionen sind göttlich. Hilf mir, in den ersten das Gleichgewicht zu erlangen, damit ich den himmlischen Forderungen meines ewigen Geistes gerecht werde. Wenn du mich also in den Armen spürst, übergib mich nicht der übertriebenen Kleidung und der Nutzlosigkeit, unter dem Vorwand mich mit mütterlichem Schutz zu umsorgen. Nicht mit äußerlichem Schmuck helfen wir der kostbaren Pflanze zu wachsen und Früchte zu tragen, sondern mit der beständigen Anstrengung der Hacke, der schützenden Wachsamkeit, dem belebenden Dünger und dem wohltuenden Verschnitt. Verliere mich nicht aus den Augen, damit die Liebe und die Dankbarkeit gegenüber Gott für immer in meinem zarten Gedächtnis erhalten bleiben. Steh mir rechtzeitig zur Seite, damit ich im passenden Moment nützlich sein kann."

Erbaut durch die indirekte Lektion, die uns erteilt wurde, bemerkten wir, dass Margarida, in Tränen aufgelöst, alles versprach, was von ihr verlangt wurde.

Das liebevolle Gespräch interessierte uns alle, und wenn es nach uns gegangen wäre, hätte es sich unendlich ausgedehnt; jedoch zeigte Matildes Blick jetzt die Sorge sich zu entfernen.

Sie richtete noch sanfte Sätze des Trostes an die geliebte Tochter, umgab sie zärtlich mit magnetischen Operationen, die ihre perispirituellen Zentren harmonisierten und bat um Elóis Hilfe, um ihr die Rückkehr in die fleischliche Hülle, an der Seite ihres Ehemannes, zu ermöglichen.

Als sie sich endgültig verabschiedete, fügte die große Mentorin einige letzte Empfehlungen hinzu.

„Margarida", sagte sie gütig, „vergiss das Reich der Schönheit nicht, das du im häuslichen Heiligtum errichten kannst.

Flüchte entschlossen vor den gefährlichen Gespenstern der Eifersucht und der Zwietracht. Lerne, in den kleinen Angelegenheiten zu verzichten, damit du mit Leichtigkeit das Licht aufnehmen kannst, das aus der Aufopferung strahlt. Gefährde den spirituellen Erfolg, den dir die Erfahrung bieten kann, nicht durch Belanglosigkeiten. Du bist von den äußerlichen Übeln frei, aber du hast dich noch nicht von den eigenen Übeln befreit. Vertraue auf die Göttliche Macht und werde nicht schwach, selbst wenn das Gewitter die innersten Fasern deines Herzens erzittern lässt."

Mutter und Tochter umarmten sich voll unbeschreiblicher Zärtlichkeit; anschließend ging Matilde auf Gúbio zu, erläuterte ihm diskret die Arbeit, die sie für die folgenden Stunden vorgesehen hatte und unterstrich, dass sie in der Nähe auf uns warten würde.

Danach dankte sie uns mit extremer Freundlichkeit, wobei sie uns keine Gelegenheit gab, ihr die Anerkennung und die Freude auszudrücken, die von unseren Seelen Besitz ergriffen hatten.

Als sie sich entfernte, gab sie unserem Tutor selbstverständlich die Kräfte zurück, die sie vorübergehend von ihm beansprucht hatte.

Gúbio übernahm somit wieder die Leitung der Arbeit und verkündete, dass wir mit Ausnahme von vier Gefährten, die Gabriels Zuhause mit einer brüderlichen Wache schützen würden, alle in Richtung der höheren Ebenen aufbrechen sollten, mit einem Zwischenhalt in einem der „Felder des Ausgangs" aus der fleischlichen Sphäre.

20

DAS WIEDERSEHEN

Die Nacht war bereits vorangeschritten, aber unser Tutor ließ den Blick umherschweifen und schien in sich gekehrt und nachdenklich die äußere Umgebung zu erforschen...

Bald darauf betrachtete er gerührt die spirituelle Tochter, die bereits in einem sanften und geborgenen Schlaf ausruhte. In ihrem Gemach betete er lange an ihrer Seite und teilte uns anschließend mit, dass der Augenblick des Aufbruchs gekommen war.

Wie Vögel, die voller Hoffnung und Frieden zu ihrem Nest zurückkehrten, sollten wir jetzt andere Vögel mit halblahmen Flügeln mitnehmen, die durch die Gewitter der Leidenschaften verletzt wurden. Alle Herzen, die dort gerettet wurden, würden von uns andere, erneuernde und erlösende Handlungsfelder benötigen.

Jene leidenden und gutmütigen Wesen, selbst die, die sich aufgrund der Beeinträchtigungen durch die Gefühle, denen sie sich ausgeliefert hatten, am Rande des Wahnsinns befanden, hatten Tränen der Freude und der Dankbarkeit in den Augen. In jedem Einzelnen war der starke Wunsch nach Umkehr und neuem Leben spürbar. Vielleicht durchbohrten sie unseren Tutor genau deshalb mit unruhigen und freudigen Blicken, als wollten sie seine Worte verschlingen.

„Alle Gefährten, die in diesen Tagen Teil unserer Mission waren", gab Gúbio väterlich bekannt, „sofern sie beharrlich die Absicht verfolgen sich wiederherzustellen, begleiten uns und werden Zugang zu den Kreisen der würdevollen Arbeit haben, wo ihr Bestreben nach dem höheren Leben von Schülern des Guten und des Lichts gern willkommen geheißen wird. Ich hoffe jedoch, dass ihr in der benachbarten Sphäre keine Wunder erwartet. Die Arbeit der eigenen Neuorientierung ist in allen Winkeln des Universums ein unumstößlicher Artikel des Gesetzes. Niemand erfleht sich Schutz, den er nicht verdient hat, noch Honigblumen aus den bitteren Samen, die er in früheren Zeiten gesät hat. Wir sind lebendige Bücher all dessen, was wir denken und tun, und die kristallklaren Augen der Göttlichen Gerechtigkeit lesen uns überall. Wenn es auf der Erdkruste menschliche Institutionen gibt, die über die niederen Leben auf dem planetaren Boden bestimmen, haben wir im höheren Handlungsfeld die Ordnung der Engel, die unsere Evolutionswege beherrscht. Niemand hintergeht die festgelegten Prinzipien. Wir besitzen jetzt, was wir am gestrigen Tag zusammengetragen haben und morgen werden wir das besitzen, wonach wir am heutigen Tag suchen. Und da es stets schwieriger ist, zu korrigieren statt zu erzeugen, können wir in dem arbeitsreichen Werk der individuellen Vervollkommnung weder mit Bevorzugungen rechnen, noch eine friedliche und sofortige Lösung für Probleme herbeiführen, die wir in langen Jahren geschaffen haben. Das Gebet hilft, die Hoffnung umarmt uns wie ein Balsam, der Glaube trägt, der Enthusiasmus erquickt, das Ideal erleuchtet, aber die eigene Anstrengung zum Guten hin ist die Seele der erwarteten Verwirklichung. Aus diesem Grund müssen selbst hier der Segen der Minute, die Gabe der Stunde und der Schatz der Gelegenheiten eines jeden Tages effektiv genutzt werden, wenn wir den heiligenden Aufstieg erreichen wollen. Glück, Frieden, Freude lassen sich nicht improvisieren. Sie stellen Errungenschaften der Seele in der unablässigen Arbeit der Erneuerung unserer selbst mit dem Ziel dar, die Göttlichen Bestimmungen auszuführen. Glücklicherweise haben wir von jetzt an im Heiligtum des guten Willens Obdach, und ebenfalls in diesem Augenblick dürfen wir das evangelische Versprechen nicht vergessen: ,wer bis ans Ende standhaft bleibt, der wird gerettet werden.' Die Himmlische Gnade ist zweifelsohne eine ewige und erhabene Sonne. Wir müssen jedoch dringend höhere Eigenschaften in uns entwickeln, um ihre Strahlen wahrzunehmen und zu empfangen."

Eine leichte Pause zeigte uns die vorherrschende Freude.

Ein gesunder Optimismus strahlte aus allen Gesichtern.

Saldanha, den Blick auf unseren Leiter geheftet, bewegte uns durch die Tränen der reinigenden Reue, die aus seinen Augen strömten.

Bevor unser Lehrmeister den Faden der ermutigenden und wachsamen Worte wiederaufnehmen konnte, stimmten einige Schwestern einen wunderschönen Lobgesang auf die Güte Christi an. Ihr fester Blick, zuvor voller Sorgen und Schmerz, war jetzt unerschrocken und erfüllte unser Herz mit unbeschreiblicher Wonne.

Eine Fülle von Strahlen saphirblauen Lichts ergoss sich über uns, während die Klänge der harmonischen und reinen Stimmen verströmten und die innersten Fasern in den geheimsten Winkeln unseres Wesens berührten.

Nachdem der melodische und ergreifende Gesang beendet war, der uns die erhabenen Gedanken des unvergesslichen Psalms Davids[9] in Erinnerung rief, übernahm

---

[9] *Psalm 90 (Anmerkung des spirituellen Autors)*

der Lehrmeister wieder das Wort und teilte mit, dass die Schlacht trotz der geheiligten Freuden jener Stunde nicht vorüber war.

Uns fehlte noch der Epilog, erläuterte er mit einem ernsteren Unterton in der Stimme.

Matilde war schon vorausgegangen, um uns in einer Übergangsregion zu erwarten, in deren Schwingungsebene es ihr möglich wäre, sich erneut für alle Augen zu materialisieren und das erträumte spirituelle Wiedersehen mit dem Sohn aus anderen Zeiten zu verwirklichen, der uns in Kürze in der Eigenschaft als Rächer aufsuchen würde.

Der äußerst klare Blick unseres Tutors zeugte von einer offenkundigen Besorgnis, als er weiter ausführte, dass Gregório sich nunmehr gegen ihn auflehnen würde, nachdem er von den Wendungen in Margaridas Drama und der Erneuerung vieler seiner Gefährten und Mitarbeiter Kenntnis genommen hatte, die – von der Unwissenheit und dem Hass, der Perversität und der Unvernunft angewidert – jetzt freimütig dem Guten zugewandt waren. Matildes Sohn beabsichtigte, Schulden mit ihm abzurechnen, als deren Gläubiger er sich sah. Unser Lehrmeister erklärte bewegt, dass er bei einem spirituellen Duell wie jenem, das sich abzeichnete, von uns allen die wirksame Hilfe des Gebetes und der geistigen Ausstrahlung reiner Liebe erwartete. Wir sollten Gregórios Beleidigungen und Beschimpfungen weder als persönliche Kränkungen auffassen, noch seine Handlungen als Bosheit oder Grobheit einstufen. Es gebührte uns, in seinen Gesten des Unverständnisses den Schmerz zu beobachten, der sich in seinem bedrückten und verzweifelten Geist kristallisiert hatte sowie in seinen Worten nicht die bewusste Boshaftigkeit, sondern den Ausbruch einer krankhaften und unglücklichen Revolte zu erkennen, die niemand anderem Schaden oder Verletzungen zufügen konnte als ihm selbst. Der Gedanke ist eine starke Kraft, die selbst die kleinsten Impulse der Seele steuert, und wenn wir uns einer mit Hass oder Ungleichgewicht gespickten spirituellen Reaktion hingäben, würden wir uns mit der Gewalt verbünden und dadurch nicht nur die unverzichtbare Manifestierung Matildes, der Wohltäterin, sondern auch die Erneuerung Gregórios beeinträchtigen, dessen Intelligenz auf das Böse konzentriert war. Mit Ausstrahlungen von Verbitterung oder Vergeltung würden wir uns in eine kontraproduktive Aktion hineinsteigern. Die Schwingungen der brüderlichen Liebe, wie jene, die Jesus uns hinterließ, sind Energien, die den Hass, die Verfolgung, die Disziplinlosigkeit, die Eitelkeit und den Egoismus – die Qualen der menschlichen Erfahrung - wahrhaft auflösen. Außerdem, ergänzte der Lehrmeister gütig, sollten wir berücksichtigen, dass jener vom göttlichen Weg abgekommene Geist sich viel mehr durch die Krankheit des verletzten und uneinsichtigen Stolzes als durch die Perversität charakterisierte. Gregório war genauso ein Unglücklicher wie wir selbst in der jüngeren oder weiter entfernten Vergangenheit, angestachelt durch innere Aufstände und Gewissensnöte, die seine Gefühle aus dem Gleichgewicht brachten. Er verdiente deshalb unsere liebevolle und tröstende Zuwendung, selbst wenn er uns mit dem Erscheinungsbild eines Verbrechers oder Verrückten besuchte. Unser Verhalten stellte in einem solchen Kapitel übrigens nichts Überraschendes dar, denn Christus hatte genau, um uns diese Lektionen zu lehren, zum Wohle aller gearbeitet und allein am Kreuz gelitten.

Er teilte uns zudem mit, dass der Hohepriester der Schattenregion sich bei seiner Aufwartung durch viele Gefährten begleiten lassen würde, die ebenso geistig vergiftet waren wie er, und dass wir gegen diese Gruppe von Feinden des Lichts einen zusammenhaltenden, harmonischen Verteidigungsbund durch die wahre Brüderlichkeit, das fürsprechende Gebet und die spirituelle Liebe bilden sollten, der mit Mitgefühl vorgeht und zugunsten der Wiederherstellung des Guten arbeitet.

Saldanha nutzte die Pause, die sich spontan ergab und fragte unseren Mentor, ob wir nicht wenigstens eine koordinierte Bewegung zur energischen Abwehr organisieren sollten, worauf der Leiter weise sowie freundschaftlich lächelnd antwortete:

„Saldanha, in der Gesellschaft des Meisters, dem wir folgen, gibt es nur Platz für die heilsame Arbeit – verbunden mit dem Verständnis der Lektionen der Aufopferung und Erleuchtung, die er uns erteilt hat. Glaube nicht, dass ein Schlag mit einem anderen Schlag ausgelöscht werden kann. Man heilt die Wunde nicht, indem man tiefer in das blutende Fleisch schneidet. Die gesegnete Narbe bildet sich immer durch die Krankenpflege, die Arznei oder die Berichtigung, jeweils mit Liebe angewandt. Wer das Reich Christi wünscht, gebe sich Ihm hin. Wir sind Diener. Die Verteidigung, welche auch immer es sei, gehört dem Herrn."

Der ehemalige Verfolger verstummte demütig.

Nachdem einige Minuten vergangen waren, entfernten wir uns alle zusammen, ein wenig beklommen, von dem Anwesen, in welchem wir so viele kostbare Lektionen erhalten hatten.

Indem sich die am schwersten Erkrankten auf jene stützten, die sich stärker zeigten, zogen wir uns vorsichtig zurück und begaben uns auf den Weg zu der im Voraus bestimmten Sphäre.

Eine zweistündige Reise unter der Aufsicht Gúbios, der für Erfahrungen jener Art perfekt ausgebildet war, führte uns zu dem gewünschten Ort.

Die Landschaft ringsherum war von einzigartiger Schönheit.

Eine grüne Hochebene, durch den Mondschein gekrönt, lud uns zur Meditation und zum Gebet ein und eine leichte, frische Morgenbrise schien unser Gehirn anzuregen und uns zu ermuntern, die Quellen des Gedankens neu zu beleben.

Unser Lehrmeister bat uns, im Halbkreis zu sitzen und uns verschiedene Szenen aus dem Evangelium in Erinnerung zu rufen; mit sichtbarer Rührung teilte er uns mit, dass er eine persönliche Botschaft empfangen habe, nach der Gregório und dessen Leute uns bereits auf den Fersen waren und dass – wenn einige der Gefährten versuchen sollten, seine Gegenwart zu meiden – jegliche Flucht aus unserer Gruppe aussichtslos war, da eine hohe Anzahl der dort versammelten Pilger nicht imstande war, sich in einer höheren Sphäre schwebend fortzubewegen, was durch die Dichte der geistigen Ebene verursacht wurde, in der sie sich aufhielten.

Somit oblag es uns jetzt, eine Haltung des Gebets und der liebevollen Erwartung einzunehmen, wie jemand, der zu verstehen, zu helfen und zu verzeihen weiß.

Vom sternenfunkelnden Himmelsdom senkten sich kostbare Inspirationen auf uns nieder.

In der Ferne glitzerten Konstellationen, während der Mond, still und wunderschön, dazu bereit schien, unsere christlichen Bemühungen zu bezeugen.

Ich bemerkte, dass unser Tutor ein wenig abseits im weichen Gras dieselbe Position eines medialen Instruments einnahm wie in der Zusammenkunft, die wir zuvor abgehalten hatten, denn er übertrug mir vertrauensvoll die

Leitung der Versammlung, was ich mit extremen Bedenken, jedoch ohne zu zögern annahm.

Nachdem diese Maßnahme getroffen worden war, begab sich Gúbio mithilfe des Gebets in einen erhabenen geistigen Zustand.

Wir begleiteten ihn ehrfürchtig. Gespräche, die sich nicht auf das delikate Problem jener Stunde bezogen, waren fehl am Platz.

Wir verhielten uns in gesammelter Erwartung, als uns ein weit entfernter Lärm die Veränderung der Situation ankündigte.

Obgleich kreidebleich, wodurch er uns den Eindruck vermittelte, dass er bereits mit höheren und für unser Auge nicht wahrnehmbaren Wesen kommunizierte, ermahnte uns der Lehrmeister ein weiteres Mal zur Stille, zur Geduld, zur Gelassenheit sowie zum Gebet und empfahl uns, allen Geschehnissen ohne Auflehnung, ohne Verbitterung und ohne Verängstigung zu folgen.

Wir mussten nicht lange warten.

Ein paar Minuten verstrichen in Windeseile und schon erschien Gregório mit einigen Dutzend Gefolgsleuten auf dem Feld und übersäte uns mit Schimpfwörtern, die sich durch Härte und Gewalt charakterisierten. Die Neuankömmlinge wurden durch eine große Anzahl von überwiegend monstruösen Tieren begleitet.

Unter anderen Umständen, ohne den Segen des hilfreichen Hinweises, hätten wir wahrscheinlich die Flucht ergriffen; jedoch verharrte Gúbio, dessen Erhabenheit wir aus eigener Erfahrung kannten, dort entschlossen und unerschütterlich, wobei er Wellen intensiven Lichts aussandte und unmerkliche magnetische Kräfte manövrierte. Diese wurden auf uns gerichtet und schienen uns mit den Mitteln zu versorgen, die für das korrekte weitere Vorgehen erforderlich waren.

Für meinen Teil gestehe ich, dass ich – als ich die finsteren Masken bemerkte, die sich uns näherten – noch nie etwas so Angsteinflößendes und ein so tiefes Gefühl des Vertrauens empfunden hatte.

Der Priester der Schattenregion ging auf unseren Tutor zu wie ein General, der auf dem Platz verhandelt, bevor er die Schlacht beginnt und beschuldigte ihn ohne Umschweife:

„Elender Hypnotiseur von unbedarften Dienern, wo sind deine Waffen für das Duell dieser Stunde aufgereiht? Nicht zufrieden damit, meinen intimsten Projekten durch ein Problem persönlicher Art zu schaden, hast du zahlreiche meiner Mitarbeiter im Namen eines Meisters verführt, der denen, die ihn begleiteten, lediglich Sarkasmus, Martyrium und Kreuzigung anbot! Glaubst du vielleicht, dass ich meinerseits dazu bereit wäre Prinzipien zu akzeptieren, die die menschliche Würde herabsetzen? Meinst du etwa, dass ich für meinen Teil durch die Zauberer deiner Gattung fasziniert sei? Wortbrecher, ich werde deine Mächte eines heimlichen Hexers aus den Fugen bringen! Ich glaube nicht an die gezuckerte Liebe, die du zur Kampfeslosung gewählt hast! Ich glaube an die Kraft, die das Leben regiert und dich ebenfalls zu meinen Füßen niederzwingen wird!"

Da er bemerkte, dass sich unser Tutor nicht erhob, als sei er durch eine undefinierbare Schwäche zwangsweise an den Boden gekettet, obwohl er von einem intensiven Licht umgeben war, betonte der Priester der schwarzen

Geheimnisse wütend, indem er über die Parierstange des glänzenden Schwertes strich:

„Feigling, stehst du nicht auf, um meine gerechte und würdevolle Anklage zu hören? Hast du auch das Ehrgefühl verloren und gleichst all jenen, die dir in der Bewegung der Demütigung vorausgingen, die seit fast zweitausend Jahren auf der Welt andauert? Zu anderen Zeiten glaubte ich auch an den himmlischen Schutz durch die religiöse Aktivität, mit den Idealen, nach denen du heute strebst. Ich verstand jedoch rechtzeitig, dass der Göttliche Thron zu weit entfernt dafür schwebt, dass wir uns die Mühe machen, ihn zu erreichen. Es gibt keinen barmherzigen Gott, sondern eine Ursache, die regiert. Diese Ursache ist Intelligenz und kein Gefühl. Ich habe mich daher in der bestimmenden Kraft verschanzt, um keinen Schiffbruch zu erleiden. Das ‚Wollen', das ‚Befehlen' und das ‚Können' liegen in meinen Händen. Wenn deine Zauberkünste die Prinzipien überwiegen, die ich heilige und verteidige, nimm den Handschuh an, den ich dir ins Gesicht werfe! Kämpfen wir!"

Gregório warf einen finsteren Blick auf die stumme Zuhörerschaft und rief aus:

„Hier ruhen wehrlos, an deiner Seite, meine Mitarbeiter aus, die beschämenderweise zu deinem verführenden Gesang eingeschlafen sind; jedoch wird mir jeder von ihnen das Überlaufen und den Ungehorsam sehr teuer bezahlen."

Er heftete die katzenartigen Augen aufmerksamer auf die Versammlung, aber mit Ausnahme von mir, der ich auf die Aufgabe der mir übertragenen Leitung achten sollte, wagte es niemand, die Haltung tiefer Konzentration auf die Absichten der Demut und der Liebe zu verändern, zu der wir aufgerufen waren.

Der angsteinflößende Anführer finsterer Legionen zeigte eine deutliche Enttäuschung angesichts der Beleidigungen, die ohne Reaktion blieben, ging näher an unseren gelassenen Lehrmeister heran und schrie:

„Ich werde dich mithilfe der Schläge, die du verdienst, selbst aufrichten."

Bevor er jedoch die Absicht in die Tat umsetzen konnte, erschien ein delikater, lichtvoller Apparat in der Höhe, eine Art aus strahlenden Fluiden improvisierte Kehle, wie jene, die sich in den Sitzungen der direkten Stimme bei den Inkarnierten bilden, und Matildes kristallklare und sanfte Stimme erklang über unseren Köpfen. Sie ermahnte ihn mit liebevoller Bestimmtheit:

„Gregório, lass dein Herz nicht gefrieren, wenn dich der Herr auf tausend Arten zur erneuernden Arbeit ruft! Deine lange Phase der Härte und der Kälte ist beendet. Kämpfe nicht gegen die gesegneten Impulse unseres Ewigen Vaters an! Der Stachel verletzt, so lange das Feuer ihn nicht aufzehrt; und der Stein leistet Widerstand, so lange ihn der Wasserstrahl nicht abträgt! Für deine Seele, mein Sohn, ist die Nacht vorüber, in der deine Vernunft sich im Bösen verfinsterte. Die Unwissenheit kann viel; jedoch ist sie schlichtweg nichts, wenn die Weisheit ihre Hinweise aussendet. Erlaube nicht, dass die Monster der schwarzen Magie dein Herz mit dem gewünschten Glück nähren!"

Der gefürchtete Verfolger war verwirrt, beinahe fassungslos, während wir selbst, die Anwesenden, die sich Gúbios Mission angeschlossen hatten, die riesige Überraschung nicht verbergen konnten, die uns angesichts des imposanten und unerwarteten Bildes beherrschte.

Ich verstand, dass die Wohltäterin sich die vitalen Fluide unseres Tutors zunutze machte, um sich in jener Sphäre auszudrücken, wie sie es Stunden zuvor in Margaridas Residenz getan hatte.

Der vom Weg abgekommene Priester wirkte jetzt in einer Mischung aus Erstaunen, Auflehnung und Bitterkeit wie ein Raubtier im Käfig.

„Glaubst du etwa", fuhr die liebliche Stimme der Mutter fort, „dass sich die Liebe im Laufe der Zeit verändern kann? Hast du jemals angenommen, dass ich dich vergessen könnte? Hast du vergessen, dass unsere Schicksale einander magnetisch anziehen? Wenn meine Seele auch durch tausend Welten pilgert, werde ich mich immer nach der Vereinigung unserer Geister sehnen. Das erhabene Licht der Liebe, die in unseren tiefsten Gefühlen brennt, kann in den Abgründen der Hölle strahlen und jene, die wir lieben, dem Herrn annähern. Gregório, erhebe dich wieder!"

Und mit tränenerfüllter Stimme, die selbst den starrsten Verstand entwaffnen würde, hob sie hervor:

„Erinnere dich! Hast du über die Jahrhunderte die Projekte der Liebe sterben lassen, die wir in der weit entfernten Toscana und der Lombardei entworfen haben? Hast du unsere Gelübde zu Füßen der bescheidenen Altäre vergessen? Hast du die Steinkreuze aus dem Gedächtnis verloren, die unsere Gebete anhörten? Versprachen wir nicht beide, gemeinsam für die Purifikation der Heiligtümer Gottes auf der Erde zu arbeiten? Stets groß und schön bei der Bekämpfung der käuflichen Politik der Menschen, hast du im Geist den Wahnsinn des Stolzes und der Eitelkeit kristallisiert, die du durch den Kontakt mit einer verderblichen Krone erwarbst. Du ersticktest kostbare Ideale im Strom des weltlichen Goldes und verlorst die Vision der göttlichen Horizonte, indem du in den Schatten der Berechnungen zur Ausdehnung des Reiches deiner Launen eintauchtest. Du beweihräuchertest die Größe der Mächtigen der Welt zum Nachteil der Bescheidenen, du fachtest die spirituelle Tyrannei an, indem du glaubtest, Besitzer unfehlbarer Autorität zu sein und nahmst an, dass der Himmel jenseits des Todes nicht mehr als eine einfache Kopie der Tribunale und Gerichtshöfe der Erde sei. Schreckliche Ernüchterungen überraschten dein Erwachen und, obgleich gedemütigt und leidend, ließest du die Gedanken in der giftigen Säure des Aufruhrs stocken und du wähltest die Versklavung der niederen Intelligenzen zur einzigen erobernswerten Position. Jahrhundertelang warst du lediglich ein rüder Maßregler krimineller und gestörter Seelen, die das Grab in der Unachtsamkeit und der Abhängigkeit antraf. Mein Sohn, schmerzt dich hingegen die traurige Position eines schändlichen Charakters nicht? Eine solche Frage verklingt nicht ohne Antwort. Durch dich sprechen der immense Überdruss am Bösen und die tiefe innere Einsamkeit, die derzeit deine Stunden einnehmen. Du lerntest mit unendlicher Enttäuschung, dass die göttlichen Schätze nicht in kalten Truhen materieller Werte ruhen und weißt jetzt, dass Jesus kaum über Zeit verfügt, um prunkvolle Basiliken zu frequentieren, auch wenn sie ehrwürdig sind, denn von dem dunklen menschlichen Pfad gehen Seufzer von Pilgern ohne Licht und ohne Zuhause, ohne Schutz und ohne Brot aus..."

Man merkte, dass die Wohltäterin, beinahe erstickt vor Rührung, enorme Schwierigkeiten hatte fortzufahren, aber nach einer langen Pause, die niemand zu unterbrechen wagte, fuhr sie bewegt fort:

„Wie konntest du für ein paar Tage vergänglicher Autorität auf der Erde unsere erlösenden Visionen des am Kreuz leidenden Christus vergessen? Du schlossest dich den Drachen des Bösen an um lediglich festzustellen, dass die temporäre Papstkrone deinen Kopf in den Bereichen des ewigen Lebens, in die der Tod uns entriss, nicht schmücken kann; hingegen zweifelte der Göttliche Freund niemals an unseren Versprechen zu dienen und wartet mit derselben Hingabe auf uns wie am Anfang. Gehen wir! Ich bin Matilde, Seele deiner Seele, die dich eines Tages als geliebten Sohn annahm und die du als hingebungsvolle spirituelle Mutter liebtest."

Die Stimme der Botin verstummte, vom Tränenfluss überwältigt.

Gregório, der alles ihm Mögliche tat, um sich auf den Beinen zu halten, schrie daraufhin, als brannte er darauf, vor sich selbst zu fliehen:

„Das glaube ich nicht! Das glaube ich nicht! Ich bin allein! Ich habe mich dem Dienst der Schattenregion verschrieben und bin an keine anderen Verpflichtungen gebunden."

Seine zaudernde Stimme war von einem Ton unbeschreiblichen Schreckens erfüllt. Er schien die Flucht ergreifen zu wollen, völlig verwandelt. Jedoch blieb er vor der begeisterten und stillen Versammlung durch die Worte der Wohltäterin magnetisiert, die streng und sanft, wunderschön und schrecklich sprach und sein Gewissen durchpflügte. Er ließ den Blick wie ein verletzter Löwe über alle Winkel des Feldes schweifen, auf dem wir uns befanden, und da er sich als Mittelpunkt all jener fühlte, die dort perplex der unerwarteten Szene folgten, legte er die ganze extreme Verzweiflung, die in seiner Seele umherkreiste, in seinen Gesichtsausdruck, riss das Schwert aus der Scheide und brüllte wütend:

„Ich bin zum Kämpfen gekommen, nicht zum Diskutieren. Ich habe keine Angst vor Hexereien. Ich bin ein

Anführer und kann die Minuten nicht mit Ausreden verschwenden. Die Anwesenheit meiner spirituellen Mutter aus anderen Epochen ist nicht möglich. Ich kenne die Tricks der Blender und habe keine andere Alternative als mich zu duellieren."

Indem er das zarte Lichtgebilde anstarrte, das im Raum schwebte, fügte er hinzu:

„Wer du auch seist! Engel oder Dämon, zeige dich und kämpfe! Nimmst du meine Herausforderung an?"

„Ja…", antwortete Matilde zärtlich und demütig.

„Dein Schwert?!", donnerte Gregório schnaufend.

„Du wirst es in Kürze sehen…"

Nach einigen Momenten quälender Erwartung erlosch die lichtstrahlende Kehle, die über uns glänzte, aber nicht weit entfernt wurde eine leichte, strahlende und unförmige Masse sichtbar.

Ich verstand, dass die edle Gesandte sich eben dort mit Hilfe der vitalen Fluide materialisieren würde, die unser Tutor ihr zur Verfügung stellte.

Freude und Erstaunen beherrschten die Versammlung.

In wenigen Augenblicken erhob sich Matilde vor unseren Augen, das Gesicht durch einen Schleier aus hauchdünnem Gewebe verhüllt. Die reine und lichtvolle Tunika, verbunden mit der schlanken und edlen Gestalt, unter dem Schein des saphirblauen Lichts, das sie umgab, riefen Erinnerungen an eine verzauberte Madonna des Mittelalters hervor, die plötzlich erscheint.

336

Sie ging würdevoll und ruhig in die Richtung des düsteren Verfolgers; Gregório griff sie jedoch, gestört und ungeduldig, von weitem an, erhob das Schwert und rief entschlossen aus:

„Zu den Waffen! Zu den Waffen…!"

Matilde hielt ruhig und demütig, wenn auch imposant und wunderschön, mit der Majestät einer durch die Sonne gekrönten Königin inne.

Nachdem einige kurze Augenblicke vergangen waren, bewegte sie sich erneut und indem sie die strahlende rechte Hand zum Herzen erhob, ging sie zu ihm und bekräftigte mit lieblicher und zarter Stimme:

„Ich habe kein anderes Schwert als das der Liebe, mit der ich dich immer geliebt habe!"

Und plötzlich hob sie den Schleier aus ihrem reinen Gesicht und offenbarte ihm ihre Persönlichkeit in einer Sintflut strahlenden Lichts. Als er nunmehr ihre sanfte und erhabene Schönheit, von Tränen überströmt, sah und die herzerweichenden Ausstrahlungen ihrer Arme spürte, die sich ihm jetzt weit und einladend öffneten, ließ Gregório das scharfe Schwert fallen, warf sich auf die Knie und rief:

„Mutter! Meine Mutter! Meine Mutter…!"

Matilde umarmte ihn und rief aus:

„Mein Sohn! Mein Sohn! Gott segne dich! Ich liebe dich mehr als je zuvor!"

In jener Umarmung vollzog sich ein erstaunlicher Schock zwischen dem Licht und der Finsternis, und die Finsternis hielt nicht stand…

Als sei er in den innersten Winkeln des Seins erschüttert worden, kehrte Gregório nach dem völligen Zusammenbruch der Kraft, die ihn gestützt hatte, zur kindlichen Zerbrechlichkeit zurück. Endlich begann er seine Befreiung.

Bewegt nahm die Wohltäterin den entkräfteten Verfolger in die Arme, während zahlreiche Angehörige der finsteren Falange entsetzt flohen.

Die siegreiche Matilde bedankte sich mit Worten, die die entlegensten Fasern unserer Seele vibrieren ließen und vertraute uns anschließend den besiegten Sohn an. Sie versicherte, dass der hingebungsvolle Gúbio es übernehmen würde, für jenen, den sie als ihren göttlichen Schatz ansah, einige Zeit lang zu sorgen.

Nachdem sie uns warmherzig umarmt hatte, dematerialisierte sie sich zu unserem Hosanna-Gesang, um aus der Entfernung die Vorbereitung der glorreichen Zukunft fortzusetzen.

Unser Tutor kam wieder zu Kräften und kehrte zu unserer Arbeitsgruppe zurück.

Erbaut und glücklich hielt Gúbio den regungslosen Gregório in den Armen, wie ein treuer Christ, der stolz darauf ist, den unglücklichen Gefährten zu stützen. Er betete, von heiligendem Licht umgeben, und rührte uns zu Tränen der Freude und Dankbarkeit, die wir nicht zurückhalten konnten. Anschließend erklärte er unsere Aufgabe angesichts des Friedens, der sich triumphierend und selig eingestellt hatte, für beendet und bot an, die heterogene, aber bedeutungsvolle Gemeinschaft neuer Schüler des Guten, die während der Arbeiten zur Rettung Margaridas aufgenommen wurden, zu der wichtigen und gesegneten Siedlung der erneuernden Arbeit zu führen.

Für mich war der Abschied gekommen.

Tränen standen mir in den Augen.

Der Lehrmeister umarmte mich, und indem er mich an sein Herz drückte, sagte er gütig:

„Möge Jesus dich für die Funktion, die du auf dieser Reise der Befreiung ausgeübt hast, belohnen, mein Sohn. Vergiss nie, dass die Liebe allen Hass besiegt und dass das Gute alles Böse tilgt."

Ich wollte antworten und erklären, dass nur mir als unfähigem Lehrling die Pflicht der Dankbarkeit oblag; jedoch unterdrückte eine überwältigende Rührung meine Stimme.

Der Tutor hingegen las in meinem Blick meine tiefsten Gefühle und lächelte, während er sich zurückzog.

Elói machte sich ebenfalls auf den Weg, auf der Suche nach anderen Feldern.

Und als ich allein zu meinem spirituellen Domizil zurückkehrte, betete ich weinend:

„Meister Unendlicher Güte, verlass mich nicht! Unterstütze mich in meiner Unzulänglichkeit als unvollkommener und untreuer Diener!"

Um mich herum herrschte eine unergründliche und erhabene Stille. Aber während sich der Horizont feuerrot färbte und das Fest der Morgendämmerung ankündigte, strahlte der Morgenstern und glitzerte in meinen Augen wie eine himmlische Antwort aus Licht.